Jul.

精准选择

高考志愿填报指南

储殷 著

北京联合出版公司
Beijing United Publishing Co.,Ltd

图书在版编目（CIP）数据

精准选择：高考志愿填报指南 / 储殷著 .—北京：北京联合出版公司，2022.5
ISBN 978-7-5596-6061-9

Ⅰ.①精… Ⅱ.①储… Ⅲ.①高等学校—招生—介绍—中国②毕业生—高中—升学参考资料 Ⅳ.① G647.32

中国版本图书馆 CIP 数据核字 (2022) 第 046749 号

精准选择：高考志愿填报指南

作　　者：储　殷
出 品 人：赵红仕
责任编辑：徐　鹏

北京联合出版公司出版
（北京市西城区德外大街 83 号楼 9 层　100088）
嘉业印刷（天津）有限公司印刷　新华书店经销
字数 420 千字　　700 毫米 × 990 毫米　1/16　25.75 印张
2022 年 5 月第 1 版　2022 年 5 月第 1 次印刷
ISBN 978-7-5596-6061-9
定价：65.00 元

版权所有，侵权必究
未经许可，不得以任何方式复制或抄袭本书部分或全部内容
如发现图书质量问题，可联系调换。质量投诉电话：010-82069336

目录

选择篇：
高考志愿填报指南

高考志愿填报家长必须明白的事	002
名牌大学的强势专业	005
对于尖子生填报的三点建议	014
普通一本的志愿填报	017
如何选择二本学校及专业	029

分析篇：
专业介绍与高校排名

编号 01　哲学类	050
编号 02　经济学	056

编号 03	法学	072
编号 04	教育学	098
编号 05	文学	109
编号 06	历史学	137
编号 07	理学	147
编号 08	工学	199
编号 09	农学	304
编号 10	医学	324
编号 12	管理学	359
编号 13	艺术学	391

选择篇:
高考志愿填报指南

高考志愿填报家长必须明白的事

每年到了高考的时候，怎么选择高校、怎么填报志愿就成了家长们最关心的问题。一些家庭完全不了解当前的大学与专业，以至于填报的时候人云亦云、茫然无措；一些家庭的父母、孩子各执己见，以至于吵得不可开交、一地鸡毛。作为一名大学老师，我希望能给这些陷入困惑与争吵的家庭一些帮助。本书主要分两个部分：第一个部分是解答家长在填报志愿中的一些常见问题；第二个部分是告诉家长和孩子大学里的专业到底是什么，以便他们真正了解自己的选择。

话不多说，咱们赶紧进入主题。

第一章 什么是名牌大学？填报名牌大学要注意什么？

除了耳熟能详的清华、北大，很多家长对中国的名牌高校其实缺乏认知。因此，在高考志愿填报中，经常出现高分低报的情况。孩子入学以后甚至会有吃亏、上当的感觉，为了让孩子辛辛苦苦考出来的高分能够劳有所获，家长们一定要搞清楚什么是名牌大学，千万不要想当然地去决定孩子的选择。更重要的是，在最近十年的高考中，由于地区差异等问题，北上广深等发达地区的高校凭借地区发展红利，往往录取线都非常之高，甚至高于很多其他地区的重点名校。这意味着，相当一部分发达地区的大学的性价比实际上并不高。同样的分数与其报考一所性价比不高的高校，还不如报考一所真正的名牌高校。

第一节 名牌高校有哪些？

所谓名牌高校，说白了就是社会认、前途好、圈子硬、空间大。虽然重点大学很多，但一本院校和名牌高校还是有很大的差距的。名牌高校至少是"985工程"高校，最好是"C9"高校。所谓"C9"高校，全称为九校联盟，源于"985工程"中九所高校的"一流大学建设系列研讨会"，是中国首个顶尖大学间的高校联盟，联盟成员都是国家首批"985工程"大学，**包括北京大学、清华大学、复旦大学、上海交通大学、南京大学、浙江大学、中国科学技术大学、哈尔滨工业大学、西安交通大学**共9所高校。

考虑到社会声望以及文理学科的综合排名，今天的名牌大学，不仅限于"C9"高校，而且包括近年来在教育部权威发布的高校综合排名中稳居前列的其他高校，如东北地区的**吉林大学，华中地区的武汉大学、华中科技大学、四川大学，华南地区的中山大学、厦门大学，以及中国人民大学、北京师范大学、天津大学、南开大学、同济大学、山东大学**等传统名校，也包括一些在特定专业领域内一枝独秀的名校，如**北京航空航天大学**等。

总体来看，根据教育部、财政部、国家发展和改革委员会联合发布的《统筹推进世界一流大学和一流学科建设总体方案》，世界一流大学建设高校（A类）的36所大学就是中国的"名牌大学"，除了清华大学和北京大学两所"顶级"大学以外，名单如下：

北京大学	中国人民大学	清华大学	北京航空航天大学	北京理工大学
中国农业大学	北京师范大学	中央民族大学	南开大学	天津大学
大连理工大学	吉林大学	哈尔滨工业大学	复旦大学	同济大学
上海交通大学	华东师范大学	南京大学	东南大学	浙江大学
中国科学技术大学	厦门大学	山东大学	中国海洋大学	武汉大学
华中科技大学	中南大学	中山大学	华南理工大学	四川大学
重庆大学	电子科技大学	西安交通大学	西北工业大学	兰州大学
国防科技大学				

根据2022年2月教育部、财政部、国家发展改革委关于公布第二轮"双一流"建设高校及建设学科名单的通知，第二轮建设名单不再区分一流大学建设高校和一流学科建设高校。

仁者见仁，智者见智，所谓名牌高校的名单肯定会有争议，但按照以上的

36所高校来报考，肯定差不了。而这些名牌大学之间的分数差距其实很大，其中的一些大学比很多北上广的重点学校的分数还要低不少。这就意味着，会有一些性价比不错的名牌高校可供分数相对一般的考生捡漏。希望分数相对一般的家庭和考生好好权衡。

名牌大学的强势专业

名牌大学往往有悠久的发展历史、优良的教风学风、辈出的名师大家、丰富的校友资源，在发展过程中也都会形成专属于自己的王牌专业，这些专业就是"名牌中的名牌"。而且，即使是综合性高校，也往往有一些鲜明的特征，比如中国科学技术大学、浙江大学、上海交通大学、西安交通大学等高校作为综合性一流大学，都以理工科优势突出而闻名。根据国务院《统筹推进世界一流大学和一流学科建设总体方案》，以及教育部、财政部、国家发展改革委《关于深入推进世界一流大学和一流学科建设的若干意见》和《统筹推进世界一流大学和一流学科建设实施办法（暂行）》，经专家委员会认定，教育部等三部委研究并报国务院批准，我国已经完成了两轮世界一流大学和一流学科认定，第二轮"双一流"建设高校及建设学科名目录如下：

学校	学科	给予公开警示（含撤销）的首轮建设学科
北京大学	自主确定建设学科并自行公布	
中国人民大学	哲学、理论经济学、应用经济学、法学、政治学、社会学、马克思主义理论、新闻传播学、中国史、统计学、工商管理、农林经济管理、公共管理、图书情报与档案管理	
清华大学	自主确定建设学科并自行公布	
北京交通大学	系统科学	

学校	学科	给予公开警示（含撤销）的首轮建设学科
北京工业大学	土木工程	
北京航空航天大学	力学、仪器科学与技术、材料科学与工程、控制科学与工程、计算机科学与技术、交通运输工程、航空宇航科学与技术、软件工程	
北京理工大学	物理学、材料科学与工程、控制科学与工程、兵器科学与技术	
北京科技大学	科学技术史、材料科学与工程、冶金工程、矿业工程	
北京化工大学	化学工程与技术	
北京邮电大学	信息与通信工程、计算机科学与技术	
中国农业大学	生物学、农业工程、食品科学与工程、作物学、农业资源与环境、植物保护、畜牧学、兽医学、草学	
北京林业大学	风景园林学、林学	
北京协和医学院	生物学、生物医学工程、临床医学、公共卫生与预防医学、药学	
北京中医药大学	中医学、中西医结合、中药学	中药学
北京师范大学	哲学、教育学、心理学、中国语言文学、外国语言文学、中国史、数学、地理学、系统科学、生态学、环境科学与工程、戏剧与影视学	
首都师范大学	数学	
北京外国语大学	外国语言文学	
中国传媒大学	新闻传播学、戏剧与影视学	
中央财经大学	应用经济学	
对外经济贸易大学	应用经济学	
外交学院	政治学	
中国人民公安大学	公安学	
北京体育大学	体育学	

学校	学科	给予公开警示（含撤销）的首轮建设学科
中央音乐学院	音乐与舞蹈学	
中国音乐学院	音乐与舞蹈学	
中央美术学院	美术学、设计学	
中央戏剧学院	戏剧与影视学	
中央民族大学	民族学	
中国政法大学	法学	
南开大学	应用经济学、世界史、数学、化学、统计学、材料科学与工程	
天津大学	化学、材料科学与工程、动力工程及工程热物理、化学工程与技术、管理科学与工程	
天津工业大学	纺织科学与工程	
天津医科大学	临床医学	
天津中医药大学	中药学	
华北电力大学	电气工程	
河北工业大学	电气工程	
山西大学	哲学、物理学	
太原理工大学	化学工程与技术	
内蒙古大学	生物学	生物学
辽宁大学	应用经济学	应用经济学
大连理工大学	力学、机械工程、化学工程与技术	
东北大学	冶金工程、控制科学与工程	
大连海事大学	交通运输工程	
吉林大学	考古学、数学、物理学、化学、生物学、材料科学与工程	
延边大学	外国语言文学	外国语言文学
东北师范大学	马克思主义理论、教育学、世界史、化学、统计学、材料科学与工程	数学（予以撤销，根据学科建设情况调整为"教育学"）

学校	学科	给予公开警示（含撤销）的首轮建设学科
哈尔滨工业大学	力学、机械工程、材料科学与工程、控制科学与工程、计算机科学与技术、土木工程、航空宇航科学与技术、环境科学与工程	
哈尔滨工程大学	船舶与海洋工程	
东北农业大学	畜牧学	
东北林业大学	林业工程、林学	
复旦大学	哲学、应用经济学、政治学、马克思主义理论、中国语言文学、外国语言文学、中国史、数学、物理学、化学、生物学、生态学、材料科学与工程、环境科学与工程、基础医学、临床医学、公共卫生与预防医学、中西医结合、药学、集成电路科学与工程	
同济大学	生物学、建筑学、土木工程、测绘科学与技术、环境科学与工程、城乡规划学、风景园林学、设计学	
上海交通大学	数学、物理学、化学、生物学、机械工程、材料科学与工程、电子科学与技术、信息与通信工程、控制科学与工程、计算机科学与技术、土木工程、化学工程与技术、船舶与海洋工程、基础医学、临床医学、口腔医学、药学、工商管理	
华东理工大学	化学、材料科学与工程、化学工程与技术	
东华大学	材料科学与工程、纺织科学与工程	
上海海洋大学	水产	
上海中医药大学	中医学、中药学	
华东师范大学	教育学、生态学、统计学	
上海外国语大学	外国语言文学	
上海财经大学	应用经济学	统计学（予以撤销，根据学科建设情况调整为"应用经济学"）

学校	学科	给予公开警示（含撤销）的首轮建设学科
上海体育学院	体育学	
上海音乐学院	音乐与舞蹈学	
上海大学	机械工程	
南京大学	哲学、理论经济学、中国语言文学、外国语言文学、物理学、化学、天文学、大气科学、地质学、生物学、材料科学与工程、计算机科学与技术、化学工程与技术、矿业工程、环境科学与工程、图书情报与档案管理	
苏州大学	材料科学与工程	
东南大学	机械工程、材料科学与工程、电子科学与技术、信息与通信工程、控制科学与工程、计算机科学与技术、建筑学、土木工程、交通运输工程、生物医学工程、风景园林学、艺术学理论	
南京航空航天大学	力学、控制科学与工程、航空宇航科学与技术	
南京理工大学	兵器科学与技术	
中国矿业大学	矿业工程、安全科学与工程	
南京邮电大学	电子科学与技术	
河海大学	水利工程、环境科学与工程	
江南大学	轻工技术与工程、食品科学与工程	
南京林业大学	林业工程	
南京信息工程大学	大气科学	
南京农业大学	作物学、农业资源与环境	
南京医科大学	公共卫生与预防医学	
南京中医药大学	中药学	
中国药科大学	中药学	
南京师范大学	地理学	

学校	学科	给予公开警示（含撤销）的首轮建设学科
浙江大学	化学、生物学、生态学、机械工程、光学工程、材料科学与工程、动力工程及工程热物理、电气工程、控制科学与工程、计算机科学与技术、土木工程、农业工程、环境科学与工程、软件工程、园艺学、植物保护、基础医学、临床医学、药学、管理科学与工程、农林经济管理	
中国美术学院	美术学	
安徽大学	材料科学与工程	材料科学与工程
中国科学技术大学	数学、物理学、化学、天文学、地球物理学、生物学、科学技术史、材料科学与工程、计算机科学与技术、核科学与技术、安全科学与工程	
合肥工业大学	管理科学与工程	
厦门大学	教育学、化学、海洋科学、生物学、生态学、统计学	
福州大学	化学	
南昌大学	材料科学与工程	
山东大学	中国语言文学、数学、化学、临床医学	
中国海洋大学	海洋科学、水产	
中国石油大学（华东）	地质资源与地质工程、石油与天然气工程	
郑州大学	化学、材料科学与工程临床医学	
河南大学	生物学	
武汉大学	理论经济学、法学、马克思主义理论、化学、地球物理学、生物学、土木工程、水利工程、测绘科学与技术、口腔医学、图书情报与档案管理	
华中科技大学	机械工程、光学工程、材料科学与工程、动力工程及工程热物理、电气工程、计算机科学与技术、基础医学、临床医学、公共卫生与预防医学	

学校	学科	给予公开警示（含撤销）的首轮建设学科
中国地质大学（武汉）	地质学、地质资源与地质工程	
武汉理工大学	材料科学与工程	
华中农业大学	生物学、园艺学、畜牧学、兽医学、农林经济管理	
华中师范大学	政治学、教育学、中国语言文学	中国语言文学
中南财经政法大学	法学	法学
湘潭大学	数学	
湖南大学	化学、机械工程、电气工程	
中南大学	数学、材料科学与工程、冶金工程、矿业工程、交通运输工程	
湖南师范大学	外国语言文学	
中山大学	哲学、数学、化学、生物学、生态学、材料科学与工程、电子科学与技术、基础医学、临床医学、药学、工商管理	
暨南大学	药学	
华南理工大学	化学、材料科学与工程、轻工技术与工程、食品科学与工程	
华南农业大学	作物学	
广州医科大学	临床医学	
广州中医药大学	中医学	
华南师范大学	物理学	
海南大学	作物学	
广西大学	土木工程	土木工程
四川大学	数学、化学、材料科学与工程、基础医学、口腔医学、护理学	
重庆大学	机械工程、电气工程、土木工程	
西南交通大学	交通运输工程	
电子科技大学	电子科学与技术、信息与通信工程	
西南石油大学	石油与天然气工程	

学校	学科	给予公开警示（含撤销）的首轮建设学科
成都理工大学	地质资源与地质工程	
四川农业大学	作物学	
成都中医药大学	中药学	
西南大学	教育学、生物学	
西南财经大学	应用经济学	
贵州大学	植物保护	
云南大学	民族学、生态学	
西藏大学	生态学	生态学
西北大学	考古学、地质学	
西安交通大学	力学、机械工程、材料科学与工程、动力工程及工程热物理、电气工程、控制科学与工程、管理科学与工程、工商管理	
西北工业大学	机械工程、材料科学与工程、航空宇航科学与技术	
西安电子科技大学	信息与通信工程、计算机科学与技术	
长安大学	交通运输工程	
西北农林科技大学	植物保护、畜牧学	
陕西师范大学	中国语言文学	
兰州大学	化学、大气科学、生态学、草学	
青海大学	生态学	
宁夏大学	化学工程与技术	化学工程与技术
新疆大学	马克思主义理论、化学、计算机科学与技术	化学、计算机科学与技术
石河子大学	化学工程与技术	
中国矿业大学（北京）	矿业工程、安全科学与工程	
中国石油大学（北京）	地质资源与地质工程、石油与天然气工程	
中国地质大学（北京）	地质学、地质资源与地质工程	
宁波大学	力学	力学

学校	学科	给予公开警示（含撤销）的首轮建设学科
南方科技大学	数学	
上海科技大学	材料科学与工程	
中国科学院大学	化学、材料科学与工程	
国防科技大学	信息与通信工程、计算机科学与技术、航空宇航科学与技术、软件工程、管理科学与工程	
海军军医大学	基础医学	基础医学
空军军医大学	临床医学	

对于尖子生填报的三点建议

根据多年的从教经验，对于尖子生填报高考志愿，我愿意给出如下的个人意见：

第一，家长不要做孩子的绊脚石。我国的基础教育成果，集中反映在学生的高考成绩上（包括统一考试和自主招生等多种形式的"大高考"）。高考成绩至少可以在很大程度上证明孩子的学习能力、毅力、领悟力和判断力。所以能够在这场竞争中居于绝对优势——考得上名牌大学的孩子，不说天才，起码也是万中无一的人中龙凤。

父母应该理性地认识到：孩子比自己有出息，比自己聪明。也就是说，不必过多地干涉尖子生的选择。在这个层次的学生，他们的智力水平和认识能力都是一流的，他们中的大部分都对自我和社会已经有了一个基本的认识，尤其是对自己的志向和兴趣，很多都已经形成了比较明确的想法。其实家长们应该扪心自问：自己真的会比孩子更自信地把握未来吗？

遗憾的是，我们经常在清华大学、北京大学、浙江大学这样的名牌高校里碰到一些在填报高考志愿中与家长发生极大争执甚至水火不容的学生，其中很多孩子在大学里过得很不开心。问题往往就出在家长认为某个专业不好、没前途，而孩子却兴趣盎然、立志要学。

事实上，名牌大学的本科生毕业后直接就业的比率本身就不高，且就业与专业不对口的比率超过了八成。而家长所谓的专业好坏，很大程度上却根据本科就业的难易程度来衡量。要知道，名牌大学的学生大部分都会走上深造之路，他们所学的东西中，知识和技能可能是最不重要的一部分，方法、理念、气质才是名牌大学给学生最珍贵的馈赠。

第二，要学会甄别强势学科。清华大学校长梅贻琦有一句名言："所谓大学者，非谓有大楼之谓也，有大师之谓也。"名牌大学的学科实力亦是如此。不在世界一流学科建设目录里的学科，考生和家长就要登录学校官网，找到自己有意向的专业或学院，去看具体学科的师资力量。在考察师资力量时，建议重点关注以下三个方面：

一是要重点关注"大师"。理工科领域以"院士"为最高学术标志，院士既包括中国科学院院士、中国工程院院士，也包括全球各国科学院或工程院的院士、各类皇家工程院院士等。其次是973计划首席科学家、长江学者等。人文社科领域，在传统的称号之外，近几年许多名牌大学陆续开始评选"文科资深教授"，也是重要的参考依据。

二是要重点关注青年学科带头人。在我国国家杰出青年科学基金获得者的评选中，45周岁以下的学者都称为青年学者，这也正好是大部分学者学术生涯最高峰的阶段。此外，教育部还持续实施了新世纪优秀人才支持计划，支持高等学校优秀青年学术带头人开展教学改革，围绕国家重大科技和工程问题、哲学社会科学问题和国际科学与技术前沿进行创新研究。"杰青"和"新世纪"是青年学科带头人的最高学术标志，在各大高校官网上，都可以查看这类头衔的学科分布，这就代表了该校该学科在全国的实力。

三是要重点关注青年人才。为深入贯彻落实《中央人才工作协调小组关于实施海外高层次人才引进计划的意见》，根据《海外高层次人才引进工作暂行办法》，2016年，中共中央组织部开展组织实施"青年海外高层次人才引进计划"（简称"青年千人计划"），招引全球顶级优秀的青年学者回国开展科研和教学工作，培养未来的大师。因此，可以说哪个学科引进更多的"青千"，哪个学科就更可能在未来有大的发展。

第三，要意识到名牌大学的弱势学科往往也远胜于很多普通大学的重点学科。名牌大学的强势学科都是在全国具有领先地位的学科，但名牌大学也会有相对弱势的学科，比如没有列入双一流学科建设的那些专业，一般来说就不如双一流学科优势明显。但是考生和家长都要明白，所有的排名和认定，都是过去式，而不是现在式，更不是未来式。一方面，当前我国各大城市都在进行"抢人大战"，争夺高层次人才。其实高校也是如此，名牌大学在建设世界一流学科"锻长板"的同时,也都在积极补短板,提高相对弱势的学科建设水平。

另一方面,所谓弱势也只是相对而言的,尤其是"C9"高校,即使个别学科相对落后,但学校的整体实力、品牌影响力等是毋庸置疑地超出其他学校的,考生们在选学校还是选专业的问题上困扰时,不妨想一想:名牌大学的大学生,重要的是大学的底蕴,还是专业的特长?当你想要深造,尤其是申请国外的大学,例如美国的常春藤系列名校时,更看重的是学校还是专业?

风物长宜放眼量,当我们把思考的目光放到更长远的立足点之时,或许有些问题就不再是问题。

普通一本的志愿填报

一些学生的高考分数不错，但是尚未达到名列前茅的程度，与报考顶尖类的院校分数线有一定的差距，希望在普通的一本院校中挑选一个重点专业。本部分将为这一类考生提供一些相关的思路和方法。

在最开始要强调的一点是，选择重点院校中的普通专业，还是普通院校中的重点专业。一方面，涉及各个专业每年的招录情况，需要区分对待；另一方面，也要跟考生分数的实际相结合，并没有哪个选项一定是更优、哪个选项一定适合所有人。本部分主要为希望在普通院校中寻找重点专业，但又不知道从何处着手，或者没有很好的对比分析思路的考生和家长提供一些参考。

综合筛选学校及专业

在学校和专业的筛选过程中，我们经常遇到的三个词是"双一流""985""211"。其中双一流是 2015 年起，中央全面深化改革领导小组会议就审议通过《统筹推进世界一流大学和一流学科建设总体方案》，将"211 工程""985 工程"及"优势学科创新平台"等重点建设项目，统一纳入世界一流大学和一流学科建设。985、211 的评价均是依据 1995—1999 年的评价名单，算是"老牌名校"，但因为时间较早，与现在的实际情况已经出现了一定的区别和变化。以中国科学院大学为例，2012 年 6 月，中国科学院研究生院更名为中国科学院大学，并于 2014 年开始招收本科生，所以自然不会出现在本科院校 985、211 的名单中。但是目前，很多考生和家长熟悉的还是之前的 985、211 分类说法，就业招聘过程中，很多企业也仍旧沿用985、211作为评判筛选标准。

我们可以综合这个三个关键词进行初步筛选，框定出部分学校中的优势专业，尤其是非985或211高校中的双一流学科，通常是本校最为优势、资源倾斜最多的专业。适合分数有一定优势，可以在一本大学中挑选专业的考生。

例如，考生对生物学感兴趣，可以先参考双一流专业建设名单，共有15所高校的生物学入选。有的高校非985、211大学，唯有生物学一个双一流专业；也有的高校既是985或211，甚至两类都是，那么相比于既是985、211，校内还有多个双一流专业的学校来说，竞争强度就会相对较低。这样的初步筛选，可以比较快速的框定适合自己的目标。

通过高等学校特色专业建设点，筛选学校及专业

特色专业是高校在一定的办学思想指导下和长期的办学实践中逐步形成的具有特色的专业。具体而言，特色专业是指一所学校的某一专业，在教育目标、师资队伍、课程体系、教学条件和培养质量等方面，具有较高的办学水平和鲜明的办学特色，已产生较好的办学效益和社会影响，是一种高标准、高水平、高质量的专业，是"人无我有，人有我优，人优我新"的专业。

特色专业建设点主要面向国家和区域经济社会发展需要，选择优势明显、特色鲜明的专业点进行重点建设，由各地和高校按照规划，结合实际，择优推荐，每个专业点给予一定的经费支持。

教育部和财政部在2007年批准了第一批高等学校特色专业建设点，到目前为止共公布了七批名单，共有3454个专业纳入名单。根据教育部的要求，建设高等学校特色专业是优化专业结构，提高人才培养质量，办出专业水平和特色的重要措施。项目承担学校和项目负责人要充分认识项目的重要意义，高度重视特色专业点建设工作，大力加强课程体系和教材建设，改革人才培养方案，强化实践教学，加强教师队伍建设，紧密结合国家经济社会发展需要推进专业建设与人才培养，切实为同类型高校相关专业建设和改革起到示范和带动作用[1]。我

---

1. 《教育部 财政部关于批准2007年度第一批高等学校特色专业建设点的通知》，http://www.moe.gov.cn/s78/A08/moe_745/tnull_30555.html，2008.01.03

国高等教育是按专业划分来培养人才的，因此专业建设的水平高低，直接关系到人才培养的质量。这是建设特色专业的初步想法。特色专业建设旨在根据国家经济、科技、社会发展对高素质人才的需求，引导不同层次、类型的高校根据自己的办学定位，确定自己的个性化发展目标，发挥已有的专业优势，办出自己的专业特色。

以第一批申报名单为例，教育部共收到 455 所学校申报的 1809 个项目，并经过网上公示和专家评审程序后，批准了 420 个专业点为 2007 年度第一批高等学校特色专业建设点，通过率仅有 23.2%。可谓是严格核查，优中选优。所以，纳入高等学校特色专业名单的专业，基本在本校内也属于重点建设、特色办学，且资源有所倾斜的重点专业。考生在挑选专业的时候可以注意一下专业是否纳入该名单。相关资料在教育部网站、学校网站等均有公示。

通过学科评估结果，筛选学校及专业

有的考生会觉得，学科评估是对硕士、博士教育的评估，但对本科报考的参考性又有多高呢？其实，学科评估不是对硕士、博士教育的评估，而是对有硕士点或者博士点的学科进行的整体评估。并不是只评估硕博，而是不评估没有硕博的专业。学科评估的结果说明了一个专业的基本建设情况，也为未来继续读研深造指明了方向。而且本科生教育和研究生教育的教师多有重合，学科评估的结果也代表了师资的水平。学科评估是教育部学位与研究生教育发展中心（简称学位中心）按照国务院学位委员会和教育部颁布的《学位授予与人才培养学科目录》（简称学科目录）对全国具有博士或硕士学位授予权的一级学科开展整体水平评估。学科评估是学位中心以第三方方式开展的非行政性、服务性评估项目，2002 年首次开展，截至 2017 年完成了四轮。

第四轮学科评估于 2016 年 4 月启动，按照"自愿申请、免费参评"原则，采用"客观评价与主观评价相结合"的方式进行。评估体系在前三轮的基础上进行诸多创新；评估数据以"公共数据和单位填报相结合"的方式获取；评估结果按"分档"方式呈现，具体方法是按"学科整体水平得分"的位次百分位，将前 70% 的学科分 9 档公布：前 2%（或前 2 名）为 A+，2% ~ 5% 为 A（不含 2%，下同），5% ~ 10% 为 A-，10% ~ 20% 为 B+，20% ~ 30% 为 B，

30%～40%为 B-，40%～50%为 C+，50%～60%为 C，60%～70%为 C-。公布评估结果旨在为参评单位了解学科优势与不足、促进学科内涵建设、提高研究生培养质量提供客观信息；为学生选报学科、专业提供参考。

学科评估结果对于高考志愿报考，也有快速筛选、锁定目标的作用。考生如果已经比较明确自己的专业选择方向，可以查找自己目标专业的学科排名结果。学科排名较为靠前，但是学校名声不大的专业，基本是本校的优势专业或重点建设专业。考生比较容易锁定目标。以考古学为例，北京大学和西北大学的考古学评价结果同为 A+，但在录取分数上却有很大的差异。2019 年，陕西本省考西北大学的考古学，最低录取分数是 602 分，但 2019 年陕西考北京大学的最低分是 699 分。如果考生在两个专业之间犹豫不决，也可以通过对比评估结果来辅助选择决策。

给中等偏上考生填报一本院校的几点意见

相比于尖子生，中等偏上的考生经常处于刚过一本线分数不多，考上名牌大学无望，但有希望被一本院校录取的情况。相比于尖子生和普通生，这部分考生家庭的纠结尤其严重。正因如此，特提出以下意见：

第一，要注意性价比和安全性的统一。

对于大多数填报一本院校的考生，其填报志愿最大的困惑就在于取上不足，但又不甘于取中。很多一本的落档，也多是由于这样的纠结造成的。所以，一本志愿填报，一定要注意性价比和安全性两个原则。

性价比，就是用较低的分数能够上比较好的专业，这里面尤其要关注第一节当中，很多一本院校的重点专业，在报考上名牌大学有一定困难的情况下，这些专业值得考虑。安全性，就是在分数刚刚过线的情况下，一定要以上线为第一原则。一本和二本的区别在一定程度犹如二本与专科的区别。我经常主张，能上名牌的一般专业，要优于上一本的重点专业，能上一本的一般专业要优于上二本的重点专业，能上二本的一般专业要优于大专。请大家注意，通常而言，学校的档次比专业的选择更为重要。即使是不发达地区的一本，也是货真价实的一本。

第二，确立良好心态，避免"捡漏摸高"。

一本过线但不及重点线的考生其实占据了一本线上考生的大多数。对于这一区段的考生和家长来说，填报一个合适志愿的重要性往往不亚于高考本身，而填志愿的难度也往往大于重点线上的考生或是二本区段考生。

这种难度很大程度上源于这一区段的考生和家长极易陷入不甘懊恼或企图捡漏的复杂情绪，进而在情绪诱导下做出不理性的决策及判断。因此，这一区段考生和家长要填报合适的志愿，第一步就必须确立良好的心态，理性认知已取得的成绩及可选择的志愿填报范围。

在这一区段的考生中，有不少考生在考前是以重点大学为目标，但出于各类主、客观因素而未能达到重点线，因此在估分或出分后，这类考生和家长通常难以完全接受现实，而试图通过在志愿填报中"摸高"争取重点大学的录取机会；也有部分考生和家长因成绩不及预期而陷入消极情绪，认为反正不是重点大学，一本线上高校差别不大，随意填报名头响亮的高校即可；还有部分考生和家长则抱着捡漏心态，试图押注部分重点高校或是优势专业招生的"大小年"，以求获得重点线上大学或专业的录取机会。

持上述心态的考生或许有幸运地得偿所愿的例子，但更多的却极其容易因此类心态，错误估计形势，不仅未能通过志愿填报逆转形势，反而面临第一志愿落空而直接落入二本录取阶段的尴尬处境。因此，这一区段的考生和家长，如果在做好复读准备的情形下，大可采取此类放手一搏的做法。如若不然，则仍应做好稳扎稳打的准备，调整和建立良好心态，以系统的方法完成志愿填报。

事实上，从整体排位而言，这一区段的考生其实已经算是高考选拔中的佼佼者，考生和家长理应为自己取得的成绩而感到骄傲，同时也更应该以理性的决策和严谨的方法完成志愿填报过程，保卫"高考成果"。尤其需要注意到，这一区段可选择的一本非重点院校，这类院校之间的差距甚至可能大于重点院校和普通一本高校的平均差距，但一本非重点院校又不像重点高校那样拥有广泛知名度和公开信息报道，因此进行信息收集进而比对筛选的难度更大，而这也是该区段填报志愿的另一大难点所在。

为此，这一区段的考生和家长在填报志愿过程中，要注意保持耐心，不要急于一天半日就做出决定，同时也要保持开放心态，及时根据收集到的信息更新自身的填报策略，不断接近并最终达到最合适的志愿填报路径。同时，这一区段的考生和家长在填报志愿时也不必考虑和其他同学及家长做过多交流或打听他人填报情况，与重点线上区段不同，这一区段的考生由于可选范围内高校较多，往往不会和同分数段的其他同校同区考生形成直接竞争关系。过多了解他人信息，不仅缺乏参考价值，反而可能扰乱心神，干扰自身判断。

第三，缩小选择范围，优先确定专业和城市。

如上所述，面对大量的一本非重点高校，很多学生和家长都会觉得比较迷茫，不知道如何从海量的信息中筛选出和自己相适应的学校。如果这样没有目标地盲目寻找，不仅很难找到准确目标，也很容易由于缺少方向、缺少比较，最终陷入不理性的选择。所以，首先建议大家能够尽量圈定、缩小自己的范围，尽量先确定专业方向或者未来的就读城市。因为读书的最终目的还是为了工作，专业的选择基本确定了就业方向，而大学所处的城市也可能是未来工作的首选。

专业要有一个大概的方向，不能看什么专业火就选什么专业，还是要结合自身的兴趣和未来的就业前景。同时也可结合本书第一部分，对部分心仪专业的具体学习内容和就业深造前景有基本的了解和认知，之后再确认真正感兴趣且有前景的专业。即便是相同名称的专业，在不同学校里的教学重点、就业方向也是不一样的，考生和家长还是要有一个初步的预期。某一专业在本地的招生人数和计划，可以在省级教育考试院的网站查询。

此外还要初步判断一下未来的就业信息，这里主要有两条渠道。第一是通过每年国考、省考的公务员考试职位表，看一下对应专业的招聘职位数量、招聘人数、每年分数线和录取比例，基本能确定未来进入体制内的难度和方向。第二是看有哪些对口企业每年会去学校开办专场的招聘会。专场招聘会通常意味着企业与学校有长期的合作，也会接收大量的毕业生源。招聘会的信息会在学校的就业网站上发布。

有了初步的专业方向后，可以去相关的排行榜查询该专业的排名情况。排行榜主要包括学科评估、双一流名单等官方评估结果，也包括软科世界大学学术排名（上海交大主办）、武书连排行榜等国内比较有影响力的大学榜单。在榜单上删除掉分数范围以外的学校，剩下的学校再做进一步参考。

如果希望大学毕业后尽量留在大学所在地生活，也需要对大学所在的城市进行基本框定。主要考虑城市的发展态势和产业情况，专业方向与产业基地越近越好。当然对于城市的选择上，也可放在最后阶段进行，并根据自身分数排名及城市热门程度灵活决策。举例而言，如果两所高校在某一专业实力接近且过往招生分数段相近，通常而言，所在城市经济水平发展较为落后的高校在志愿填报上会更为冷门，同一分数段的竞争可能也会相对缓和。

通过以上两步圈定信息，可以缩小备选高校的范围，尽量将目标锁定在专业及城市有发展前景空间的高校中。

第四，明确可靠信源，避免"想当然"和"熟人信息误导"。

在缩小备选高校范围后，考生和家长即可开始有针对性地收集备选高校及专业信息。但不同于重点高校，大多数一本非重点高校，如果不是本地考生，对其基本情况了解都极为有限，甚至即便是本地考生，对此类高校也知之甚少。因此，最为常见的情况就是委托亲朋好友帮助打听。

但是一来，如果所托的亲朋好友不在高校工作，或者没有直接认识的关系人在备选高校工作，那么实际得来的信息往往并不可靠，甚至会产生误导；二来，虽然考生和家长已通过专业和城市的初筛大大缩小范围，但往往还是包含多所高校，考生和家长要找到足够多的熟人好友对这些高校均有所了解，也是一个不可能完成的任务。

因此，建议考生和家长充分借助网络信息渠道，并辅以真诚主动的态度，搜寻并获取以下这些可靠信源，获取宝贵实用的第一手备选高校和专业信息。

考生和家长首先要了解和重视的，正是备选高校在考生所在地的招生组联系方式，并且最好能争取与招生组老师面对面沟通的机会。不同于重点高校的招生组往往将重心放在对高分考生的"掐尖"争夺，一本非重点高校的招生老师通常有更多精力和更大热情与分数段匹配的考生进行交流，而且他们往往也掌握了本校在当地多年的具体招生情况，对考生现有排名填报志愿的上线概率有更准确的评估，对于本校招生的各专业实力和就业前景，同样有独特的信息优势。不止于此，招生老师有不少还是青年任课教师或教务系统教师，考生提前在老师处留下良好的第一印象，如果以后真进入该高校就读，亦大有助益。因此，考生和家长更应将此渠道作为首要可靠信息来源。

要获取招生老师的联系方式，同样有几条路径，其一是通过备选高校的官方网站、微信或微博，查询到该高校招生办联系方式，随后通过与该高校招生办联系并获取该高校派往考生所在地的招生组老师的联系方式，进而争取和老师面对面或电话交流的机会；其二是关注本地高考招生宣讲会或部分在高中举办的招生宣讲会信息。在不少省会城市通常会举行集中的招生宣讲会，考生和家长亦可前往这些宣讲会会场，到备选高校的展台与招生老师直接进行交流和咨询。需要注意的是，考生和家长在与招生老师交流的过程中应保持礼貌、积极、主动的姿态，不必拘谨但也不可焦躁，在征得招生老师同意的情况下，再约定交流时间和方式，避免干扰招生老师的日常工作而弄巧成拙。

另外，考生和家长还可关注备选高校的官方网站和一些高考专业网站，从网站上重点了解这样几方面的信息：第一是备选高校的历年招生情况；第二是备选专业的师资力量情况和就业情况；第三是是否有特定的合作办学项目或共建项目，以及关于这些项目的公开报道。

再有，考生和家长还可关注备选高校的百度贴吧及其他一些网上论坛对相关高校的讨论区。由于百度贴吧等网上论坛用户多为该校在校学生，所以可以通过一些网络帖子直观了解该校学习、生活环境，以及就业方向等内容。不过考生和家长也应注意网络环境的特殊性，部分发帖不可避免地带有情绪因素，应注意进行甄别。

最后，考生和家长还可关注部分教育媒体针对备选高校负责人进行的招生宣讲专访，通过此类专访对该高校整体发展情况和优势专业情况有一定了解和掌握。

第五，依托历年信息，预估第一志愿成功率。

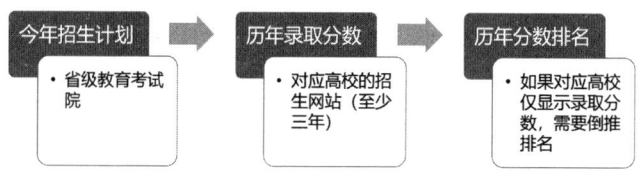

为了提高第一志愿的成功率，需要尽可能通过官方渠道收集信息。

第一步，查询本年度招生计划。在各省级教育考试院（例如：北京教育考试院）查询今年的普通高等学校招生计划（例如：2020年普通高等学校在京招生计划查询），查看各个学校、专业本年度的招生数量。

例如，北京教育考试院可以直接筛选并查询某一类院校的招生计划，或者某一类专业的招生计划。

例：北京教育考试院－按学校查询－农业

例：北京教育考试院－按专业查询－农业

或者直接登录对应大学的招生专题网站，查看本省招考计划。

例：石河子大学招生网

以下是您查询的招生计划：2020年 省份：新疆 科类：理工

专业名称	文理科	学制	人数	生源	年份
阿拉伯语	理工	四年	6	新疆	2020
材料科学与工程	理工	四年	14	新疆	2020
材料科学与工程（南疆单列）	理工	四年	2	新疆	2020
地理科学	理工	四年	14	新疆	2020
电气工程及其自动化	理工	四年	32	新疆	2020
电气工程及其自动化（贫困专项）	理工	四年	6	新疆	2020
电子信息工程	理工	四年	30	新疆	2020
电子信息工程（南疆单列）	理工	四年	6	新疆	2020
动物科学	理工	四年	8	新疆	2020
动物科学（单列类）	理工	四年	36	新疆	2020

这里需要关注一下计划在本省招收学生的数量。招生数量如果很少，有出现较大波动的可能。招生数量多则分数范围会相对稳定一点。

第二步，查询过去3—5年的录取分数。初步锁定几个高校后，可以去高校的招生网站根据"年份—省份"来查询录取分数区间和排名区间，通常有最高分数和最低分数的范围。这里要注意，一定不能只查询一年的分数，因为很多高校的招生录取有"大小年"的情况，即该校某一年的分数很低，第二年会吸引大量考生来报考，反而将分数线抬高。而第三年并不一定会直接降回较低的分数线，而是可能逐步回归。所以至少要往前查3年的录取分数情况，了解一下整体的趋势。

例：宁夏大学2019年录取分数 VS 2018年录取分数

宁夏大学2019年宁夏录取分数

批次	科类	专业	最高分	平均分	最低分	省控线	备注1	备注2
本科一批（预科）	理工类	少数民族预科班	486	459.6	452	457		
本科一批（预科）	文史类	少数民族预科班	553	534.3	525	538		
	文史类	体育教育（教师教育）	517(文化课投档)		485(文化课投档)	442(文化课)	85/71(投专业课最高分/最低分)	
	理工类	体育教育（教师教育）	450(文化课投档)		417(文化课投档)	357(文化课)	85/70(投专业课最高分/最低分)	
	理工类	舞蹈表演	385(文化课投档)		274(文化课投档)	267(文化课)	78.34/71(投专业课最高分/最低分)	526.78/457.95(综合成绩最高分/最低分)
	文史类	舞蹈表演	445(文化课投档)		308(文化课投档)	318(文化课)	88.33/78.33(投专业课最高分/最低分)	567.73/542.76(综合成绩最高分/最低分)
	文史类	音乐学（教师教育）	504(文化课投档)		347(文化课投档)	318(文化课)	81.68/69.38(投专业课最高分/最低分)	557.52/514.02(综合成绩最高分/最低分)

宁夏大学2018年宁夏录取分数

批次	科类	专业	最高分	平均分	最低分	省控线	备注1	备注2
本科一批（预科）	理工类	少数民族预科班	557	465	456	463		
本科一批（预科）	文史类	少数民族预科班	572	523	514	528		
	文史类	体育教育（教师教育）	481(文化课投档)	452(文化课投档)	422(文化课)		82/71(校专业课最高分/最低分)	
	理工类	体育教育（教师教育）	448(文化课投档)	413(文化课投档)	383(文化课)		85/72(校专业课最高分/最低分)	
	理工类	舞蹈表演	342(文化课投档)	318(文化课投档)	216(文化课)		68/64.33(校专业课最高分/最低分)	452.4/443.33(综合成绩最高分/最低分)
	文史类	舞蹈表演	454(文化课投档)	310(文化课投档)	249(文化课)		86.33/78.33(校专业课最高分/最低分)	561.23/531.07(综合成绩最高分/最低分)
	文史类	音乐学（教师教育）	487(文化课投档)	327(文化课投档)	324(文化课)		83.21/68.59(校专业课最高分/最低分)	540.95/500.4(综合成绩最高分/最低分)

第三步，因为每年的考试分数线和排名不尽相同，如果对应高校只给出了分数区间，还是需要根据分数区间，来倒推一下当年在省内录取的排名区间。排名区间比分数区间的参考价值要更大一点。

第四步，综合排名、深造，确认最终志愿填报内容。

在最终确认志愿填报内容前，考生和家长还可通过对以下几方面因素的比对，确认最终填报志愿的内容和高校专业顺序。

第一，综合对比学校/专业排名。

目前比较权威的大学排名的排行榜，主要包括学科评估、双一流名单等官方评估结果，也包括软科世界大学学术排名（上海交大主办）、武书连排行榜等国内比较有影响力的大学榜单。如果最终圈定的学校和专业比较接近，难以抉择，可以对比在榜单中的排名情况。

考生和家长需要注意到，一本非重点高校虽然学校整体并非重点高校，但仍可能拥有一些国家重点建设的学科和专业，而通过国家重点学科建设名单、学科评估结果以及双一流学科建设名单，则可发现此类一本非重点高校的重点学科。

此外，一本非重点高校排名的重要因素还包含科研资源及经费拨款，考生和家长如果考虑进一步深造，亦可考虑综合排名相对靠前的高校。

第二，考量深造途径。

升学继续深造的途径主要有两种，一种是推荐免试就读，也就是我们通常说的"保研"，具体分为推荐免试攻读硕士学位（保研）和直接攻读博士学位

（直博），既有本校推免，也有外校推免。另一种是通过参加全国硕士研究生统一招生考试（考研）来考取硕士入学资格。

大多数一本非重点高校都有招收研究生资格乃至博士点。如果考生在最初就有继续攻读硕士/博士学位的计划，最好可以先看一下所选专业在本校是否有硕士点、博士点，如果有的话，未来无论是保研还是考研，考取本校的难度都会相对低一点，因为对于专业课的考察和老师的教学体系都是一脉相承的。也可以在学校网站查看历年毕业生的保研、考研去向。

不过考生和家长也需要关注备选高校研究生教育的实力，这一点可与前述的学科排名相联系，同时也可通过查询该高校官方网站特定专业的师资团队进行判断。两相比较，研究生教育师资力量更强的高校，未来给考生提供的深造空间也会更大。

第三，合理利用投档录取模式。

目前比较主流的投档方式是平行志愿录取，即考生在填报高考志愿时，可在指定的批次同时填报若干个平行院校志愿。录取时按照"分数优先，遵循志愿"的原则进行投档，如果第一志愿未被录取，则进入第二志愿排队序列，依旧是按照分数排队。这种情况下，录取成功率相对会较高，但考生仍需合理安排各个志愿之间的等级，不能所有志愿都选择把握不大的高校去"搏一搏"，一定要求稳。

但是，仍有部分区域并未实行平行志愿录取，考生如果未被第一志愿录取，第二志愿会存在级差分。

第四，关注本地高校的共建计划和特殊招生计划作为保底。

对部分高等教育资源较为丰沛的区域，除了常规的高考招生外，通常本地高校还会有所谓共建生、地方定向生计划，这部分通常也是一本高校尤其是一些由地方拨款较多建设的一本非重点高校回馈本地而设立的特殊招生计划，当地有此条件的本区段考生也一定要关注研究此类计划，必要时亦可作为保险选项。

如何选择二本学校及专业

其实，大部分的高考考生最后都是被二本院校录取，而由于地域、专业、扩招改名等多种因素的存在，二本院校中的误区和陷阱也尤其多，每年高考都有大量考生面临考上的高校不想去，留下来复读又太可惜的困境。这都是在二本志愿填报中不够慎重的结果。所以，请高度重视二本院校填报。

什么是二本高校？

首先，要先解释一个基本概念，我们常说的"一本""二本"并不是国家教育部的官方定义，高等院校也从未按照这个口径进行过院校层次分类，"一本""二本"仅仅是为方便各省、市高等院校招生工作以及高考志愿填报的便利性而逐渐形成的说法，但因为其对提升普通百姓对高等院校的认知确实起到了明晰化、简明化的作用，所以在社会上普遍得到认可，即使是走上社会求职就业、考研面试，都会约定俗成地使用"一本""二本"来对候选人的学历情况进行区分。

但由于各地招生政策的差异以及各省市高校对本地生源的倾斜，导致有不少院校在某些省招生是按照二本录取，在另一些省招生却是按照一本录取；又因为某些院校的某些优势专业是按照一本录取，另一些则是按照二本录取，甚至某些专业同时按照一本和二本录取。看起来让我们报考决策难度大大增加，但这也给我们的志愿报考留下了很多可以利用的空间，需要详细研判。

其次，是二本院校的分布。现在全国仅招收一本专业的院校不到200所，而招收二本及以下专业的本科院校数量达到800余所。所以很多城市没有一本院校，但都有二本院校，即使一线大城市里，也有大量的二本院校，所以在填报二本院校志愿时，地域也是一个非常重要的参考因素。

再次，要注意学校名字的改变。前些年，二本高校特别流行改名字，比如把"学院"改成"大学"、把"××职业技能学院"改成"××科技大学""××理工大学"，或者把"××（地名）××大学"直接简化为"××（地名）大学"，甚至更恶劣的还有很多院校故意"碰瓷"名校的名字，把自己的名字改成和某名校就差一两个字，都是为了让自己在招生中占据优势，所以我们在选择二本志愿时一定要注意甄别，擦亮眼睛，别被名字给忽悠了。

总之，由于师资水平、教研投入、学科建设、历史发展等诸多原因使得这些院校在高考录取中排在了第二梯队，但二本里也有好学校、好专业，只要适合自己的就是好选择。

什么样的考生需要重点填报二本志愿？

一般来说，需要重点填报二本志愿的考生可分为三类：分数超一本线但一本志愿录取概率不大所以需要报一个二本学校托底的考生、分数略低于一本线想找一个好学校或好专业的考生、分数超二本线不多希望能搏一把的考生。

我们来分析一下第一种情况，分数超一本线但一本志愿录取概率不大的考生，这类考生对二本院校属于"降维打击"，甚至每年都有清华、北大的滑档生因不愿意复读而选择就读二本院校的情况，这看似对二本考生"很不公平"，但高考就是分数为王，多考一分就可以无情碾压一批人，多考一分就可以比别人优先选择，所以这才是更大的公平。也因此出现了很多二本院校自我标榜为"二本小清华"之类的，专门吸引这类考生报考。对于这类考生来说，选择自由度是非常大的，可以说是在二本院校里横着走，学院和专业都任挑任选，去了学校也通常会被学校老师重点对待。前些年甚至有某所学校敲锣打鼓挂横幅迎接某位理科600多分的考生入校就读。这类考生需要调整的往往是对二本的心态，原本是一本甚至清北的苗子，一下子跌到二本，很多孩子心态会失衡，甚至会破罐子破摔，导致在院校里不好好学习，整日自怨自艾，生活堕落，最后的结果甚至还不如入学成绩普通但努力上进的考生。但与此同时，我们也看到很多二本的学生通过自己的努力后来考上清华、北大等985高校的硕士博士，甚至出国、进入中科院，比比皆是。优秀的人在哪里都会发光，调整好心态，二本对这些考生来说，不是终点站，只是中转站。

第二种情况属于二本志愿填报的中坚力量，也是绝大多数二本院校招生的重点人群。这部分考生的分数足以挑选绝大多数二本院校，但由于对院校和专业的不了解，以及受招生宣传力度的影响，这部分学生的志愿选择会出现巨大的波动，导致学校的录取分数线也随之波动。所以这部分人需要注意的是选择不要过于冒险即可，不要一腔热血非要报考某所热门二本院校的热门专业，尤其是那种招生人数少的，一旦当年出现分数异常波动，导致不幸滑档就得不偿失了。在大多数学校里进行选择，风险基本不大，所以选择的考量标准就要重点放在自己喜欢的专业、所在的城市、未来的选择上。比如，如果未来希望本科毕业即就业，那么专业选择上就要倾向于掌握技能类的专业，如会计学就业几乎只看从业资质，不太看第一学历，只要有注册会计师（CPA）证，基本不用担心就业问题；如果希望继续深造考研考博，就要选自己院校特色专业，至少要有硕士点，最好是有国家重点学科或实验室，有学科带头人当导师；如果希望出国，就需要选择有中外联合办学的学校或者语言类比较强的；如果希望留校进体制，就一定要选公办院校。还有一些专业，比如医学，几乎都是本地就业，所以选择城市几乎就选择了以后从业的地点，也需要报考志愿时予以注意。

如果分数仅仅刚过二本线，对于录取二本志愿缺乏信心的考生，也不要放弃二本志愿填报，但并非本章需要重点讲解的内容。二本院校的市场竞争力比三本院校高一个档次，且二本院校中有很多专业实力相比一本院校不那么差的选择，选得好的二本不比一本差，但同样的选择在二、三本之间几乎不存在，能上二本就得选二本，最次的二本也比三本强。这部分考生在志愿选择的时候，可以采用保守型选择，尽量选取历年来录取分数线都很稳定且基本压二本线的学校，专业上也一定要选竞争不激烈的、就业面宽的。

二本里有哪些好学校

本节我们来看二本当中有哪些好学校。其实二本院校的师资水平、教学质量、科研成果、毕业生就业等各方面参差不齐，总有很多院校在某些方面有优势，一些二本院校的强势专业的就业待遇甚至会高于一本。所以千万不要小看了二本的好学校，竞争同样激烈，基于上一节的第一类考生每年都为数不少，某些二本的好学校每年的录取分数线甚至是高于某些一本院校的，以至于有传闻说，某些二本的院校故意不愿意升级为一本院校，专门捡漏高分落榜生，以保证生源质量，在此不予置评。

在所有的二本院校中要特别介绍一下西藏大学，它其实是一所211院校，但因为地域偏远，导致在全国招生很多地方都是二本填报。对，你没看错，二本也可以上211，而且分数在二本中都不算高。如果想上211大学，分数又不是太高，不在意路途远近的话，可以考虑选择西藏大学。

在研究学校时，一定要去看该校的招生章程，其中内容包括高校基本信息、录取批次、是否统招、优势专业、各专业历年招生名额及分数波动、招生规模与性别比例、特殊专业要求、学费标准等。举例来说，很多高校都有分校和子校，或者独立学院，这些学院的招生和教学水平往往和本校有着巨大差异，在报考时务必要甄别清楚是不是你要报考的目标院校。很多特殊专业都会有特别建议，比如建议男生报考、建议艺术生报考等，千万不要误报，即使就读也无法找到好工作或毕业困难。再比如同一所学校的同一专业可能同时招一本和二本考生，报考的时候一定要看清楚，如果误报，也会导致滑档。

其实判断二本院校是否优质最简单的方式还是分数，历年录取分数高的院校大概率就是好院校，比如上海海洋大学、上海工程技术大学、中南民族大学、西安邮电大学、重庆理工大学等。所以我们还是要继续强调，高考就是分数为王，学校的价值最直观的体现就是录取分数线。

在选学校时可以采取排除法，先排除分数范围之外的学校，无论是过高还是过低的，再筛选绝对不考虑的专业。需要提醒的是这个"绝对不考虑"应该排除过多主观因素，而应该是客观条件上无法考虑，再通过地域进行第二轮筛选，优先选择大城市，然后再通过不断提高筛选条件来细分，最后会得到一个相对少的选项，再进行最终决策。最终决策也不要太纠结，现在都有平行志愿，可以同时报考多个志愿。在这里要讲一下很多人对平行志愿理解的误区。平行志愿虽然可以填报多所高校，但实际上如果在本轮录取时只有一次投档机会，如果因为分数不足被退档、体检不合格被退档，都无法再参与其他平行志愿的录取了，只能去接受调剂或者滑档了。

二本学校的一本专业与一本学校的二本专业

上文中我们科普过"一本"和"二本"的概念其实并非严格的非此即彼，而是相互有交叉、重合的。比如上文中提到的上海海洋大学就同时招收一本和二本的海洋专业。再比如天津师范大学，虽然本身是二本院校，却有一本专业，而且实力非常强，分数一点也不比一本低。某些二本院校的某些专业水平其实不比 985 高校差，在某些专业领域内，非常受认可，比如北京电子科技大学的相关专业，报考难度丝毫不比 985 低。

所以如果分数上有优势，需要充分利用上述信息，一方面这些学校的知名度可以为你就业提供背书，另一方面就业时，大多数企业都只看学校是几本，而不会细节关注到专业是几本，如果就读于一本院校的二本专业，在就业时就是一本院校待遇。

关于哪些院校属于二本可报考的一本院校，可以查阅相关资料，每年都会有变动，需要在报考前予以确认。

学校所在地域对报考的影响

首先，就读院校很大程度上决定了未来的工作居住地，尤其是某些专业更加如此，比如医学类、师范类，因为这些专业的就业往往是在未毕业的时候就已经开始了。以医学为例，基本各一线城市的知名医院的全称都是××医科大学附属医院，你所在的院校与医院也基本都是共建的关系，所以你在大四实习的时候，大概率会通过学校的关系去对口医院进行实习，而由于医院招聘的特殊性，在同样都是新手医生的情况下，自然更愿意倾向于本校培养出来的学生，毕竟有导师的水平进行背书。所以医学院的学生在哪儿学习基本就是在哪儿就业，这对于有志于报考医学专业的学生来说，是一个非常重要的参考指标。

其次，不同的城市对学生的视野开阔、接触社会也都有帮助。往往就读于大城市的考生更容易接触到国际性的会展、大企业的实习机会、城市里的社会活动等，学校里也经常会邀请知名大企业来座谈，对于未来步入社会都有很大的帮助，所以如果学校本身实力相差不多，去大城市的学校往往是更优的选择。

另外，在上文中，我们提到过有些院校在某些省市（基本是院校所在的省市）是按照二本录取，但在另一些省市却是按照一本录取，所以如果我们能寻找到一些本省市的这样的院校，就可以名正言顺地占这个地域的便宜，以二本分数就读一本院校了。典型的例子就是深圳大学，由于广东采取的是一、二本合并录取，所以在广东省内是可以以二本录取到深圳大学的，但是深圳大学在外省几乎都是以一本录取，且由于深圳大学的分数一直不低，所以只适合前面所说的第一类考生在二本志愿时考虑选择。

二本好就业专业推荐

第一，二本好就业的专业往往是以技术类、资质类为工作条件的专业。比如会计，只看会计证和注册会计师（CPA），和毕业院校关系不大。再比如计算机类，毕业后往往都需要重新学习编码能力，而且底层的编程工作人员都不需要太高的学历支撑，所以适合二本的学生选择。

第二，与之相对应的，二本志愿一定要远离学历歧视严重的专业，比如金融、医学，这些专业毕业后的就业选择非常容易受到就业歧视。顶级的金融机构和三甲医院对求职者的第一学历非常看重。

第三，二本志愿专业选择尽量要远离热门大专业，而且这些专业往往也是很多985、211高校的王牌学科，无论是考研还是就业，都会面临大量一本院校同专业的降维打击和同为二本院校的激烈内卷竞争。比如金融、医学。

第四，转专业。基本所有的大学都可以选择转专业，所以先进好学校的差专业，再走学校的流程转向一个热门专业，是一个非常可行的操作。如果学力有富余，甚至可以修一个双学位。现在也有越来越多的学校开始选择宽口径培养，或者大专业培养，等到大二以后再细分专业，从而给更多学生更多选择机会。

第五，从更现实的角度来讲，就业未必非得从事本专业。根据统计，差不多有三分之一的毕业生从事的工作与所学专业并不对口，只要你足够优秀，无论在哪个行业都能做到顶尖。

二本考研专业推荐

你打算本科毕业就工作吗？对于很多考生来说，答案基本是否定的，往往是准备读完研究生再说。而且不仅本科阶段可以转专业，研究生也可以换专业。

但也要注意，考研不仅拼成绩，还需要面试，虽然没有学校会承认，但不可避免地，名校的面试官会对二本院校有所歧视，或更加倾向于招收本地、本校的学生。

如果立足考研，一定要报综合性强的专业，比如管理类、金融类、经济类、数学类、汉语言类，考研方向非常宽泛，考研难度也不大。

很多二本院校在这方面会有专门的政策，鼓励学生考研，并给学生做相关方面的考研辅导，这样的学校对考生来说是很适合的选择。所以一旦将目标设定为考研，那么对于学校本身来说不用太挑剔，应该将注意力放在入校后的学习和生活上。

一定要服从调剂。

二本如果分数不足或尝试报了分数线太高的专业，那是否需要服从专业调剂呢？我的建议是一定要选服从调剂。每年都有一批考生忘记填写或不愿意填写"服从专业调剂"，又一味填报热门、紧俏的专业，这意味着一旦出现意外，未达到相关专业的分数线，学校就会对你进行退档处理，你也就无法再选择二本批次的学校。对于二本考生来说，进入一所好大学要比选择专业更为优先，且进入大学之后，还有考研、转专业等许多选项等待着你。而一旦不服从调剂导致滑档，那最终的结果只能是去选择三本的学校，这对考生来说无疑是最差的情况了。

给二本压线的考生填报志愿的几点意见

对于高考分数刚到达二本线，或者只比二本线高一点的考生来说，最重要的是能够有书念，可以读本科，至于学校或者专业不应该作为首要的选择，整体来看，求稳大于为了目标搏一把。本科与专科的差异远远大于同水平本科之间的差异，因此首先要保证二本有学可上，再去在有限的选择里择优。专业选择方面，建议选择工科或者是医学这些与实际工作技能训练相关的专业，这类专业的本科生在就业市场上因为一技之长而相对会有一定的就业优势。尽量避免文理科等需要深厚学科知识积淀，以及本科毕业后在就业市场没有特殊竞争力的专业。

这个分数段家长和考生们需要增加信息搜集能力，能够在过往学校录取分数线上下5分左右选择出最适合自己孩子的学校。对于二本院校而言，一般择校的权重是城市＞专业＞学校。学校所在城市比较重要，城市会拓展考生的视野、阅历，也能够提供更多成长的机会。需要注意的是，在大城市学习并不一定代表要留在大城市，但是大城市实习和学习的经验将会成为学生在其他二、三线城市就业的重要竞争力。由于二本线附近学校基本差异都很小，学校竞争力薄弱，专业的选择尤为重要，尤其是学校里的重点科目专业，所以需要考生认清楚自己的职业规划，选择适合自己的专业就读。

对于二本类院校的学生，可以多关注未来新工科的发展趋势，在基础技术方面深耕，建议从以下几个领域进行专业选择：新信息技术、高档数控机床与机器人、航空航天设备、海洋工程装备与技术船舶、先进轨道交通设备、新能源汽车、电力装备、农机装备、新材料、高性能医疗器械。这些领域是未来发展的重点工科领域，其中除了理论与核心技术升级以外，专业熟练的技术工人也不可或缺，二本类院校的科研能力相对比较低，所以可以在技术发展领域多做一些拓展，争取进入相关领域内成为技术工或工程师。其他专业的学生，很多其实是为了上学而凑合选了一个专业，这种专业就业前景一般，也不是学生自己的爱好。这种情况下，如果想要提高竞争力，考研还是最重要的手段和途径之一，从大学一年级开始寻找自己感兴趣的合适的研究生专业领域进行学习，争取毕业时能够考到一个更好的高校读研，提升自己的竞争力。

综合上文所说，家长或者考生可以根据以下流程进行学校及专业选择：高考指南——各地教育考试院网站（例如：北京教育考试院等）——学校官网。首先可以根据高考指南中分数线历年的划分选择几个有优势专业的高校，然后进入各地招办网站落实招生政策以及通过高校官网链接进入高校页面主页了解各个专业的招生及就业情况。一般来说，可以选择设计比较美观、内容相对丰富的主页所属学校。

基于以上择校理由，相关推荐学校如下（从各个角度推荐，仅作为参考）。

二本线附近学校：

1. 西安汽车职业大学

西安汽车职业大学是经陕西省人民政府批准、国家教育部备案，中国较早具有国家计划内统招资质的交通类全日制本科职业大学，是中国现代汽车教育领域的重点专业院校。

临潼校区位于西安市临潼区秦王一路1号，校舍建筑面积为38.4万平方米；白鹿原校区位于古城西安白鹿原大学城，校舍建筑面积18.7万平方米。有专兼职教师728人，全日制在校生12000余人。

省级重点专业：汽车检测与维修技术、汽车电子技术、汽车技术服务与营销、汽车制造与装配技术、道路桥梁工程技术、汽车运用技术。

推荐理由：西安汽车职业大学地处中西部最大城市，不论从城市角度、专业角度来看，都是比较理想的选择。该学校王牌专业为汽车行业，尤其是新能源汽车行业一定是未来新工业重要战略发展方向，相关配套行业专业技术人员紧缺。

2. 黑龙江外国语学院

黑龙江外国语学院（Heilongjiang International University）坐落于"北国冰城""冰城夏都"的哈尔滨市，是黑龙江省唯一一所语言类普通本科高等院校。始建于1993年，原名为哈尔滨恒星外国语学院。2003年3月经黑龙江省人民政府批准，学院与哈尔滨师范大学合作办学成立哈尔滨师范大学恒星学院。2011年经国家教育部批准更名为"黑龙江外国语学院"并沿用至今。为《黑龙江省高等教育强省建设规划》"1115工程"重点建设高校。

截至2018年6月，黑龙江外国语学院校园占地面积53.48万平方米，校舍建筑面积23.31万平方米，图书馆馆藏图书170万册，外文原版图书8.2万册。学院现有专任教师541人，在校学生9269人，来自俄罗斯、韩国等国留学生91人。学院下设8个院系、4个学院，开设30个本科专业和37个成人教育本、专科专业，涵盖文学、艺术学、工学、经济学、管理学、教育学6个学科门类。学院与俄罗斯阿尔泰国立大学、韩国大真大学等7所国际知名大学联合培养硕士学位研究生。

黑龙江省重点专业：英语。

学校重点专业：英语、汉语国际教育、国际经济与贸易、商务英语、俄语、财务管理专业。

推荐理由：二本院校中比较容易出国拿学位的院校。二本院校本身竞争力比较低，出国深造进行二次培养，会有更强的竞争力，双语本身也能够拓宽就业范围。如果家庭经济能力不错，建议就读，并申请联合培养硕士。

3. 西安信息职业大学

西安信息职业大学坐落于陕西省西安市，是国家教育部批准的全日制本科大学，是全国首批本科教育改革试点院校，具有独立颁发国家承认统招本、专科学历资格。

学校始于1992年创建的陕西电子科技职业学院（本科），2005年学校迁新校址，2019年5月，更名为西安信息职业大学。

截至2018年，学校校园占地591.5亩。校舍建筑总面积21.24万平方米；教学科研仪器设备总值1.2亿元；馆藏纸质图书64.35万册，电子图书74万册。学校设有10个本科专业，三年制专科专业53个，五年制高职专业13个。设有11个二级学院，现有专任教师443人。其中，具有硕士研究生以上学历的教师287人（博士37人）；高级职称教师160人（正高职称43人，副高职称117人）；"双师型"教师265人；兼职教师98人。专任教师中，有校级教学名师25人，省级教学名师3人。

特色专业：城市轨道交通、移动通信技术、电子信息工程。

推荐理由：特色专业都是"新工业"热门专业，学校本身设有很多高职类专业，对于本科生培养也注重技术技能类培养，有比较扎实的教学基础。

4. 温州商学院

温州商学院（Wenzhou Business College）是经中华人民共和国教育部批准设立的全日制民办普通高等学校，是浙南地区唯一一所商科类本科院校，由原温州大学经济学院、信息科学与工程学院共同组建。

截至2020年8月，学校专任教师中副高以上专业技术职务占30%，研究生学历占64%，引进100名学者、100名企业家和100名业界专家担任学校特聘教授、兼职教授、客座教授，学校设有6个二级学院（系）、1个教学中心，有本科专业25种，招生专业20种，专科招生专业10个，其中，金融学、会计学、工商管理、计算机科学与技术4个专业获批浙江省"一流专业"，国际贸易和市场营销是浙江省"十二五""十三五"特色专业，全日制本专科在校学生11000

余人，近三年毕业生平均就业率达 95.42%。

省级一流本科专业建设点：计算机科学与技术、金融学。

推荐理由：地处浙江温州，作为商学院有得天独厚的优势，相对其他二本线附近的院校，该学院有非常优厚的专家资源，学生就业率在同类院校中也是非常高的。对于金融学、会计学、工商管理和计算机科学与技术有兴趣的考生推荐选择。进入学校后千万不能错过各类讲座以及本科生创业项目。

5. 福建工程学院

福建工程学院位于福建省福州市，是福建省人民政府举办的全日制普通本科院校，是教育部首批"卓越工程师教育培养计划"试点高校、福建省重点建设高校、国家"十三五"应用型本科产教融合发展工程规划项目百所校之一、福建省 2018—2020 年博士硕士学位授予培育单位立项建设高校、福建省示范性应用型本科高校建设单位、福建省一流学科建设高校，入选新工科研究与实践项目。

截至 2017 年 10 月，学校拥有旗山、鳝溪、浦东、铜盘等校区，总占地面积 136.88 公顷，校舍建筑面积 65.78 万平方米，固定资产总值 16.05 亿元，教学科研仪器设备总值 3.61 亿元，馆藏纸质图书 240.41 万册；共有全日制在校学生 24200 多人，其中在读硕士研究生 268 人（含外国留学生）；有教职工 1891 人，其中专任教师 1242 人；开设 15 个学院，开办 65 个本科专业，拥有 3 个学术型硕士授权一级学科、2 个专业学位授权类别、2 个专业学位授权领域；2018 年 3 月，新增学术学位一级学科硕士点 1 个。

国家级特色专业：电气工程及其自动化、土木工程、工程造价。

国家级专业综合改革试点项目：土木工程。

推荐理由：地处福建福州，是省级重点发展高校，学校有比较好的发展趋势。学校自带硕士点，在本分数段工程类专业选择中，是比较有发展前途的院校之一。

6. 安徽文达信息工程学院

安徽文达信息工程学院坐落于合肥市，是一所由安徽文达集团创办、国家教育部批准的全日制普通本科高校。世界诺贝尔物理学奖获得者杨振宁教授曾两次亲临学院指导工作，并亲笔题写校名。

据学校官网显示，截至 2020 年 4 月，学校现有土地 703 亩，校舍 265343

平方米；教学仪器设备总值6500多万元；馆藏纸质图书85万册。设有9个二级学院，2个公共教学部，49个本、专科专业，有在校生1万多人，其中本科生6700多人。

省级特色专业：软件技术、动漫设计与制作专业、数控技术、应用电子技术、旅游英语、会计与审计。

推荐理由：学校特色专业紧跟前沿，其中动漫设计与制作、数控技术、应用电子技术都是未来就业的热门专业，在读期间需要增加实习实践履历和项目履历。

二本线高十分至十五分院校

7. 沈阳工学院

沈阳工学院（Shenyang Institute of Technology）创办于1999年，位于辽宁省沈抚新城，是2013年4月经教育部批准设立的隶属于辽宁省教育厅的全日制普通本科院校，是国家首批卓越农林人才教育培养计划改革试点高校。

截至2019年4月，学校校园占地面积1092亩，图书馆馆藏纸质图书约116万册，设有10个二级学院，开设57个本科专业，有教职工1136人，有在校本科生16000余人。

国家综合改革试点专业：电子信息工程（自动识别技术方向）。

省级示范专业：机械设计制造及其自动化、模具设计与制造、数控技术、市场营销、应用电子技术、焊接技术及自动化。

推荐理由：在电子信息工程、机械制造与自动化等方面有办学优势，地处工业大省，实习实践机会多，在读期间注意技能类知识的学习。

8. 大连财经学院

大连财经学院（Dalian University of Finance and Economics）位于辽宁省大连市金州区，学校是2013年4月经国家教育部批准，由原东北财经大学津桥商学院转设组建的一所以经济学、管理学为主，兼有法学、文学、艺术学等五大学科门类的民办高校。2013年5月14日，教育部批准将东北财经大学津桥商学院转设为大连财经学院。

截至2019年6月，校园占地面积532618平方米，总教学面积39.6万平方米，在校生11000余人，学院拥有全新的现代化教学设备，装备有60多个媒体投影教室、12个微机室、14个多媒体语音教室、8个实验室、7个科研机构、7个学术报告厅和4个会议室，图书馆藏书达100余万册，中外文报刊1089种。院长为博士、教授、博士生导师，为学生授课并有研究生以上学历的教授、副教授、讲师共计500余人；学校设有8个院系部，开设22个本科专业。

"本科教学工程"地方高校第一批本科综合改革试点专业：会计学。

推荐理由：地处大连，同分数段想要从事财经类工作的首选，师资力量相对比较强。建议选择会计学专业，未来就业优势比较大，注意需要考取CPA证书，能够长期保持就业竞争力。

9. 安徽新华学院

安徽新华学院（Anhui Xinhua University）坐落于安徽省合肥市，是安徽新华集团投资有限公司举办的全日制普通本科高等院校，入选安徽省地方应用型高水平大学立项建设单位。

学校前身是创办于2000年的安徽新华职业学院。2005年5月，经教育部批准升格为普通本科高校，更名为安徽新华学院。

据学校官网信息显示，截至2020年6月，学校占地面积1500余亩，校舍建筑面积50万余平方米；有全日制在校生23000余人，专任教师1300余人；有11个二级学院和2个教学部，开设62个本科专业和22个高职专科专业。

省级一流（品牌）专业：电子信息工程。

省级特色专业：通信工程、计算机科学与技术、土木工程、电子信息工程、动画。

推荐理由：本科专业相对比较多，如果高考成绩一般，也有比较好的专升本机会。特色专业均为当前比较有发展和竞争力的专业。学院为职业学院改制，比较重视技术技能类培训，能够坚持学习和从事技术类工作的建议选择。

10. 西华师范大学

西华师范大学（China West Normal University），简称"西华师大"，是四川省属重点大学，四川省第一所师范类高等学府和全国首批学士、硕士学位授权单位，四川省首批免费师范生培养实施高校，四川省首个"四川省优秀大学生选调基地"，入选国家"卓越农林人才教育培养计划"、"卓越新闻传播人才教育培训计划"、四川省"双一流"建设计划、四川省卓越教师教育培养计划、四川省卓越法律人才教育培养计划、四川省卓越工程师教育培养计划、四川2011计划。

学校始建于1946年，其诞生与东北大学有直接历史渊源。抗日战争初期，东北大学内迁到四川省三台县办学。抗战胜利后，东北大学迁回沈阳，留川的师生在原校址上创建了川北农工学院。1949年吸纳西山书院，更名为川北大学；1950年合并川北文学院，并迁到四川省南充市。1952年，川北大学合并川东教育学院、四川大学和华西大学的部分专业，组建四川师范学院。1956年，学校一分为二，留在南充的部分更名为南充师范专科学校，1958年升格为南充师范学院，1989年恢复"四川师范学院"校名，2003年更名为西华师范大学。

学校位于四川省南充市，现有北湖、华凤两个校区，截至2020年3月，学校占地面积3000余亩，有教职员工2500余人，全日制本科生、硕士研究生、留学生30000余人。工程学与化学两个学科进入ESI全球排名前1%行列。

国家级特色专业：教育学、体育教育、地理科学、生物科学、汉语言文学、思想政治教育、物理学。

省级特色专业：环境科学、心理学、应用电子技术教育、思想政治教育、生物科学、汉语言文学、历史学、教育学、物理学、化学、计算机科学与技术、音乐学、地理科学、生物技术、体育教育、教育技术学。

推荐理由：同分数段师范类学校的首选，有硕士点，优势专业可以选择继续深造。理科类专业比较有优势，想要从事师范类岗位的考生建议选择。

11. 闽南理工学院

闽南理工学院（Minnan University of Science and Technology）是经国家教育部批准创办的以工学学科为主，兼有理学、管理学、经济学、艺术学、文学、教育学等多学科，具有独立颁发高等学历文凭资格的全日制普通本科高等学校。

学校前身为创建于1998年的石狮长兴工业学校；2001年，经福建省人民政府批准成立泉州光电信息职业技术学院；2008年，经教育部批准升格为本科高校，更名为闽南理工学院；2012年，获得学士学位授予权；2018年1月，学校新增为福建省2018—2020年硕士学位授予培育单位立项建设单位。

学校位于福建泉州石狮市，截至2019年6月，学校占地面积1100余亩，总建筑面积50万多平方米；11个教学单位，本科专业44个；有教职工1100余人，全日制在校学生15000余人。

省级特色专业建设点：机械设计制造及其自动化、电子信息工程。

推荐理由：学校有比较扎实的工科背景，并设有硕士学位点。在南方的二本类高校中，在工科类方面比较有优势。如果以其他类专业被录取，建议转专业或者备考读研。

12. 长春建筑学院

长春建筑学院（Changchun University of Architecture）始建于2000年6月，原名吉林建筑工程学院建筑装饰学院（吉林建筑大学独立学院）；2004年2月，经教育部确认为实施普通高等本科教育的独立学院；2011年4月，经教育部正式批准转设为独立设置的民办普通本科高校。

学校设有建筑与规划学院、土木工程学院、城建学院、电气信息学院、交通学院、管理学院、文化创意产业学院、公共艺术学院、健康产业学院、人工智能学院、创新创业学院、国际交流学院、思政教研部、基础教学部、体育教研部15个教学单位。开设了41个行业特色鲜明的本科专业，涵盖了工、管、文、农、艺、医六大学科门类，形成了土建工程类、电气信息类、管理类、艺术设计类、健康类五大主干学科专业集群。

学校有奢岭、高新两个校区。奢岭校区坐落在5A级净月潭国家森林公园南端；高新校区坐落在高新技术开发区火炬路1519号。校园占地面积83.43万平方米，建筑面积39.20万平方米，全日制在校本科生13317人，学校图书馆藏书115万册，教学科研仪器设备总值8387万元。学校共有专任教师696人，其中具有高级专业技术职务的教师141人，具有硕士研究生以上学历的306人。拥有长白山技能名师2人、吉林省教学名师2人、吉林省优秀教师1人、吉林省教育科学专家库专家20余人。

吉林省高等学校"十二五"特色专业：土木工程、工程造价专业、艺术设计类专业（环境设计、视觉传达设计）。

吉林省高等学校本科品牌专业建设点：土木工程。

吉林省特色高水平专业A类：工程造价、环境设计。

推荐理由：特色专业优势比较明显，尤其是工程造价和艺术设计类专业。视觉传达设计在目前互联网时代独立工作室和进入互联网企业从事UI设计都是比较有发展前途的就业方向。

提前批院校志愿填报

尽管目前全国各省（区、市）对高考录取批次的设置千差万别，但基本上都设置了提前录取的批次。即把录取要求较为特殊的院校，同其他大多数院校区分开来，单独设置成一个批次录取。这样一方面有助于考生和家长识别出这些有着特殊要求的院校，避免因不符合录取要求而误报；同时也确保这些对生源有特殊要求的院校能够精准开展录取工作，减少工作量。

第一节 什么是提前批院校

《2022年普通高等学校招生工作规定》中指出，军事、公安、飞行学员、公费师范生、农村订单定向医学生、部分艺术体育专业、航海类等艰苦专业、全国重点马克思主义学院的马克思主义理论专业以及其他经教育部批准的特殊高校（专业）、有关高校综合评价招生等教育部规定可安排在提前批次录取。

也就是说，提前批次录取的高校和专业，主要包括学校办学性质特殊、录取专业性质特殊和招生就业政策特殊这三类"特殊"院校专业。考生和家长务必明确本批次院校专业的录取要求，避免错失机会。

在提前批次录取的高校中，军事、公安、飞行类高校和经教育部批准的特殊高校占很大部分。本节对这几类院校的特点和报考注意事项进行简要介绍。

军队院校自2017年改革以来，招生院校数量和规模均有所压缩，同时取消设置国防生也使得军队院校的录取竞争更为激烈。绝大多数军队院校均在提前批招生，这是因为军队院校一般都设置了参加政治审查、面试和体格检查的要求，并且对考生年龄和婚否有明确要求。此外军队院校在设置招生计划时是分性别设置的，女生可选择的专业相对较少。军队院校对学生在校学习期间提供福利待遇的同时，也有较为完善的分流淘汰机制。考生可登录本地区教育考试院官网，查询当年军队院校报考指南，结合自身情况确定是否报考。决心报考军队院校的考生，可以参考院校在本地区过往的招生分数线，结合不同专业的体检要求和性别要求，仔细对照本人身体情况，同时明确自己的报考动机，做好面试准备。

需要额外补充的是，近年来国防科技大学等一批院校设置了"无军籍本科学员"，此类录取方式在部分省区投放招生计划，一般安排在第一批次本科而非提前批录取，也不设置性别限制。

公安院校和军队院校相比，在录取环节和条件设置上大体相同，考生和家长也可登录本地区教育考试院网站和院校官网查询具体的招生录取政策。公安院校在就读期间的福利待遇和就业安置政策方面与军队院校略有不同。

飞行学员招生也和上述两类院校类似，军队招飞和民航招飞均对考生的身体素质和政治素质有着一定要求，考生和家长务必对照好自身身体条件，避免因体检不合格而丧失录取机会。同时，如果有志于从事民航工作，部分航空公司也通过招考本科毕业生，经培训后从事民航客机驾驶工作，对考生和家长而言这也是一个可行的选择。

经教育部批准的特殊高校主要包括国际关系学院、外交学院、北京电子科技学院、中国消防救援学院、香港中文大学、香港城市大学等院校，这些高校在录取要求上一般对考生的身体状况、性别、政治面貌等方面有额外要求，考生在报考前应登录特殊高校的网站，或查阅本地区招生考试院发布的有关信息，按照院校的具体要求报考。本类型的高校，一般只在提前批次安排录取。

除了特殊高校外，部分院校经审批，也有一定的专业在提前批次进行录取。主要包括以下几个类型：小语种专业、中外合作办学专业、与其他高校联合培养的特殊计划专业、对考生生源地有一定要求的专业和航海类等较为艰苦的专业。考生在查阅本地区报考指南时，应格外注意区分此类院校专业，部分院校在提前录取批次和一批次（本科批）设置的专业名称相同或相近的专业，考生如不符合本批次该专业录取的要求，可查看是否符合一批次（本科批）相同或相近专业的有关要求，不必急于在本批次完成录取。

第二节 其他提前批录取专业

除提前批录取高校外，一些专业录取也在提前批进行。主要包括：

其一，特殊政策类型，包括公费师范生、农村定点定向医学生等类型的招生，因其招生录取的政策较为特殊，一般也安排在提前批次进行录取。对于此类招生，往往对考生的生源地、户籍类型等有一定要求，此外录取后要按照有关政策的要求签订服务协议，毕业后有一定的最低服务年限要求。随着乡村振兴战略的推进，部分省市的院校也设置了服务乡村振兴战略的专项培养计划，此类型计划一般也放在提前批次招生。

考生如果对此类招生有兴趣，务必根据本人意愿，结合所在地区教育考试院等教育部门公布的文件，综合特殊类型计划的培养方式、录取要求、福利待遇、毕业去向和服务年限等方面要求选报，避免因考虑不当造成后续就读就业遭遇问题。

其二，综合评价与强基计划，伴随高考改革的推进，原有"自主招生"形式的录取走入历史，取而代之的是"强基计划"和"综合评价"录取这两类新的录取形式。对考生和家长而言，要注意的有以下几点：

1. "强基计划"目前只有36所院校获批开展，即：

北京大学、中国人民大学、清华大学、北京航空航天大学、北京理工大学、中国农业大学、北京师范大学、中央民族大学、南开大学、天津大学、大连理工大学、吉林大学、哈尔滨工业大学、复旦大学、同济大学、上海交通大学、华东师范大学、南京大学、东南大学、浙江大学、中国科学技术大学、厦门大学、山东大学、中国海洋大学、武汉大学、华中科技大学、中南大学、中山大学、华南理工大学、四川大学、重庆大学、电子科技大学、西安交通大学、西北工业大学、兰州大学、国防科技大学。

而"综合评价"招生的院校数量相对较多，选择也更为广泛，部分省属高校、中外合作办学院校、创新试点院校都可以采用综合评价招生方式开展招生。考生和家长可以登录阳光高考平台、所在地教育考试院网站等渠道，获取在本省区市开展综合评价招生的院校信息。

2. 招生专业类型存在差异。综合评价方式招生的院校，投放的专业类型较广，而强基计划的全称是基础学科招生改革试点，所设置的专业类型一般是以服务国家重大战略的基础学科，相对选择空间较为有限。

3. 审核和录取要求存在一定差异。强基计划一般以高考成绩为主要依据，而综合评价方式招生的院校，经批准后可以在高考成绩的基础上要求考生提供报名材料，经审核后获得报名资格。在高考后，这两类录取方式的院校均会组织再次测试，以不同比例的加权成绩计算考生最终成绩。

4. 培养模式存在较大差异。经强基计划录取的考生，一般采用单独编班的培养方式，通常也不能够转专业，同时教育部也在探索安排强基计划的本硕博联合培养模式。考生未来的职业走向较为清晰。而采用综合评价方式招生的院校，对应专业一般不会单独设置班级，转专业的政策相对较为宽松，高校有一定的政策自主权。

高考专业类别考生家长须知

每年高考过后，考生对所选专业的后悔、吐槽就成为社会热点，很多家长刚刚焦头烂额忙完志愿填报，又要殚精竭虑帮孩子转专业，每每问起他们，得到的回答通常是千篇一律的不了解、不清楚，这种盲婚哑嫁式的志愿填报既是对高校专业教育的轻视，也是对孩子高考后学习的漠视。家长们要知道，为避免孩子们进入高校后水土不服，在填报志愿的时候就最好做到有的放矢。因此，本书特意对高校12类别专业进行简要介绍（我国高校专业方向一共13大类，由于第11类专业是军事学，需要专门阐述，所以只在此介绍其余的12类），包括内容、方向、工作等方面，希望大家能把工作做到前面，而不是将来遇到问题再去忙着救火。

分析篇:
专业介绍与高校排名

编号 01　哲学类

学科概况

我国高等学校中最早设立的哲学系是北大哲学系，创建于 1912 年，1914 年开始招生，是中国现代意义上哲学专业的开端。哲学类包含四个细分专业：哲学（010101）、逻辑学（010102）、宗教学（010103K）、伦理学（010104T）。

哲学专业旨在培养具有丰富的哲学史知识和较高的哲学思维能力的理论人才，以及具有广博知识背景的复合型人才。通过学习，学生应初步具备哲学原典的阅读与独立研究能力，具有较高的理论思维能力与语言表达能力，能够以自己的哲学素养处理现实工作中遇到的各种社会与文化问题。

主要课程包括马克思主义哲学原理、马克思主义哲学发展史、西方哲学史、中国哲学史、数理逻辑、科学技术哲学、管理哲学、美学原理、伦理学原理、宗教学概论、自然哲学、政治哲学等。

逻辑学旨在培养兼具自然科学和哲学知识背景的综合型理论人才，以及能够从事科技传播、科技管理方面工作的人才。学生在大学四年学习后应具有较强的逻辑思考能力，善于运用归纳、演绎、推理、证明等逻辑方法对现实问题给予分析，体现出思维的自主性、批判性和创新性；在知识技能方面，具备扎实的逻辑学学术功底，具备国际视野和对外交流能力，具有良好的人际沟通和团队协作能力，具有社会责任感和服务意识，能够胜任多方面的工作要求。

核心课程包括实验逻辑学、西方逻辑史、中国逻辑史、马克思主义经典作家论逻辑、模态逻辑、逻辑哲学、哲学逻辑。

宗教学代码中的 K 表示是国家控制布点专业，宗教学是通过整理各种资料（包括考古、历史文献、经典教义、调研报告等）如实地反映宗教的起源、发展、演变、作用乃至消亡等客观事实和固有规律，揭示人类宗教现象和宗教文化发展规律的学科。该专业主要培养具有高尚道德情操、广博科学文化知识、能够胜任与宗教有关的各项事业的高级人才。我国现正处于伟大复兴的时代，国家"一带一路"伟大战略的提出，进一步将中国推向国际舞台，并承担更加重要的角色。"一带一路"上我们所遇到的各个国家、民族绝大多数都有着自己的宗教信仰和习俗，而宗教文化外交、宗教文化交流将会显得越来越重要。在我国，宗教学研究之重要性势必会随着中国在国际上作用的不断加强而逐渐凸显出来。

主要课程：马克思主义哲学原理、西方哲学史、中国哲学史、管理哲学、伦理学原理、宗教学基础、宗教哲学、宗教人类学、宗教社会学、佛教思想与历史、道教思想与历史、基督教思想与历史等。

伦理学代码中的 T 表示的是特设专业。培养具有高尚道德品质、广博科学文化知识、能够胜任与伦理与思想政治有关的各项事业的高级人才。

核心课程包括中国哲学思想史、西方哲学思想史、马克思主义哲学原理、伦理学原理、中国伦理思想史、西方伦理思想史、马克思主义伦理思想、伦理学前沿专题、应用伦理学、中西伦理文化比较、伦理经典名著选读等，除此之外还有逻辑学、美学、科技哲学、宗教学、政治哲学、管理哲学等。

专业发展

哲学类既可以毕业后选择直接就业或选择国内、外高校继续深造，亦可向经济学、政治学、法律学、新闻学、公共管理学、社会学、文学等其他人文社科专业转型。以中国人民大学哲学系为例，约有 1/3 的学生选择出国深造，读研率超过 50%，总体就业率达 95%，发展方向极为多元。哥伦比亚大学新闻学院、布兰迪斯大学商学院、伦敦政治经济学院、比利时鲁汶大学哲学系等均有哲学院的学生就读。

中国人民大学的伦理学科是国内唯一具有伦理学专业本、硕、博、博士后完整培养系列的学科点，也是新中国最早建立的伦理学学科点。

就业方向

哲学类专业毕业的人才就业岗位相对比较广泛，包括高校、科研单位从事教学及研究工作，考取公务员，或进入媒体、出版社、企业等系统。2021年国考招生中，哲学类相关岗位共464个，招考920人。

院校排名

1. 双一流

在教育部2017年6月公布的"双一流"建设学科名单中，共有5所学校进入名单，分别是北京大学、中国人民大学、复旦大学、南京大学、中山大学。

国家重点学科

类别	学科代码及名称	学校名称
一级学科	0101 哲学	北京大学
		中国人民大学
		复旦大学
二级学科	010101 马克思主义哲学	北京师范大学
		南开大学
		吉林大学
		南京大学
		黑龙江大学
		武汉大学
		中山大学
		中共中央党校
	010102 中国哲学	武汉大学
	010104 逻辑学	中山大学
	010105 伦理学	湖南师范大学
	010107 宗教学	四川大学
	010108 科学技术哲学	山西大学
		东北大学

2. 国家重点（培育）学科名单

类别	学科代码及名称	学校名称
二级学科	010101 马克思主义哲学	黑龙江大学
	010102 中国哲学	华东师范大学
		中山大学
	010103 外国哲学	浙江大学

3. 学科评估

哲学类在教育部第四轮学科评估中共84所学校参评，北京大学、复旦大学评定为A+，中国人民大学、南京大学评定为A，北京师范大学等4所高校评定为A-。参评高校评定结果见下表：

评估结果	学校代码及名称	
A+	10001	北京大学
	10246	复旦大学
A	10002	中国人民大学
	10284	南京大学
A-	10027	北京师范大学
	10183	吉林大学
	10486	武汉大学
	10558	中山大学
B+	10003	清华大学
	10055	南开大学
	10212	黑龙江大学
	10269	华东师范大学
	10286	东南大学
	10335	浙江大学
B+	10422	山东大学
	10487	华中科技大学

评估结果	学校代码及名称	
B	10052	中央民族大学
	10108	山西大学
	10145	东北大学
	10247	同济大学
	10319	南京师范大学
	10384	厦门大学
	10542	湖南师范大学
	10610	四川大学
	10718	陕西师范大学
B-	10140	辽宁大学
	10141	大连理工大学
	10270	上海师范大学
	10285	苏州大学
	10533	中南大学
	10574	华南师范大学
	10635	西南大学
	10698	西安交通大学
C+	10053	中国政法大学
	10075	河北大学
	10357	安徽大学
	10385	华侨大学
	10403	南昌大学
	10475	河南大学
C+	10512	湖北大学
	10520	中南财经政法大学
	10730	兰州大学

评估结果	学校代码及名称	
C	10203	吉林师范大学
	10280	上海大学
	10531	吉首大学
	10590	深圳大学
	10656	西南民族大学
	10673	云南大学
	10674	昆明理工大学
	10726	西北政法大学
C-	10094	河北师范大学
	10166	沈阳师范大学
	10370	安徽师范大学
	10476	河南师范大学
	10593	广西大学
	10636	四川师范大学
	10652	西南政法大学
	10681	云南师范大学

编号 02　经济学

按照 2020 年最新版的高等院校本科专业目录，经济学专业代码为 02 开头，其作为学科门类，下设细分专业包括经济学类、财政学类、金融学类、经济与贸易类等四个大类。

随着我国经济发展水平的提高以及近年来部分职业领域的财富效应，经济学这一学科门类也连续多年成为高考志愿中的热门学科，家长也往往对该学科的学习内容和职业前景有着较高期望。

但需要指出的是，经济学作为学科门类，其内部不同学科大类，尤其是细分专业间的实际就业方向和求职难易度分化极大，家长和考生需要对其进行审慎了解，再确定报考志愿。

一、经济学类

在教育部高校本科专业目录中，经济学类学科代码为 0201。有经济学（020101）和经济统计学（020102）这两个基本专业，以及七个特设专业。

学科概况

按照大多数院校对经济学类专业设定的培养目标，经济学类专业培养具备马克思主义经济学理论基础，熟悉现代西方经济学理论，熟练地掌握现代经济分析方法，具有向经济学相关领域扩展渗透的能力，能在综合经济管理部门、政策研究部门，金融机构和企业从事经济分析、预测、规划和经济管理工作的人才。

目前，国内经济学类专业主要包括经济学（020101）、经济统计学（020102）和国民经济管理（020103T）、资源与环境经济学（020104T）、商务经济学（020105T）、能源经济（020106T）、劳动经济学（020107T）、经济工程（020108T）、数字经济（020109T）共9个专业。

在经济学类的两大基本专业中，经济学专业是国内高校开设最为普遍的专业之一，只要设立经济系或经济学院的高校基本都会开设经济学专业。同时，经济学专业也是经济学类专业中基础性最突出、理论学习要求最高的专业。绝大多数高校对经济学专业的培养方案，都强调"理论、历史、工具"的统一，力图培养经济理论基础扎实、知识宽厚、综合素质高，具备熟练的外语应用能力、经济数学运用能力、计算机操作能力和经济活动实践能力等方面的理论和实践相结合的复合型人才。

相比之下，经济统计学则是一个交叉学科，更强调统计学在经济领域中的应用，是以经济数据为研究对象，包括经济数据的采集，以及用统计方法分析经济数据背后的经济现象以及复杂经济系统的规律，从而为经济和管理决策服务。因此，经济统计学更强调数学和统计学知识的学习和应用，对数理能力要求更高。部分高校设立的经济和统计学院，就将经济统计学纳入其中，也有部分高校直接将经济统计学纳入统计学院，但仍授予经济学学士学位。

在经济学类特设专业中，国民经济管理是开设时间较长的专业类别，这一专业的出现和新中国成立后较长时间的计划经济实践有着密切关联，不过随着市场经济的发展，这一专业的内涵也在发生变化，开设的院校相对较少。

能源经济学、资源与环境经济学则属于交叉学科，分别与能源化工领域和矿产环境领域相关，开设此类专业的院校大多为能源资源专业高校。

其他特设专业开设的院校也相对较少，开设时间也相对较短，并非成熟学科，更多是在经济学基础培养方案中增加部分其他学科的相关知识。例如，劳动经济学是2016年获批的新专业，经济工程是2017年获批的新专业，数字经济更是2018年获批的新专业。值得注意的是，开设这些特设专业的院校，有不少也是二、三本高校。

大部分高校的经济学专业都兼顾招收文科及理科考生，但经济统计学专业则多以招收理科生为主。在实行高考改革的省份，经济学类一般不限制学生的选考科目，建议考生和家长填报前关注有关信息。

专业发展

经济学专业作为经济学类的基础性专业，培养方案中往往格外强调"宽口径、厚基础"，通常的本科课程设置包含理论经济学、应用经济学、经济史和经济思想史学、政治经济学、经济分析工具等系列课程。因此，在完成本科学习后，学生可根据自身兴趣，针对特定的经济学细分领域及学术思想，进行进一步深造。事实上，不少国内一流高校的经济学专业本科生，绝大多数都选择出国深造或国内深造。以中国人民大学为例，其经济学院2018年毕业生中，国内深造和出国深造的比例分别为40%和24%。而其经济学—数学双学位实验班项目，自2003年创办至2018年9月，共招收15届293名学生。本科毕业后，实验班学生继续攻读硕士学位比率近80%，硕士毕业后，攻读博士学位的学生近30%。

除经济学以外，经济统计学、能源经济、资源与环境经济学由于涉及其他交叉学科专业知识，所以进一步深造的空间较大。而其他特设专业则由于实用属性较强，往往会选择直接就业。

就业方向

正如中国人民大学方福前教授所言："经济学不是一门教人如何发财致富的学问，不是一门教人如何做老板或企业家的学问，而是一门教我们如何观察经济现象，如何分析经济问题，如何做出个人选择和决策，如何制定经济发展规划和经济政策的学问……经济学的一个基本分析工具是成本—收益比较分析方法，这种方法对于分析个人决策、企业决策和政府决策都是有用的，都是必要的。学了经济学不一定能成为成功的企业家，不一定能成为富豪，但是成功的企业家一定是自觉或不自觉地运用了经济学的知识来进行投资决策和生产经营决策。"

因此，经济学专业如果选择直接就业，就业方向极为广阔，常见的就业方向包括通过公务员考试进入政府经济管理部门、进入国企和私企从事经济实务。经济统计学就业方向则更多偏向会计及政府统计部门。

其他特设专业中，能源经济、资源与环境经济学就业通常包括能源资源类企业的研究部门和政府对应机构，国民经济管理则以公务员为主要就业方向。

院校排名
1. 双一流

在教育部 2017 年 6 月公布的"双一流"建设学科名单中，经济学类别下入围的院校包括北京大学、中国人民大学、清华大学、中央财经大学、对外经济贸易大学、辽宁大学、武汉大学、西南财经大学。

2. 国家重点学科名单

类别	学科代码及名称	学校名称
一级学科	0201 理论经济学	北京大学
		中国人民大学
		南开大学
		复旦大学
		厦门大学
		武汉大学
二级学科	020101 政治经济学	南京大学
		四川大学
		西南财经大学
		西北大学
	020102 经济思想史	上海财经大学
	020104 西方经济学	华中科技大学
	020105 世界经济	辽宁大学

3. 学科评估

理论经济学方向

评估结果	学校代码及名称	
A+	10002	中国人民大学
	10246	复旦大学
A	10001	北京大学
	10055	南开大学

评估结果	学校代码及名称	
A-	10027	北京师范大学
	10284	南京大学
	10335	浙江大学
	10486	武汉大学
	10697	西北大学
B+	10003	清华大学
	10034	中央财经大学
	10183	吉林大学
	10272	上海财经大学
	10384	厦门大学
	10422	山东大学
	10487	华中科技大学
	10558	中山大学
	10651	西南财经大学
B	10036	对外经济贸易大学
	10140	辽宁大学
	10173	东北财经大学
	10394	福建师范大学
	10421	江西财经大学
	10520	中南财经政法大学
	10590	深圳大学
	10610	四川大学
	10673	云南大学
B-	10038	首都经济贸易大学
	10200	东北师范大学
	10512	湖北大学
	10530	湘潭大学
	10532	湖南大学
	10559	暨南大学
	10574	华南师范大学
	10718	陕西师范大学
	10755	新疆大学

评估结果	学校代码及名称	
C+	10007	北京理工大学
	10052	中央民族大学
	10053	中国政法大学
	10070	天津财经大学
	10075	河北大学
	10125	山西财经大学
	10269	华东师范大学
	10327	南京财经大学
	10475	河南大学
	10542	湖南师范大学
C	10108	山西大学
	10207	吉林财经大学
	10212	黑龙江大学
	10357	安徽大学
	10456	山东财经大学
	10511	华中师范大学
	10611	重庆大学
	10636	四川师范大学
	11065	青岛大学
	11482	浙江财经大学
C-	10011	北京工商大学
	10280	上海大学
	10689	云南财经大学
	10698	西安交通大学
	10730	兰州大学
	10741	兰州财经大学
	11287	南京审计大学

应用经济学方向

评估结果	学校代码及名称	
A+	10001	北京大学
	10002	中国人民大学
	10034	中央财经大学
A	10036	对外经济贸易大学
	10173	东北财经大学
	10272	上海财经大学
	10384	厦门大学
A-	10003	清华大学
	10055	南开大学
	10246	复旦大学
	10421	江西财经大学
	10422	山东大学
	10520	中南财经政法大学
	10651	西南财经大学
	10698	西安交通大学
B+	10004	北京交通大学
	10038	首都经济贸易大学
	10070	天津财经大学
	10140	辽宁大学
	10183	吉林大学
	10284	南京大学
	10286	东南大学
	10335	浙江大学
	10353	浙江工商大学
	10456	山东财经大学
	10486	武汉大学
	10487	华中科技大学

评估结果	学校代码及名称	
B+	10532	湖南大学
	10558	中山大学
	10559	暨南大学
	11482	浙江财经大学
B	10007	北京理工大学
	10011	北京工商大学
	10125	山西财经大学
	10141	大连理工大学
	10247	同济大学
	10269	华东师范大学
	10273	上海对外经贸大学
	10280	上海大学
	10327	南京财经大学
	10357	安徽大学
	10423	中国海洋大学
	10497	武汉理工大学
	10593	广西大学
	10611	重庆大学
	10689	云南财经大学
B-	10200	东北师范大学
	10240	哈尔滨商业大学
	10251	华东理工大学
	10285	苏州大学
	10319	南京师范大学
	10337	浙江工业大学
	10378	安徽财经大学
	10385	华侨大学
	10475	河南大学

评估结果	学校代码及名称	
B-	10491	中国地质大学
	10534	湖南科技大学
	10610	四川大学
	10730	兰州大学
	11799	重庆工商大学
	11846	广东外语外贸大学
	90026	军事经济学院
C+	10027	北京师范大学
	10207	吉林财经大学
	10403	南昌大学
	10427	济南大学
	10459	郑州大学
	10484	河南财经政法大学
	10511	华中师范大学
	10536	长沙理工大学
	10574	华南师范大学
	10592	广东财经大学
	10697	西北大学
	10766	新疆财经大学
	11560	西安财经学院
	11646	宁波大学
	11832	河北经贸大学
C	10008	北京科技大学
	10075	河北大学
	10126	内蒙古大学
	10270	上海师范大学
	10276	华东政法大学
	10290	中国矿业大学

评估结果	学校代码及名称	
C	10295	江南大学
	10299	江苏大学
	10320	江苏师范大学
	10338	浙江理工大学
	10433	山东理工大学
	10589	海南大学
	10652	西南政法大学
	10656	西南民族大学
	10671	贵州财经大学
	10673	云南大学
	10741	兰州财经大学
	11287	南京审计大学
	11414	中国石油大学
C-	10052	中央民族大学
	10053	中国政法大学
	10058	天津工业大学
C-	10069	天津商业大学
	10139	内蒙古财经大学
	10360	安徽工业大学
	10602	广西师范大学
	10657	贵州大学
	10681	云南师范大学
	10718	陕西师范大学
	10759	石河子大学
	11664	西安邮电大学

二、财政学类

在教育部高校本科专业目录中,财政学类学科代码为0202。有财政学（020201K）、税收学（020202）这两个基本专业,其中财政学为国家控制布点学科。

学科概况

中国高校开设财政学类专业的历史最早可追溯至北京大学1912年开设的财政学门。新中国成立以来,为了顺应国家对财政税收等宏观经济管理部门及企业财务管理高级人才的迫切需求,部分高校根据国家安排陆续建立财政学专业及税收学专业。

财政学类专业在学术研究中关注公共政策与民生发展,以中国财税体制建设的理论研究为学术之基,对学生进行公共财政与税收基础知识、基本技能和基本思维的训练和培养。财政学类专业的课程设置通常以理论教学、实证教学和实务教学为基点,结合财政学专业的理论性与政策性特色,坚持理论与实践相结合,以政策分析为导向,涵盖财政领域各类问题的基础理论介绍、分析方法训练和实务能力培养。

在课程安排上,除需要学习经济学基础课程外,财政学类专业的必修课程通常还包括财政学、福利经济学、国际税收、统计学、社会保险、公共经济学、预算经济学、比较税收学、公司金融。财政学类专业在课程设置上为学生提供扎实的经济学以及财政与税务基础知识,兼顾理论和实务。

专业发展

财政学类专业注重学生公共财政与税收基础理论、基本知识和基本研究方法与技能的培养,同时也注重本专业所需的宏观经济学、微观经济学、统计与计量经济学、公司金融、会计等相关学科的基本素养和基本思维的训练。

具体到财政学专业而言,学生通过本科学习,力求能够掌握公共财政的核心知识体系,理解经济学特别是公共经济学的基本思路和方法,熟悉财政税务知识,了解公共经济政策。税务学专业,则希望学生能够对以下问题有相当程度的了解:政府征多少税、对什么征税、怎么征税、征收上来的税款使用到哪里、使用多少、怎么使用、如何管理。

财政学类专业的深造方向是能够熟练使用规范的经济学分析工具来研究公共政策和财政问题，进而掌握从事公共政策研究、宏观经济管理的教学和科研工作的能力；或是熟悉财政政策、政府收入与支出管理以及相关的财税制度与实务，了解各级政府的运作和职能，从而具备政策研究能力和建言建议的能力。

就业方向

财政学类专业的就业方向通常以公务员系统，尤其是财政税收部门为主，此外税收学专业毕业生亦可考虑进入专业的税务师事务所、会计师事务所及咨询公司工作。同时财政学类专业毕业生亦有不少进入大、中型国有企业及大型民营企业的计划财务部门工作。

三、金融学类

在教育部高校本科专业目录中，金融学类学科代码为0203。有金融学（020301K）、金融工程（020302）、保险学（020303）、投资学（020304）4个基本专业和6个特设专业，其中金融学为国家控制布点学科。

学科概况

金融学类专业通常旨在培养具有夯实的经济学、金融学及管理学理论基础，系统掌握金融学分析方法及专业技术，了解金融领域的前沿动态，具有出众的研究能力、中英文沟通能力及国际视野，能够进行金融学学术研究以及从事金融业行业实务的高素质人才。

目前，国内金融学类专业主要包括金融学（020301K）、金融工程（020302）、保险学（020303）、投资学（020304）和金融数学（020305T）、信用管理（020306T）、经济与金融（020307T）、精算学（020308T）、互联网金融（020309T）、金融科技（020310T）共10个专业。

金融学和金融工程是目前国内金融学类专业中招生院校最多的两大专业，其中金融学属于金融学类的基础学科，经过数十年学科发展，金融学总体上可以分为宏观金融学与微观金融学两大部类，彼此交汇融通。在宏观金融学方面，涵盖货币与金融、银行与金融、国际金融、制度金融、房地产金融以及金融市场与监管等方向。在微观金融学方面，涵盖证券投资、公司金融、金融工程、数理金融和金融风险管理等。这些内容的发展与成熟，背后是过去六十多年现代金融学科不断发展和完善的缩影。事实上，自1952年美国经济学家马克维茨提出"投资组合选择理论"之后，现代金融学见证了投资组合、资本结构、资产定价、期权定价等一系列微观领域开创性的理论突破，同时又经历了货币金融、国际金融等宏观领域多次分水岭事件的洗礼。今天，金融学的理论与实务正在以前所未有的速度向前发展，金融学专业本身也在超越文理科界限，向着文理交融的方向前进。

相比之下，金融工程则对数理水平有着更高要求，其培养目标是，让学生通过对金融工程专业的学习，具备创新性的金融产品设计能力，满足市场某些参与者特定的、非常规的金融服务需求。同时，在产品设计过程中，对于所涉及的产品定价、策略设计、风险管理等诸多环节的内容均有了解和掌握。尤其是随着金融产品复杂程度的提升，上述环节的专业能力要求也不断增强。因此，金融工程专业学生不但要精通金融学的专业知识，还要具备创造性的系统思维，掌握数学建模、数值计算、仿真模拟等数学工具和计算技能，只有这样才能不断提高资金配置的效率以及资本经营的效益，防范和化解金融风险。

投资学专业则初创于20世纪80年代末，并于2013年正式进入教育部本科专业目录，是一门在金融学和金融工程学基础上发展起来的新兴专业，其核心是跟踪国内、外投资与融资领域理论与实践前沿，系统研究投资与融资领域资本运行规律、投资决策与管理等相关问题。

保险学和特设专业中的精算学，则是直接与保险业务、保险行业相关的专业。国内保险与精算学科发展始于1952年，最早建立保险学专业的高校是中央财经大学。保险学涉及保险经营各个环节，包含保险法律、保险精算、理赔核赔、负债业务和资产业务，是一个综合性的交叉学科，需要掌握的知识体系非常庞杂。正因为保险学的学科交叉性，学界对保险学的认识和定位就一直存在较大争议。有些人认为保险有着显著的资金融通的特点，因此它应该属于"大金融"的一部分，隶属金融专业学科，可设立于财政金融学院。另一种观点则认为，保险学科不应简单定位为金融学科，它既涉及经济、金融、数学、统计学知识，也涉及法律和多种专业技术知识，因此保险学科是一种复合学科，需要宽口径教学，所以也可以归于经济学院、商学院，乃至独立设置保险学院。国内高校对保险专业的设置也基本归于上述两种模式，而精算学更加专注于研究保险产品的出险概率及出险后的索赔分布，保险产品的赔付可能性及现金流分布，从而可通过对历史数据的研究对该综合保单未来的赔付现金流分布做出预测。并且通过对利息理论、金融市场的学习，确定保单价值，同时能理解及运用保险公司的经营业绩报告的各类一般会计信息，如资产负债状况、损益状况等。

信用管理专业，则主要研究信用活动与信用管理制度的发展规律、信用法律法规、信用政策、信用管理技术、社会综合信用管理体系等，是非常典型的社会学、管理学与经济学的交叉应用学科。信用管理的研究内容非常广泛，能够从经济运行或社会治理角度找到感兴趣的研究方向，从经济学、金融学、法学、社会学、管理学、数学等视角，研究信用资源配置、社会信用体系建设、信用资本价值度量、信用风险控制等问题。信用管理专业培养的是集经济学、社会学、法学与管理学知识于一身的"一专多能"的复合型人才。

开设金融学类其他特设专业的院校相对较少，尤其金融科技和互联网金融是近几年新列入本科专业目录的专业，目前尚处于初创期。

专业发展

金融学类专业培养方向主要侧重于货币银行学、国际金融、公司金融、金融工程、投资学与资本市场等领域。一般而言，通过本科阶段的学习，毕业生应获得以下方面的知识和能力：（1）掌握金融学科的基础理论和基本知识，了解本学科的理论前沿和发展动态；（2）具有处理银行、证券、投资与保险等方面实务能力的坚实基础；（3）掌握文献检索、资料查询的基本方法，以及培养学术研究能力；（4）熟悉金融市场发展历程和状况，了解国家有关的金融方针、政策和法规。

由于金融工程、投资学等专业均为涉及多个专业领域的交叉学科，加之相关就业岗位的学历要求，所以从近年来不少高校的实践来看，相关专业国内深造及出国留学的比例均较高。

金融学和保险学亦有不少学生会针对相关专业的细分领域寻求进一步深造，以中国人民大学财政金融学院为例，其毕业生进行深造的比率接近七成。

精算学专业则较为特殊，在学生进行深造的同时，亦有不少高校直接将精算师职业资格教育与学历教育相结合，力求让学生在就读期间能够通过中国精算师乃至北美精算师职业资格考试，从而获取上述含金量较高的执业证书。

就业方向

金融学类毕业生的就业方向通常为银行、保险、证券、公募及私募基金、信托、期货等各种类型的金融机构和投资机构，亦有部分毕业生会通过公务员考试，进入人民银行、银保监会、证监会、金融局等金融监管机构和各级财经部门。

以中央财经大学投资学专业的就业情况为例，其毕业生大多就职于国内、外著名金融机构。本科生毕业五年内的平均薪酬在内地高校毕业生中居于前列，有近 40% 人均 20 万元以上。

四、经济与贸易类

在教育部高校本科专业目录中，经济与贸易类学科代码为 0204。有国际经济与贸易（020401）、贸易经济（020402）这两个基本专业。

学科概况

国内高校开设经济与贸易类专业的学校很多，从学科发展的脉络来看有两种模式，一种是从封闭经济体中的贸易专业发展来的，其代表就是对外经济贸易大学于 1954 年以中国人民大学对外贸易专业为基础，吸收北大、清华等国内著名大学部分国际贸易师资，创建了新中国最早的国际贸易学科点；另一种是从世界经济专业发展而来的，例如人民大学的国际贸易专业。

经济与贸易类专业通常旨在培养具有全球视野和国际化经营技能的专业人才，培养学生从事国际贸易及国际化经营管理活动、相关政策研究所需的基本技能。

专业发展

目前国内经济与贸易类专业的专业培养上强调理论和实务相结合，课程安排上既有微观和宏观经济学、计量经济学、国际经济学、开放宏观经济学、国际政治经济学、世界经济学、发展经济学等理论性课程，同时也重视对学生的实务操作能力的培养，而设置国际经济合作、国际金融、国际结算、国际贸易实务、国际商务、谈判技巧以及世界经济主要大国的国别经济等课程。不少高校对该专业的学生还专门设置了更高的英语学习要求。

由于经济与贸易类专业的特殊，该专业本科毕业生进行深造时大多选择其他经济学类专业，如经济学、金融学等。

就业方向

该专业优秀毕业生的就业方向通常去往政府涉外贸易部门、外资企业、大型进出口企业、海外企业和商业银行国际业务部、投资银行、基金公司等。近年来亦有不少毕业生选择进入国内企业工作。

编号03　法学

法学专业代码为03开头，根据2020年最新版的高等院校本科专业目录，法学专业包括法学类、政治学类、社会学类、民族学类、马克思主义理论类、公安学类等六个类别。与大众认知不同的是，法学专业并非全部是学习法律的，也不是所有法学专业都以获得法律职业资格证书为目标。相较于大众在律政剧里看到的精英律师，相当一部分法学专业的学生，无论是学习内容还是就业方向，都与他们有着很大的差异。

一、法学类

目前高等院校本科专业目录中，法学类学科代码为0301。有法学（030101K）这一个基本专业和六个特设专业。值得注意的是，法学类七个专业中有三个专业是国家控制布点专业。

学科概况

法学是关于法律的科学，研究对象包括法律和法律现象及其规律性。目前，国内法学类专业主要包括法学（030101K）、知识产权（030102T）、监狱学（030103T）、信用风险管理与法律防控（030104T）、国际经贸规则（030105T）、司法警察学（030106TK）和社区矫正（030107TK）7个专业。其中，法学是基本专业，专业代码包含字母T的为特设专业、专业代码包含字母K的为国家控制布点专业。

目前大部分开设法学专业的院校，设立的专业均为法学。值得注意的是，在本科教育阶段，我国的法学专业教育实行的是不区分法律部门的通识培养方式，也就是说，法学专业的本科生不会涉及研究方向的区分，需要学习各个主要法律部门的课程，如法学基本理论、宪法学、刑事法学、民商法学等。到研究生阶段，一般才会区分具体的研究方向。因此，"宽口径、厚基础"是很多法学院校培养本科生的通行标准。这也就意味着法学专业学生在本科阶段的学习任务较重，每个学期可能要学习近十门乃至更多的专业课程，需要记忆与理解的内容较多。

除了法学专业，开设知识产权专业的院校相对较多，学习内容与法学专业相比，增加了一定量有关知识产权领域的专门法律研究。其他几个特设专业开设的院校相对较少，相对专业口径较窄。监狱学专业目前只在部分院校开设。信用风险管理与法律防控专业是湘潭大学 2017 年申报获批的新专业，国际经贸规则专业是上海对外经贸大学 2017 年申报获批的新专业，司法警察学和社区矫正两个专业均为中央司法警官学院 2018 年申报获批的新专业。

法学专业对考生高中修读的科目较为友好，大部分法学院校对文科和理科考生都投放了招生计划，在实行高考改革的省份，法学院校一般不限制学生的选考科目，建议考生和家长填报前关注有关信息。

专业发展

法学专业本科培养方式的"宽口径、厚基础"决定了学生如果对某一专门的法律部门有浓厚兴趣，往往需要继续就读硕士乃至博士研究生。以中国政法大学发布的 2019 年毕业生就业质量报告为例，该校 2019 年本科毕业生中 67.77% 选择继续深造，其中法学专业有 68.3% 的本科生选择继续深造，高于该校总体水平。

除了法学专业，法学类其他专业中，监狱学开设院校较少，学生往往以进入司法机关为首选方向。知识产权专业因专业性较强，学生大多会选择进一步深造。从专业发展方向而言，信用风险管理与法律防控、国际经贸规则专业都是学科交叉专业，本科生无论是学历层次还是知识结构都有着进一步深造的动力。而司法警察学和社区矫正专业的发展路径比较明晰。

就业方向

除了 6 个特设专业就业方向相对较为集中，法学专业的学生在就业方向上较为广阔。常见的就业方向包括通过公务员考试进入公检法等各级司法机关，进入律师事务所、各类型企业的法律与合规部门等。相较于其他专业，法学专业的另一个特点是专业性强。大部分用人单位招聘法学类专业学生，往往要求学生通过国家统一法律职业资格考试。该考试改革后，目前仅允许法学类专业毕业生和从事法律工作满三年的非法学类专业毕业生报考。尽管设置了专业壁垒，但国家统一法律职业资格考试的通过率仍然较低，官方没有明确发布过通过率，从近年来公布的报考人数和领取证书人数来看，最终获得证书的人数低于 20%。因此要想取得这一法律职业的"敲门砖"，考生还是需要付出较为艰苦的努力。

院校排名

1949 年后，我们建立了 5 所政法类院校，还有 4 所院校设立了法律系，这些院系往往被合称"五院四系"，一定程度上代表了法学专业的院校排名。"五院"分别是现在的中国政法大学、西南政法大学、西北政法大学、中南财经政法大学和华东政法大学；"四系"分别是北京大学法律系、中国人民大学法律系、吉林大学法律系和武汉大学法律系，现在均已改制为法学院。除了这 9 所学校以外，还有相当一部分学校开设了法学专业。教育部第四轮学科评估结果显示，中国人民大学和中国政法大学被评定为 A+，北大、清华等 5 所学校获评 A，对外经济贸易大学、吉林大学等 7 所学校获评 A−。具体评估结果见下表：

评估结果	学校代码及名称
A+	10002 中国人民大学
	10053 中国政法大学
A	10001 北京大学
	10003 清华大学
	10276 华东政法大学
	10486 武汉大学
	10652 西南政法大学

评估结果	学校代码及名称
A-	10036 对外经济贸易大学
	10183 吉林大学
	10248 上海交通大学
	10284 南京大学
	10335 浙江大学
	10384 厦门大学
	10520 中南财经政法大学
B+	10006 北京航空航天大学
	10027 北京师范大学
	10055 南开大学
	10140 辽宁大学
	10246 复旦大学
	10285 苏州大学
	10319 南京师范大学
	10422 山东大学
	10530 湘潭大学
	10533 中南大学
	10558 中山大学
	10610 四川大学
	10611 重庆大学
	10726 西北政法大学
B	10034 中央财经大学
	10041 中国人民公安大学
	10151 大连海事大学
	10212 黑龙江大学
	10247 同济大学
	10272 上海财经大学
	10357 安徽大学
	10421 江西财经大学

评估结果	学校代码及名称
B	10423 中国海洋大学
	10459 郑州大学
	10532 湖南大学
	10542 湖南师范大学
	10589 海南大学
	10651 西南财经大学
	11066 烟台大学
B-	10052 中央民族大学
	10353 浙江工商大学
	10386 福州大学
	10475 河南大学
	10487 华中科技大学
	10559 暨南大学
	10561 华南理工大学
	10590 深圳大学
	10592 广东财经大学
	10673 云南大学
	10698 西安交通大学
	10730 兰州大学
	11406 甘肃政法学院
	11835 上海政法学院
C+	10007 北京理工大学
	10030 北京外国语大学
	10075 河北大学
	10108 山西大学
	10126 内蒙古大学
	10254 上海海事大学
	10273 上海对外经贸大学

评估结果	学校代码及名称
C+	10280 上海大学
	10385 华侨大学
	10511 华中师范大学
	10657 贵州大学
	10755 新疆大学
	11078 广州大学
	11646 宁波大学
	11846 广东外语外贸大学
C	10004 北京交通大学
	10028 首都师范大学
	10065 天津师范大学
	10125 山西财经大学
	10166 沈阳师范大学
	10173 东北财经大学
	10251 华东理工大学
	10294 河海大学
	10394 福建师范大学
	10484 河南财经政法大学
	10524 中南民族大学
	10656 西南民族大学
	10674 昆明理工大学
	11117 扬州大学
	11832 河北经贸大学
C-	10009 北方工业大学
	10011 北京工商大学
	10079 华北电力大学
	10270 上海师范大学
	10327 南京财经大学

选择篇：高考志愿填报指南 —— 077

评估结果	学校代码及名称
C-	10346 杭州师范大学
	10378 安徽财经大学
	10497 武汉理工大学
	10574 华南师范大学
	10593 广西大学
	10602 广西师范大学
	11065 青岛大学
	11482 浙江财经大学

小结

法学专业开设院校较多，专业限制较少，就业方向相对明晰，有着比较完整的职业生涯路径。各个分数层次的院校都有开设，专业竞争也相对较为激烈。近年来，相当一部分法学院校探索"法学+"培养模式，以拓宽学生知识储备和学科视野，提升学生的职场竞争力。建议选择修读法学专业的学生，在"宽口径、厚基础"的同时，发掘培养自己的学科兴趣，有志于继续深造的学生，要尽早确定更为具体的学术方向，计划从事法律工作的学生，要重视职业资格考试，争取一次通过。

二、政治学类

目前高等院校本科专业目录中，政治学类学科代码为0302。有政治学与行政学（030201）、国际政治（030202）、外交学（030203）3个基本专业和3个特设专业。值得注意的是，政治学与行政学和行政管理是两个不同的学科专业，政治学与行政学属于法学，行政管理属于管理学。

学科概况

政治学是一门研究政治现象与政治关系的学科。其下的3个基本专业中，政治学与行政学相对注重研究在国家主体内的政治现象与治理模式，国际政治、外交学两个专业则相对注重研究国家间的政治行为与政治现象、国家间交往等国际问题。

目前本科阶段开设政治学与行政学专业的高校较多，这些专业一般开设在法学院、政治学与公共事务学院或国际关系学院。学习的内容以政治学概论、行政学概论为主干，涵盖法律、政治学、管理学和经济学等多个交叉学科的课程。

相比于政治学与行政学，本科阶段开设国际政治和外交学两个专业的院校相对较少。相较于政治学与行政学，国际政治专业和外交学专业的学习内容主要以国际关系的历史、理论，区域国别研究和热点问题为主，兼顾法律、政治学、管理学和经济学等相关交叉领域。

而三个特设专业中，国际事务与国际关系专业（030204T）的学习内容在涵盖政治学与国际关系理论的同时，更多兼顾行政学和管理学方面的专门知识，培养目标更多聚焦于国际事务管理方向。政治学、经济学与哲学（030205T）是2010年新增设的交叉学科专业，首创于北京大学，这一学科相对关注更多理论问题，注重挖掘政治经济研究背后的哲学思辨。其培养模式类似于牛津大学等一些国外院校对社会科学专业学生的培养方式。国际组织与全球治理（030206TK）是2018年新设的专业，当年，北京外国语大学和外交学院分别申请并获批设立该专业。这一专业在学习传统意义上的国际关系的同时，侧重于对国际组织、全球化问题和全球治理领域的研究，所培养的目标对象是参与国际组织管理的专门人才。

政治学类的专业在高考招生时对考生的文理科选择差异不大，部分专业相对投放的文科招生名额更多。在实行高考改革的省份，政治学类专业往往会要求考生选考政治或历史，需要考生和家长在报考前格外关注。

专业发展

该专业毕业的学生出外深造的比例更高，如2019年北京大学国际关系学院毕业生中，50%的学生选择继续深造，2017年外交学院外交学专业毕业生中，2/3的学生选择继续深造。从学生职业生涯规划来看，选择政治学类专业的学生，除了学习本专业课程外，往往需要具备一定的外语水平和经济学、管理学知识。

就业方向

对于学习政治学类专业的学生来说，通过参加公务员考试进入各类党政机关是较为主流的就业方向。特别是学习国际政治、外交学等专业的学生，外交部、中联部、地方各级外办等单位一般都会倾向于招聘具有本学科背景的毕业生。在参加公务员考试时学生需要注意区分岗位对于政治学与行政学专业和行政管理专业的要求。除了参加公务员考试外，报考事业单位、成为教师或进入跨国公司乃至国际组织都是政治学类学生的就业选择。

院校排名

开设政治学类专业的院校相对较少，在第四轮专业评估中，北京大学和复旦大学获评 A+，中国人民大学获评 A，这三所院校的政治学专业也是国内较早一批开设的专业，相对拥有较为雄厚的学科背景、师资和校友资源。清华大学等 4 所院校获评 A-。具体评估结果见下表：

评估结果	学校代码及名称
A+	10001　北京大学
	10246　复旦大学
A	10002　中国人民大学
A-	10003　清华大学
	10055　南开大学
	10183　吉林大学
	10511　华中师范大学
B+	10053　中国政法大学
	10065　天津师范大学
	10269　华东师范大学
	10271　上海外国语大学
	10284　南京大学
	10384　厦门大学
	10422　山东大学
	10673　云南大学

评估结果	学校代码及名称	
B	10036	对外经济贸易大学
	10200	东北师范大学
	10276	华东政法大学
	10285	苏州大学
	10486	武汉大学
	10558	中山大学
	10559	暨南大学
B−	10027	北京师范大学
	10030	北京外国语大学
	10108	山西大学
	10247	同济大学
	10319	南京师范大学
	10542	湖南师范大学
	10574	华南师范大学
	10610	四川大学
	10638	西华师范大学
C+	10028	首都师范大学
	10248	上海交通大学
	10270	上海师范大学
	10385	华侨大学
	10530	湘潭大学
	10590	深圳大学
	10652	西南政法大学
C	10140	辽宁大学
	10212	黑龙江大学
	10345	浙江师范大学
	10423	中国海洋大学
	10459	郑州大学

评估结果	学校代码及名称	
C	10476	河南师范大学
	11846	广东外语外贸大学
C-	10165	辽宁师范大学
	10447	聊城大学
	10608	广西民族大学
	10663	贵州师范大学
	10718	陕西师范大学
	10719	延安大学
	10755	新疆大学
	11065	青岛大学

小结

政治学类专业所研究的内容与生活息息相关，就业导向上更多偏重于进入体制内或继续升学深造，在实现报国理想的同时，体制内单位相对稳定的收入水平往往也成为吸引竞争者的优势所在。但政治学类专业毕业生的收入相对较低，考生和家长需要权衡好稳定工作和收入增长之间的关系。

三、社会学类

目前高等院校本科专业目录中，社会学类学科代码为0303。有社会学、社会工作2个基本专业和5个特设专业。

学科概况

社会学所研究的对象是社会行为与人类群体。其设置的两个基本专业分别为社会学（030301）和社会工作（030302）。社会学专业在我国发展的经历较为曲折，1952年院系调整后，社会学专业被取消，直到改革开放后才于1980年重新在上海大学开设。社会学关注人在社会中的行为，因此课程内容往往涵盖社会生活的各个方面，经济、政治、宗教、文化、法律、婚姻家庭等领域中都能发现社会学所研究的现象与问题。而社会工作专业更强调应用，学生在系统学习社会学理论的基础上，运用社会工作方法从事社会工作服务与社会福利管理等方面的工作。

本专业类别下还设置了 5 个特设专业。分别为人类学（030303T）、女性学（030304T）、家政学（030305T）、老年学（030306T）和社会政策（030307T）。其中，社会政策是 2020 年中国农业大学新设立的专业，老年学是 2019 年新设立的专业。其他 3 个专业开设的院校相对较少。例如，目前只有中华女子学院和湖南女子学院等学校开设了女性学专业。

社会学专业在招生时以文科生为主，不过部分偏重于统计分析研究的院校也倾向于招收具有理科背景的学生。在实行高考改革的省份，部分院校要求选考历史或政治，大多数院校不设置选考要求。

专业发展

社会学类的专业理论性较强，学生往往需要在本科阶段的学习结束后进一步选择细分领域深造。例如，2018 年北京大学毕业生就业质量报告显示，社会学系毕业生 59 人，只有 11 人选择本科毕业后直接工作，其余 81.36% 的学生都选择了继续深造。但也有相当一部分选择社会工作专业的学生在毕业后直接进入了相关岗位。

就业方向

社会学专业的研究对象决定了社会学专业学生将主要从事直接服务于工作对象的工作，即通常意义上"与人打交道"的工作。如专业机构、公务员、事业单位和相关企业等。特别是对社会工作专业的毕业生而言，随着国家综合国力的提升和社会建设的不断加强，社会工作学科的专业化将带动社会工作岗位的专业化，提供更多"专业对口"的就业空间。

院校排名

第四批专业评估中，北京大学和中国人民大学获评 A+ 等级，南京大学获得 A 级，清华大学、复旦大学和上海大学获得 A- 的评级。具体排名见下表：

评估结果	学校代码及名称	
A+	10001	北京大学
	10002	中国人民大学
A	10284	南京大学
A-	10003	清华大学
	10246	复旦大学
	10280	上海大学
B+	10052	中央民族大学
	10055	南开大学
	10183	吉林大学
	10251	华东理工大学
	10269	华东师范大学
	10487	华中科技大学
	10558	中山大学
B	10019	中国农业大学
	10294	河海大学
	10335	浙江大学
	10384	厦门大学
	10486	武汉大学
	10511	华中师范大学
B-	10027	北京师范大学
	10034	中央财经大学
	10053	中国政法大学
	10422	山东大学
	10533	中南大学
	10691	云南民族大学
	10698	西安交通大学

评估结果	学校代码及名称	
C+	10213	哈尔滨工业大学
	10345	浙江师范大学
	10357	安徽大学
	10610	四川大学
	10651	西南财经大学
	10673	云南大学
C	10285	苏州大学
	10319	南京师范大学
	10427	济南大学
	10635	西南大学
	10672	贵州民族大学
	10712	西北农林科技大学
	10730	兰州大学
C-	10166	沈阳师范大学
	10217	哈尔滨工程大学
	10418	赣南师范大学
	10542	湖南师范大学
	10681	云南师范大学
	10742	西北民族大学

小结

社会学作为一门直接研究社会生活的学科，在国内尚处在蓬勃发展的阶段，特别是伴随着社会工作专业化进程的推进，本专业的应用前景将有进一步的提升。

四、民族学类

目前高等院校本科专业目录中，民族学类学科代码为0304。目前民族学类仅设置了民族学一个本科专业。

学科概况

民族学（030401）专业主要研究的对象是民族这一整体，涉及民族的发生、发展与变化。研究的内容包括民族的起源、发展与消亡的过程，从民族视角观察生产力和生产关系、经济基础和上层建筑。以历史学、社会学、宗教学等课程为主干课程。

目前开设民族学专业的院校包括中央民族大学等国家民委所属院校和云南大学、内蒙古大学等少数民族聚居地区、民族区域自治地区的省属院校。

专业发展

民族学专业在重视理论研究的同时，也安排了大量的基于社会调查、田野调查为基础的实践类课程。民族学专业的毕业生中，选择继续深造的比例相对较高。例如，2018年中央民族大学毕业生就业质量报告显示，该校民族学与社会学学院本科毕业生继续深造的比率为51.43%。

就业方向

民族学专业学生除了继续深造，相对对口的就业方向主要是政府机构、事业单位、学校和文化服务业，如各层级民族事务管理部门，博物院、展览馆、学术研究机构等。近年来，体制内单位对招录人员学历层次的要求逐渐提升，如国家民委2019年公示的12名拟录用人员中，仅有4人为本科学历，且均为具备工作经验的报考人员。

院校排名

第四轮院校评估中，中央民族大学和云南大学获评A+，中南民族大学获评A−，具体评估结果见表：

评估结果	学校代码及名称
A+	10052　中央民族大学
	10673　云南大学
A−	10524　中南民族大学

评估结果	学校代码及名称	
B+	10558	中山大学
	10656	西南民族大学
	10730	兰州大学
B	10126	内蒙古大学
	10608	广西民族大学
	10691	云南民族大学
B-	10384	厦门大学
	10718	陕西师范大学
	10749	宁夏大学
C+	10610	四川大学
	10742	西北民族大学
	10762	新疆师范大学
C	10135	内蒙古师范大学
	10517	湖北民族学院
	10695	西藏民族大学
C-	10531	吉首大学
	10672	贵州民族大学
	11407	北方民族大学

小结

民族学专业是法学类专业中相对冷门的专业，学生学习的内容和未来职业发展路径较为明晰，在目前学历需求高涨的情况下，选择民族学专业的学生大多需要做好进一步升学深造的准备。当然，也有很多相对专业对口的工作机会。

五、马克思主义理论类

目前高等院校本科专业目录中，马克思主义理论类学科代码为0305。下设科学社会主义、中国共产党历史、思想政治教育3个基本专业，马克思主义理论这1个特设专业。

学科概况

马克思主义理论类专业主要研究马克思主义理论与实践，注重培养学生的马克思主义信仰与社会主义理想。目前，国内本科院校开设的马克思主义理论类专业包括科学社会主义（030501）、中国共产党历史（030502）和思想政治教育（030503）这三个基本专业，并在部分院校开设了马克思主义理论（030504T）作为特设专业。

从专业名称不难看出，科学社会主义专业学习研究的内容包括科学社会主义的形成、理论内容、发展等；中国共产党历史专业学习的内容以党史为主，是以马克思主义唯物史观为研究方式，学习研究党史的专业；思想政治教育专业是本专业和教育学的交叉学科，侧重于运用教育学方法和理论，在提高学生马克思主义理论水平的同时，以培养思想政治教育专业人才为目标的专业。

开设马克思主义理论类专业的院校较多，一般偏好于录取文科考生，也有部分院校文理兼收。在实行高考改革的省份，一般要求学生选考政治或历史，也有部分院校不要求选考科目。建议考生和家长结合自身情况，确定报考科目。

专业发展

马克思主义理论类专业学习的理论性强，以研究马克思主义基本观点、立场和理论问题为主，经过本科四年的学习，学生往往需要进一步深造来提高理论水平。学习思想政治教育专业的学生，如果需要从事相关教学工作，一般应参加教师资格考试。

就业方向

本专业学生就业相对较为集中，主要以通过公务员考试，进入党政机关的理论研究和宣传部门工作为主，如各级党的机关的宣传部、研究室等，也可以选择进入央企、国企的党的工作部门，如企业党委的宣传部等。选择思想政治教育专业的学生，有很多走向了教学岗位，如中小学的思政课教师。致力于从事研究工作的学生，也可以深造后进入各类科研机构和各级党校从事教学科研工作。

院校排名

根据第四次评估的结果，中国人民大学、清华大学、东北师范大学和武汉大学等四所院校的马克思主义类专业获评 A+，北京大学、吉林大学等 7 所院校的马克思主义类专业获评 A，北京师范大学、首都师范大学等 12 所院校的马克思主义类专业获评 A-。详细的评估结果见下表：

评估结果	学校代码及名称	
A+	10002	中国人民大学
	10003	清华大学
	10200	东北师范大学
	10486	武汉大学
A	10001	北京大学
	10183	吉林大学
	10246	复旦大学
	10319	南京师范大学
	10422	山东大学
	10511	华中师范大学
	10558	中山大学
A-	10027	北京师范大学
	10028	首都师范大学
	10055	南开大学
	10269	华东师范大学
	10335	浙江大学
	10394	福建师范大学
	10414	江西师范大学
	10533	中南大学
	10574	华南师范大学
	10610	四川大学
	10635	西南大学
	10698	西安交通大学

评估结果	学校代码及名称	
B+	10004	北京交通大学
	10034	中央财经大学
	10065	天津师范大学
	10140	辽宁大学
	10231	哈尔滨师范大学
	10247	同济大学
	10272	上海财经大学
	10280	上海大学
	10284	南京大学
	10285	苏州大学
	10294	河海大学
	10359	合肥工业大学
	10445	山东师范大学
	10459	郑州大学
	10487	华中科技大学
	10497	武汉理工大学
	10530	湘潭大学
	10532	湖南大学
	10602	广西师范大学
	10613	西南交通大学
	10718	陕西师范大学
	10730	兰州大学
	90021	南京政治学院
B	10008	北京科技大学
	10053	中国政法大学
	10094	河北师范大学
	10151	大连海事大学
	10212	黑龙江大学

评估结果	学校代码及名称	
B	10217	哈尔滨工程大学
	10248	上海交通大学
	10270	上海师范大学
	10287	南京航空航天大学
	10345	浙江师范大学
	10370	安徽师范大学
	10384	厦门大学
	10475	河南大学
	10491	中国地质大学
	10534	湖南科技大学
	10542	湖南师范大学
	10561	华南理工大学
	10663	贵州师范大学
	10700	西安理工大学
	10755	新疆大学
	10762	新疆师范大学
	11117	扬州大学
	11414	中国石油大学
B-	10006	北京航空航天大学
	10075	河北大学
	10108	山西大学
	10126	内蒙古大学
	10165	辽宁师范大学
	10214	哈尔滨理工大学
	10251	华东理工大学
	10288	南京理工大学
	10290	中国矿业大学
	10295	江南大学

评估结果	学校代码及名称	
B-	10299	江苏大学
	10320	江苏师范大学
	10351	温州大学
	10357	安徽大学
	10446	曲阜师范大学
	10512	湖北大学
	10524	中南民族大学
	10593	广西大学
	10651	西南财经大学
	10673	云南大学
	10704	西安科技大学
	10736	西北师范大学
	11658	海南师范大学
C+	10007	北京理工大学
	10080	河北工业大学
	10118	山西师范大学
	10213	哈尔滨工业大学
	10225	东北林业大学
	10276	华东政法大学
	10338	浙江理工大学
	10346	杭州师范大学
	10353	浙江工商大学
	10386	福州大学
	10389	福建农林大学
	10406	南昌航空大学
	10421	江西财经大学
	10460	河南理工大学
	10476	河南师范大学

评估结果	学校代码及名称	
C+	10477	信阳师范学院
	10490	武汉工程大学
	10520	中南财经政法大学
	10589	海南大学
	10617	重庆邮电大学
	10623	西华大学
	10637	重庆师范大学
	10710	长安大学
	11075	三峡大学
	11078	广州大学
C	10009	北方工业大学
	10052	中央民族大学
	10079	华北电力大学
	10125	山西财经大学
	10167	渤海大学
	10186	长春理工大学
	10201	北华大学
	10304	南通大学
	10360	安徽工业大学
	10418	赣南师范大学
	10488	武汉科技大学
	10495	武汉纺织大学
	10536	长沙理工大学
	10590	深圳大学
	10608	广西民族大学
	10611	重庆大学
	10615	西南石油大学
	10618	重庆交通大学

评估结果	学校代码及名称	
C	10619	西南科技大学
	10638	西华师范大学
	10652	西南政法大学
	10671	贵州财经大学
	10681	云南师范大学
	10719	延安大学
C-	10010	北京化工大学
	10011	北京工商大学
	10019	中国农业大学
	10148	辽宁石油化工大学
	10166	沈阳师范大学
	10205	长春师范大学
	10216	燕山大学
	10327	南京财经大学
	10407	江西理工大学
	10456	山东财经大学
	10463	河南工业大学
	10464	河南科技大学
	10466	河南农业大学
	10555	南华大学
	10592	广东财经大学
	10603	广西师范学院
	10616	成都理工大学
	10689	云南财经大学
	10731	兰州理工大学
	11646	宁波大学
	11799	重庆工商大学

小结

作为一门"又红又专"的专业，马克思主义理论类专业对考生的政治素质有一定要求，从专业出路来看，本专业的对口工作机会往往对学生的政治面貌有一定要求。有兴趣研究理论问题，或从事党的宣传、理论研究工作的考生，可以尝试报考本专业。

六、公安学类

目前，高等院校本科专业目录中，公安学类学科代码为0306。有治安学（030601K）、侦查学（030602K）、边防管理（030603K）3个基本专业和19个特设专业。值得注意的是，公安学类的所有基本专业均为国家控制布点专业，在开设院校和招生条件上都有较多限制。

学科概况

公安学类专业研究的对象是公共安全各领域的理论问题与实践工作。国内目前开设的公安学类专业包括治安学、侦查学、边防管理3个基本专业，并根据公安领域的实际特点，开设了19个特设专业，如禁毒学、警犬技术、经济犯罪侦查、边防指挥、消防指挥、犯罪学等。需要注意的是，公安学类专业和公安类专业并不完全等同。公安类专业包括公安学类专业（法学）和公安技术类专业（工学），以往的指挥类专业已经全部并入这两类专业之中。

公安学类专业是一个文理兼收的专业类别，具体各个专业有不同的文理倾向。在实行高考改革的省份，考生和家长需要注意本专业对选考科目的不同要求，避免因选考科目不能报考。如中国人民公安大学要求，报考公安类专业的考生选考科目为政治（3+3模式）或物理历史均可（3+1+2模式）。

公安学类专业对考生的身体素质有明确要求。在高考体检的基础上，部分院校部分专业可能会追加体检要求和面试要求。例如，中国人民公安大学对报考公安专业的考生安排加试，包括考察、面试、体检和体能测评。

考察，包括考生本人、家庭成员和主要社会关系的思想政治表现、遵纪守法情况和公共道德情况等。一般以函调外调为主。考察的范围和内容以当年通知为准。

面试主要从考生的报考动机、言语表达、身体协调性等方面进行测试。

体检的项目和标准，参照公安机关录用人民警察的有关规定执行，详见《公务员录用体检通用标准（试行）》（人社部发〔2016〕140号）、《公务员录用体检特殊标准（试行）》（人社部发〔2010〕82号）。同时，还应符合以下条件：身高：男性170厘米及以上，女性160厘米及以上；体重：男性体重指数（单位：千克/米²）在17.3至27.3之间，女性在17.1至25.7之间；视力：任何一眼裸眼视力均为4.8及以上；色觉：无色盲、色弱；外观：无少白头，无胸廓畸形，无脊柱侧弯、驼背，膝内翻股骨内髁间距离和膝外翻胫骨内踝间距离不超过7厘米，无足底弓完全消失的扁平足，身体无影响功能的瘢痕，面颈部无瘢痕，无下肢静脉曲张，无腋臭，共同性内、外斜视不超过15度，无唇、腭裂或唇裂术后有明显瘢痕。

体能测评的项目和标准，按照《国家学生体质健康标准（2014年修订）》的有关规定执行，具体如下：50米跑：男生不超过9.2秒，女生不超过10.4秒；立定跳远：男生不低于2.05米，女生不低于1.5米；男生引体向上：不低于9次/分钟，女生仰卧起坐：不低于25次/分钟。以上3个项目须全部进行测评，其中2个及以上达标的，体能测评结论为合格。

各院校各年度的体检与体能测评标准不同，考生和家长应留意当年院校公布的标准。

值得注意的是，本专业类别的院校一般都设置在提前批次录取，考生如果错失本专业院校，也可照常参加本科各批次的录取。

专业发展

公安学类专业的毕业生一般本科后通过考试的方式进入公安、司法机关工作，也可以选择进一步深造，从事理论研究工作，或进一步提升职业专业度。

就业方向

对于有"公安梦"的考生而言，进入公安院校学习只是追求梦想的第一步，在校学习期间，除了面对军事化管理之外，学生还要培养各类实践技能。对立志于进入公安政法系统工作的学生，还需要通过招警考试或公务员考试等专业测试，并通过政治审查后才能走上工作岗位。

院校排名

第四批高校评估中没有针对公安类院校开展评估工作。各位考生和家长在报考本专业院校时可以参考院校的隶属关系。公安类院校基本包括部属院校、省属本科院校和省属专科公安院校。考生和家长可以根据学校的隶属关系选择心仪院校报考。

目前，公安部属院校包括中国人民公安大学、中国人民警察大学、中国刑事警察学院、南京森林警察学院、铁道警察学院，共 5 所本科院校。

目前，司法部属院校只有中央司法警官学院 1 所本科院校。

此外，隶属于应急管理部的中国消防救援学院也开设有公安学类专业。

小结

公安学类专业对学生的政治素质、身体素质要求较高，相对职业出路较为确定。本专业院校均在提前批次录取，如果考生出于种种原因错失机会，也不影响后续批次录取，但一旦被本批次院校录取后，就不能参加后续批次录取了，考生和家长要谨慎对待，科学报考。

编号 04　教育学

一、教育学类

学科概况

教育学是研究人类教育现象和解决教育问题、揭示一般教育规律的一门社会科学。教育是广泛存在于人类生活中的社会现象，教育学是有目的地培养社会人的活动。它是通过对各种教育现象和问题的研究揭示教育的一般规律。

教育学的研究对象是人类教育现象和问题，以及教育的一般规律，是教育、社会、人之间和教育内部各因素之间内在的本质的联系和关系，具有客观性、必然性、稳定性、重复性。如教育与社会的政治、生产、经济、文化、人口之间的关系，教育活动与人的发展之间的关系，教育内部的学校教育、社会教育、家庭教育之间的关系，小学教育、中学教育、大学教育之间的关系，中学教育中教育目标与教学、课外教育之间的关系，教育、教学活动中智育与德、体、美、劳诸育之间的关系，智育中教育者的施教与受教育者的受教之间的关系，学生学习活动中学习动机、学习态度、学习方法与学习成绩之间的关系等都存在着规律性联系。

教育学的任务就是要探讨、揭示种种教育的规律，阐明各种教育问题，建立教育学理论体系。

专业发展

在人们传统的思维中，教育学的就业方向主要是去学校做老师。但是，随着国家对教育的越来越重视和教师待遇的不断提高，教育学专业正在逐渐成为一门热门专业。事实上，有相当一部分教育学专业毕业的学生毕业后并没有从事教书行业。教育类的研究生普遍的就业方向除了各级各类的学校的教学、教务、行政岗位，也可以进入各种私人或民营的教育培训机构之中从事教育咨询、辅导培训和教务教管之类的工作，有些报刊的教育版面和出版社的教育类图书也很需要一些精通教育学原理的人才。

就业方向

近年来，教育学专业的就业率很高，薪资也属于中等偏上。和大众认知有所区别，教育学毕业生除了进入各类学校当老师以外，在教育类相关的公务员岗位、事业单位岗位应聘上都有其专业优势，在教育类图书的策划编辑、教学系统的开发运营、课程的开发等教育类相关领域也具备非常强的竞争力。近些年来，互联网教育兴起，对专业教学理论类人才需求量很大，专业前景也比较好。

细分专业介绍

1. 教育学

教育学是一门普通高等学校本科专业，属教育学类专业，基本修业年限为四年，授予教育学学位。该专业培养具有良好思想道德品质、较高教育理论素养和较强教育实际工作能力，能在中小学、教育科学研究机构和各级教育行政部门等从事教学、研究、管理等方面工作的复合型人才。

该专业学生主要学习教育科学的基本理论和基本知识，受到教育科学研究的基本训练，掌握从事教育教学工作等方面的基本能力。

2. 科学教育

科学教育是一门普通高等学校本科专业，属教育学类专业，基本修业年限为四年，授予教育学学位，培养具有良好思想道德品质、扎实的自然科学知识和较强的科学教育能力，能在中小学从事"科学"或"综合实践活动"课程教学与研究工作，以及在教育科研部门、公共事业单位从事基础科学教学研究和科学普及教育与管理的复合型人才。

该专业学生主要学习自然科学的基本理论、基本知识，接受科学实验等方面的基本训练，掌握科学教育和科学普及等方面的基本能力。

3. 人文教育

人文教育专业培养基础扎实、知识结构合理，具有现代教育思想和技能，具有一定理论素养、创新精神和实践能力，既能胜任中学综合文科"人文与社会"课程教学需要，又能适应历史、中文、政治分科的教学需要，德智体美全面发展的高级应用人才。

4. 教育技术学

教育技术学专业培养能够在新技术教育领域从事教学媒体和教学系统的设计、开发、运用、管理和评价等的教育技术学科高级专门人才，包括各级师范院校和中等学校教育技术学课程教师以及各级电教馆、高校和普教的教育技术人员。

5. 艺术教育

艺术教育专业面向中小学校、幼儿园、特殊教育及社会艺术教育机构，培养德智体美全面发展，并具有先进教育理念，综合艺术能力、教育策划能力、教学实践技能强，综合素质高，能胜任学校及社会教育机构教学、管理、策划工作的综合艺术人才，并在教育团队中起到示范作用，成为本专业的骨干教师。

6. 学前教育

学前教育是幼师利用各种方法，有系统、有计划、科学地对孩童的大脑进行各种刺激，使其大脑各部位的功能逐渐完善而进行的教育。

学前教育专业是针对0~6周岁学前儿童的一种教育，在大学里，这个专业主要分设在教育学院。广义的学前教育是指从出生到6周岁或7周岁的儿童实施的保育和教育。狭义的学前教育是指对3~6周岁或7周岁的儿童实施的保育和教育。

学前教育专业培养具备学前教育专业知识，能在托幼机构从事保教和研究工作的教师、学前教育行政人员以及其他有关机构的教学、研究人才。

7. 小学教育

小学教育专业培养德智体美全面发展的，具有较高教育理论素养和较强教育实际工作能力（语、数、英）的小学教师及教育科研人员、各级教育行政管理人员和其他教育工作者。

8.特殊教育

特殊教育专业培养具备普通教育和特殊教育的知识和能力，主要能在特殊教育机构及与特殊教育相关的机构从事特殊教育实践、理论研究、管理工作等的高级专门人才。

特殊教育是指使用一般的或经过特别设计的课程、教材、教法和教学组织形式及教学设备，对有特殊需要的儿童进行的旨在达到一般和特殊培养目标的教育。也就是说，让有特殊需要的儿童怎样才能像普通儿童一样学习各种知识与技能，怎样帮助他们建立自信，怎样发现、培养天才儿童，这些都是特殊教育学的研究范畴。

教育学专业学校排名
①第四轮教育学学科评估排名
（注：评估结果相同的高校排序不分先后，按学校代码排列）

序号	学校代码	学校名称	评选结果
1	10027	北京师范大学	A+
2	10269	华东师范大学	A+
3	10200	东北师范大学	A
4	10319	南京师范大学	A
5	10511	华中师范大学	A
6	10001	北京大学	A-
7	10028	首都师范大学	A-
8	10335	浙江大学	A-
9	10574	华南师范大学	A-
10	10635	西南大学	A-
11	10003	清华大学	B+
12	10270	上海师范大学	B+
13	10345	浙江师范大学	B+
14	10384	厦门大学	B+
15	10445	山东师范大学	B+
16	10475	河南大学	B+

序号	学校代码	学校名称	评选结果
17	10487	华中科技大学	B+
18	10542	湖南师范大学	B+
19	10718	陕西师范大学	B+
20	10736	西北师范大学	B+
21	10007	北京理工大学	B
22	10056	天津大学	B
23	10065	天津师范大学	B
24	10165	辽宁师范大学	B
25	10166	沈阳师范大学	B
26	10231	哈尔滨师范大学	B
27	10320	江苏师范大学	B
28	10414	江西师范大学	B
29	10602	广西师范大学	B
30	10636	四川师范大学	B
31	10075	河北大学	B−
32	10285	苏州大学	B−
33	10346	杭州师范大学	B−
34	10370	安徽师范大学	B−
35	10394	福建师范大学	B−
36	10446	曲阜师范大学	B−
37	10476	河南师范大学	B−
38	10637	重庆师范大学	B−
39	10681	云南师范大学	B−
40	10762	新疆师范大学	B−
41	10052	中央民族大学	C+
42	10094	河北师范大学	C+
43	10108	山西大学	C+
44	10118	山西师范大学	C+
45	10135	内蒙古师范大学	C+

序号	学校代码	学校名称	评选结果
46	10247	同济大学	C+
47	10295	江南大学	C+
48	10351	温州大学	C+
49	11078	广州大学	C+
50	11646	宁波大学	C+
51	10005	北京工业大学	C
52	10167	渤海大学	C
53	10203	吉林师范大学	C
54	10337	浙江工业大学	C
55	10418	赣南师范大学	C
56	10512	湖北大学	C
57	10524	中南民族大学	C
58	10663	贵州师范大学	C
59	10673	云南大学	C
60	11117	扬州大学	C
61	10066	天津职业技术师范大学	C-
62	10205	长春师范大学	C-
63	10299	江苏大学	C-
64	10373	淮北师范大学	C-
65	10451	鲁东大学	C-
66	10513	湖北师范大学	C-
67	10590	深圳大学	C-
68	10603	广西师范学院	C-
69	10759	石河子大学	C-
70	11658	海南师范大学	C-

② 2020软科中国最好学科排名：教育学专业大学排名

排名	排名层次	学校名称	总分
1	前2%	北京师范大学	1357
2	前2%	华东师范大学	1130

排名	排名层次	学校名称	总分
3	前5%	华中师范大学	576
4	前5%	西南大学	552
5	前5%	东北师范大学	539
6	前5%	南京师范大学	492
7	前5%	华南师范大学	294
8	前10%	陕西师范大学	267
9	前10%	浙江大学	251
10	前10%	浙江师范大学	242
11	前10%	厦门大学	221
12	前10%	曲阜师范大学	217
13	前10%	北京大学	213
14	前10%	首都师范大学	205

二、体育学类

学科概况

体育学是研究体育现象及其规律的科学。它以人们对体育需求的认识和体育实践的发展为直接动力，以运动中的人和人的运动为研究对象，以体育的本质、体育与社会促进、体育与人的发展、体育与传统文化的关系等为主要研究内容。它的主要任务是揭示体育活动的自然科学基础和体育活动中人体变化的规律、社会生活各个领域中所发生的体育现象的规律，以及利用这些规律指导体育实践。它在与自然科学、人文社会科学众多相关学科的交融中汲取了丰富的营养，逐渐建立起具有鲜明的综合性和应用性特征的特学体系。

体育学在发展过程中逐步形成了体育人文社会学、运动人体科学、体育教育训练学等领域的理论体系。主要包括体育本质、价值、管理等有关体育原理的理论；运动行为、运动与身心健康、身心状态与运动表现等有关运动人体科学的理论；体育教育、体育课程等有关学校体育的理论；运动技术、运动训练、运动竞赛等有关运动训练竞赛的理论。

专业发展

体育专业已经从之前的以培养运动员、体育教师为主的专向学科向着理论化多元化的方向进行发展。其中，体育教育学、体育与健康科学等都是未来发展的热门学科。国家相关政策指导我国向体育大国的道路迈进，需要大量基层中层体育教育人员投入，需要专业、科学的训练方法，健康管理方法作为依托。体育学的发展依托其他学科发展共同进步，成为集理论与实践相结合的前沿学科。

就业方向

体育学科毕业生就业范围比我们通常认知的要广泛一些，平均薪资中等，差异比较大。除了做职业运动员或者进入学校从事体育教师行业以外，还可以从事教培机构、素质拓展训练营、夏令营冬令营等的教练员工作，也可以在相关机构开展一些专项的教学工作。社会上除了对体育教师有更大的需求外，对高水平的运动员、教练员，对体育科技工作者、体育管理工作者、体育经济工作者、体育新闻工作者等也有需求。而且很多体育类学生在进入其他领域工作的同时可以发挥自身的体育特长，在职业发展中也具有一定的优势。

细分专业介绍

1. 体育教育

体育教育专业以主要培养适应我国社会主义现代化建设和基础教育改革与发展的实际需要，德智体美全面发展，专业基础宽厚，具有现代教育观念、良好的科学素养和职业道德以及具有创新精神和实践能力的复合型人才为目的。

2. 运动训练

运动训练专业培养具备与竞技运动相关专业的基本理论和基本知识，掌握从事与竞技运动相关社会、体育活动的基本能力，从事竞技运动教学、科研、管理等方面工作的高级专门人才。

3. 社会体育指导与管理

社会体育指导与管理专业培养具有社会体育的基本理论、知识与技能，能在社会体育领域从事群众性体育活动的组织管理、咨询指导、经营开发以及教学科研等方面工作的高级管理人才。

社会体育是指职工、农民和街道居民自愿参加的，以身体运动为基本手段，以增进身心健康为主要目的社会体育活动。

4. 武术与民族传统体育

武术与民族传统体育专业培养具备民族传统体育教学、训练、科研基本知识与技能的，能从事武术、传统体育养生及民族民间体育工作的高级专门人才。

5. 运动人体科学

运动人体科学学科为国家级重点学科，培养从事体育科技教练、运动营养与运动伤害防护师、体育科学研究人员、全民健身指导及研究人员、运动人体科学专业的师资以及其他相关专业技术工作的专门人才。

6. 体育学专业学校排名

①第四轮体育学学科评估排名

（注：评估结果相同的高校排序不分先后，按学校代码排列）

序号	学校代码	学校名称	评选结果
1	10043	北京体育大学	A+
2	10277	上海体育学院	A+
3	10269	华东师范大学	A
4	10071	天津体育学院	A-
5	10394	福建师范大学	A-
6	10522	武汉体育学院	A-
7	10574	华南师范大学	A-
8	10653	成都体育学院	A-
9	10003	清华大学	B+
10	10027	北京师范大学	B+
11	10029	首都体育学院	B+
12	10176	沈阳体育学院	B+
13	10285	苏州大学	B+
14	10335	浙江大学	B+
15	10511	华中师范大学	B+
16	10108	山西大学	B
17	10200	东北师范大学	B

序号	学校代码	学校名称	评选结果
18	10208	吉林体育学院	B
19	10319	南京师范大学	B
20	10446	曲阜师范大学	B
21	10542	湖南师范大学	B
22	10585	广州体育学院	B
23	10727	西安体育学院	B
24	10094	河北师范大学	B-
25	10165	辽宁师范大学	B-
26	10330	南京体育学院	B-
27	10445	山东师范大学	B-
28	10457	山东体育学院	B-
29	10475	河南大学	B-
30	10718	陕西师范大学	B-
31	11646	宁波大学	B-
32	10118	山西师范大学	C+
33	10345	浙江师范大学	C+
34	10370	安徽师范大学	C+
35	10414	江西师范大学	C+
36	10459	郑州大学	C+
37	10602	广西师范大学	C+
38	10681	云南师范大学	C+
39	10736	西北师范大学	C+
40	10762	新疆师范大学	C+
41	11117	扬州大学	C+
42	10476	河南师范大学	C
43	10512	湖北大学	C
44	10531	吉首大学	C
45	10590	深圳大学	C
46	10635	西南大学	C

序号	学校代码	学校名称	评选结果
47	10320	江苏师范大学	C-
48	10346	杭州师范大学	C-
49	10390	集美大学	C-
50	10166	沈阳师范大学	C-
51	10183	吉林大学	C-
52	10231	哈尔滨师范大学	C-
53	10247	同济大学	C-
54	10270	上海师范大学	C-

② 2020软科中国最好学科排名：体育学专业大学排名

排名	排名层次	学校名称	总分
1	前2%	上海体育学院	1266
2	前2%	北京体育大学	925
3	前5%	华东师范大学	529
4	前5%	上海交通大学	472
5	前5%	华南师范大学	348
6	前10%	福建师范大学	343
7	前10%	武汉体育学院	337
8	前10%	首都体育学院	215
8	前10%	苏州大学	215
10	前10%	华中师范大学	209

编号05 文学

文学专业代码为05开头,根据2020年最新版的高等院校本科专业目录,文学学科门类下包括中国语言文学类、外国语言文学类、新闻传播学类和新闻传播学类(交叉专业)4个专业大类,学习内容涵盖了文学素养、语言能力、网络媒体、新闻传播等多方面的内容。

一、中国语言文学类

学科概况

中国语言文学类包括5个基本专业:汉语言文学(050101)、汉语言(050102)、汉语国际教育(050103)、中国少数民族语言文学(050104)、古典文献学(050105);此外还开设有4个特设专业:应用语言学(050106T)、秘书学(050107T)、中国语言与文化(050108T)、手语翻译(050109T)。

中国语言文学类是中国大学史上最早开设的专业之一,出现于19世纪末。20世纪80年代以后,汉语言文学专业得到了很大的发展:师范类大学因为有培养中学语文教学师资的明确目的,通常都开设了中国语言文学类的专业。综合类大学中文系或文学院也普遍设有这一专业。一个多世纪以来,中国语言文学专业培养了一大批知名学者、教授、作家、记者、剧作家等,对中国人文科学做出了极大的贡献。

在很多人的直观印象中,中国语言文学的学习等同于埋头古籍。但实际上,这是一个非常国际化、现代化的学科,中国文学也需要海外的跨文化对话与交流，汉语国际教育、海外汉学等方向更是需要良好的国际视野和对外交流机会。很多设有中国语言文学专业的学校都有与国外高校交流学习的机会，也会设立与海外著名高校的联合培养项目。

细分专业中有两个方向看似比较接近，"汉语言文学"专业侧重语言文化、文学研究，"汉语言"专业侧重语言文字研究。很多学校在中国语言文学类专业方面是"大类招生、分流培养"，即学生在1—2年级都进行基础课学习，在第一或第二学年结束的时候，才会决定自己去哪一个专业继续学习。这样学生对学习的内容和兴趣方向都会有更好的把握。在报志愿的时候，也可以注意一下对应学校的相关招生政策和培养方案。

中国语言文学类专业注重学生的综合学养、基本能力、人文情趣和国际视野，坚持"宽口径、厚基础"的原则，目的是培养出适应我国现代化建设需要，具备较深厚的基础知识和专业素养，能胜任相关的教学、科研工作和各种实际工作的人才。

专业发展

中国语言文学的专业发展方向中，有很多方向是指向教学、科研等方向，所以对学生的知识积累和学历都有一定的要求，是以中国语言文学类本科毕业生中，有相当一部分会选择继续读研深造或出国攻读学位。北大约70%的本科毕业生可获得免试推荐本校或清华大学、复旦大学、南京大学等名校研究生的资格，中国人民大学亦有约60%的学生本科毕业后继续升学或出国深造，北京师范大学60%以上可获得推荐本校或北京大学、清华大学、中国人民大学等名校研究生资格，部分毕业生选择赴国外留学深造，公费师范生需直接就业。

就业方向

在很多学生的想象中，中文系的就业方向很窄，就是研究古籍、研究文学，实则不然。这一学科的培养既强调深厚的学科积累，也强调卓越的国际视野和综合的应用能力，就业既可以偏向科研，也可以偏向实际应用。

中国语言文学类的就业方向大致分三类：第一是以某一专门领域深入研究为主的科研岗位，主要就业方向为国家党政机关、专门研究机构、文化及对外交流类部门等。第二是以教育教学为主，主要是担任中小学教师或高校教师，在孔子学院或其他教学机构任职等，这一类除了需要专业能力外，非师范类毕业生还需要考取教师资格证。第三是以实际应用为主，这一类的就业人数更多，就业范围更广，包括国家机关、事业单位、文化教育、新闻媒体、出版机构、广播影视机构、外企、金融机构等。

每年公务员招考中，有相当数量的职位面向中国语言文学专业。2021 年国考，其中中国语言文学类本科学历可以报考的职位共 3260 个，招考人数 6323 人；研究生学历可以报考的职位共 2934 个，招考 5539 人。

小结

中国语言文学类专业需要深厚的专业知识积累过程，整体比较厚积薄发。学习过程中既注重培养学生的基本素质，又注重培养文学素养和文化眼界。虽然学习内容集中于中文研究，但是眼界却绝不仅仅局限于国内，有很多的对外交流学习的机会。国外的很多知名院校也均设有相关专业或联合培养项目，在出国深造或交换生访问上也有很多的选择。"宽口径、厚基础"的原则，使得学生可以成长为在中国语言文学方面具有比较扎实的基础理论和比较广博的专业知识的复合型人才，在就业时并不局限于本专业的深入，也可以走向很多综合应用的岗位。建议考生和家长考虑自身爱好和优势特长，结合未来职业规划，科学报考。

院校排名

1. 双一流

在教育部 2017 年 6 月公布的"双一流"建设学科名单中，共有 6 所学校的中国语言文学类进入名单，分别是北京大学、北京师范大学、复旦大学、南京大学、华中师范大学、陕西师范大学（自定）。

2. 国家重点学科

国家重点学科名单

类别	学科代码及名称	学校名称
一级学科	0501 中国语言文学	北京大学
		北京师范大学
		复旦大学
		南京大学
		四川大学
二级学科	050102 语言学及应用语言学	北京语言大学
	050103 汉语言文字学	安徽大学
		华中师范大学
	050104 中国古典文献学	浙江大学
	050105 中国古代文学	首都师范大学
		南开大学
		华东师范大学
		中山大学
		陕西师范大学
	050106 中国现当代文学	南京师范大学
		福建师范大学
		山东师范大学
		武汉大学
	050107 中国少数民族语言文学	中央民族大学
		内蒙古大学
		新疆大学
	050108 比较文学与世界文学	上海师范大学

国家重点（培育）学科名单

类别	学科代码及名称	学校名称
二级学科	050101 文艺学	华中师范大学
	050102 语言学及应用语言学	南开大学
	050104 中国古典文献学	山东大学
	050105 中国古代文学	武汉大学
		西北师范大学

3. 学科评估

教育部第四轮学科评估结果显示，北京大学、北京师范大学的中国语言文学类评定为 A+，复旦大学等 6 所高校评定为 A，中国人民大学等 6 所高校评定为 A-。参评高校共 74 所，评定结果见下表：

评估结果	学科代码	学校名称
A+	10001	北京大学
	10027	北京师范大学
A	10246	复旦大学
	10269	华东师范大学
	10284	南京大学
	10335	浙江大学
	10422	山东大学
	10610	四川大学
A-	10002	中国人民大学
	10028	首都师范大学
	10055	南开大学
	10319	南京师范大学
	10486	武汉大学
	10558	中山大学
B+	10003	清华大学
	10032	北京语言大学
	10052	中央民族大学
	10183	吉林大学
	10200	东北师范大学
	10270	上海师范大学
	10285	苏州大学
	10345	浙江师范大学
	10394	福建师范大学
	10445	山东师范大学
	10475	河南大学

评估结果	学科代码	学校名称
B+	10511	华中师范大学
	10559	暨南大学
	10635	西南大学
	10718	陕西师范大学
B	10065	天津师范大学
	10075	河北大学
	10094	河北师范大学
	10126	内蒙古大学
	10212	黑龙江大学
	10231	哈尔滨师范大学
	10280	上海大学
	10320	江苏师范大学
	10384	厦门大学
	10542	湖南师范大学
	10574	华南师范大学
	10602	广西师范大学
	10636	四川师范大学
	10697	西北大学
	10736	西北师范大学
	11117	扬州大学
B-	10033	中国传媒大学
	10108	山西大学
	10140	辽宁大学
	10248	上海交通大学
	10357	安徽大学
	10370	安徽师范大学
	10414	江西师范大学
	10446	曲阜师范大学
	10487	华中科技大学

评估结果	学科代码	学校名称
B-	10512	湖北大学
	10608	广西民族大学
	10673	云南大学
	10730	兰州大学
	10755	新疆大学
C+	10030	北京外国语大学
	10135	内蒙古师范大学
	10165	辽宁师范大学
	10166	沈阳师范大学
	10271	上海外国语大学
	10346	杭州师范大学
	10403	南昌大学
	10459	郑州大学
	10530	湘潭大学
	10637	重庆师范大学
	10656	西南民族大学
	10663	贵州师范大学
	10742	西北民族大学
	10762	新疆师范大学
	11658	海南师范大学
C	10031	北京第二外国语学院
	10203	吉林师范大学
	10337	浙江工业大学
	10351	温州大学
	10385	华侨大学
	10423	中国海洋大学
	10427	济南大学
	10524	中南民族大学
	10532	湖南大学

评估结果	学科代码	学校名称
C	10593	广西大学
	10613	西南交通大学
	10638	西华师范大学
	10681	云南师范大学
	11065	青岛大学
	11075	三峡大学
C-	10068	天津外国语大学
	10167	渤海大学
	10184	延边大学
	10247	同济大学
	10304	南通大学
	10451	鲁东大学
	10476	河南师范大学
	10589	海南大学
	10590	深圳大学

二、外国语言文学类

学科概况

外国语言文学类包括62个基本专业，大致可以分为三类：第一类是使用人群基数较大的联合国通用语种，即英语（050201）、法语（050204）、西班牙语（050205）、俄语（050202）、阿拉伯语（050206）；第二类是包含德语（050203）、日语（050207）、朝鲜语（050209）在内的小语种专业；第三类是以英语应用为目标的商务英语（050262）、翻译（050261）专业。此外，外国语言文学类还下设42个特设专业，其中包括语言学专业和其他小语种。特设专业中的小语种使用人群基数更小，例如桑戈语（050200T）、马达加斯加语（050270T）、库克群岛毛利语（050292T）等，其中有14个专业是2017年在北京外国语大学新设的专业。2019年，教育部在北京语言大学、上海外国语大学审批设立语言学专业。

外国语言文学的课程设置通常为基础相应语、高级相应语、报刊选读、视听、口语、相应语写作、翻译理论与实践、语言理论、语言学概论、主要相应语国家文学史及文学作品选读、主要相应国家国情。主要培养目标是为配合国家"一带一路"战略需求和经济社会发展现实需要，向国家输送法律、经贸、文化交流等领域的复合型语言人才。部分非通用语专业，也就是我们常说的小语种专业，都是隔一年或隔数年招生，考生需要提前查看招考信息。大部分外国语言文学类的专业，在学习过程中均会辅修英语。

英语

该专业培养具有扎实的英语语言基础、丰富的英语语言文化知识、熟练的英语语言技能，较高的语言运用能力、研究能力和专业素养，思想政治素质好，具有严谨治学的学风和勇于创新的精神，能够进一步从事英语语言、文学与翻译等领域学术研究的研究型创新人才，或相关专业领域的应用复合型人才。

专业学科基础通常包括英语精读、英文写作、视听、翻译、比较文学与跨文化研究，具有跨学科特点，同时也会开设英美文学、西方思想及电影与戏剧方面的课程。自主课程选择方面还可与其他相关专业结合，形成复合型专业，以适应社会发展的需要。

很多人认为，现在学英语的人太多，所以已经竞争太多或者"不吃香"了，实则不然。随着全球化的逐步深化，英语作为世界的通用语言，渗透率只会越来越高，在实际应用中的出现频率也在不断提高。未来的应用前景仍旧非常广阔。

还有一些人认为，英语只需要自学即可，自学跟读英语专业没有区别。但其实英语专业人才并不是仅仅以英语为工具的，而是拥有深厚的人文素养，对中西方的文化皆有深入了解，并且有宏阔的国际视野和专深的专业知识，有可持续发展的潜力和学习能力的专业人才。英语的使用过程往往也不是单纯的语言互译，同样也会涉及商务、贸易、谈判、法律等相关的内容，也要求人才具有一定的国际视野和综合能力。

其他通用语言

除了英语以外，目前通用程度比较高的语言还有法语、西班牙语、俄语、阿拉伯语，这些语言均有比较大的使用人群基数，目标国家数量较多，与我国的关系也较为稳定，不会因为国际关系变动而对未来就业方向有过多的影响。

课程学习主要分为两个方向：第一个是对语法与必要词汇的学习，以便能用该语言阅读该专业资料、文献；第二个则是为了克服与母语人群进行交往的语言障碍，了解相应国家的社会与文化，增进经济、文化交流。学生往往必须达到第二个层次才能胜任相关的口笔译工作，因此语言与国家文化都是学习的重要内容。主要课程是学习相应语语言、文学、历史、政治、经济、外交、社会文化等方面的基本理论和基本知识，受到相应语听、说、读、写、译等方面的良好的熟巧训练，掌握一定的科研方法，具有从事翻译、研究、教学、管理工作的业务水平及较好的素质和较强的能力。目标是培养既有语言的实际操作能力，又有跨文化交流意识以及区域国别研究能力的综合人才。培养过程中会有较多的交流机会，目标国家也有较大的就业市场。很多学校在培养计划中也会设定交流学习的相关机会。

小语种

小语种的使用人群基数比较少，而且每一个小语种都对应着一个小文化圈。小语种专业的主干课程通常为中国语言文学、外国语言文学大类的通识课，在此基础上，学习对应语言的听说读写译，并学习语言对应的使用国家的文化、历史、宗教、政治等相关知识。

专业发展

许多小语种即便在语言使用当地，也不是唯一在使用的语言，通常还有英语、法语等作为通用语言。所以，在学习小语种的前提下，仍旧需要参考小语种人群所在地区的情况，学习一门通用语言，以此来提升综合竞争力。

一些特种专业的小语种均为新开设专业，招生数量很少，且目前还未设立硕士及博士点。如果希望继续深造学习，需要选择交叉学科或相关专业，例如法语语言文学、亚非语言文学、外国语言学及应用语言学、翻译学、比较文学与世界文学、比较文学与跨文化研究等。此外也可以将小语种作为一种交流工具，在掌握小语种的基础上，跨专业考取其他方向，如经济学类、管理学类、法学类等专业方向的研究生继续学习。

就业方向
英语：

外国语言文学专业中，使用人口基数越大的语种，其就业范围也就越广泛。

英语专业的学生深受用人单位欢迎，毕业生遍布世界各地，毕业生可在国家部委（如外交部、新华社、外经贸委）、市政府机构（如市外事办、市外经贸委）、外国驻华使领馆、外资企业、外贸公司、新闻单位、金融机构、国际咨询机构、国际会计师事务所、国际广告公司、大型国有企业、大型央企的外派机构、大型外国跨国公司驻中国的办事机构、国内的各种外贸进出口公司、出版单位、高等院校等从事翻译、研究、教学、管理工作。

截至 2020 年 3 月 27 日，我国进出口企业数量为 641 万余家，其中在业、存续的企业有 520 万家。随着全球化趋势的不断深入，我国的对外贸易和对外往来也更加频繁，英语人才的需求仍旧会持续增加。

其他通用语言

西班牙语：

西班牙语为世界第二大语言，约有 4.37 亿人以西班牙语作为母语使用，讲西班牙语的国家有 20 多个，其中绝大部分在拉丁美洲国家，受西方影响较大，对中国经济依赖性不算很强。西班牙语人才的需求相对稳定。

法语：

法语是除英语之外，使用国家最多、涉及范围最广的语种，北京奥运会开幕式和各比赛场地，都是法、英、中三语播报的。法语的主要使用地区除了欧洲，还有很大一部分在非洲。中非一直有着传统的友谊，非洲国家自然资源丰富，而且大部分尚未开发。近年来随着"一带一路"的发展，很多中国企业都在非洲有相应的公司和业务。

俄语：

俄语是联合国的官方语言之一，是俄罗斯联邦的官方语言，使用俄语的人数约占世界人口的 5.7%。俄语主要在俄罗斯和前苏联的其他成员国中使用，在华沙条约成员国里曾经被学校广泛作为第一外语教学，是俄罗斯的唯一官方语言，是哈萨克斯坦、白俄罗斯、吉尔吉斯斯坦的官方语言之一。中国与俄罗斯近年来关系良好，双方有很多的经贸往来，每年也有大量的留学生、交换生。甚至俄罗斯也掀起一阵"中文热"，很多年轻人会赶时髦学习一点中文。

阿拉伯语：

使用阿拉伯语的国家有 20 多个，主要分布在西亚、东非和北非。现为 27

个亚非国家及 4 个国际组织的官方语言。以阿拉伯语作为母语的人数超过 2.6 亿人，全球范围内的使用者总计突破 4.4 亿人。同时，阿拉伯语为全世界穆斯林的宗教语言。阿拉伯语分布广阔，因此各个地区都有其方言。阿拉伯语国家知名企业较少。

小语种：

比较特殊的是小语种的就业情况，小语种专业尤其是特设专业的招生人数非常少，每年培养和毕业的人数都有限，有一些新开设的小语种专业至今还没有毕业生，就业前景不能通过已有毕业生的大数据来进行分析。小语种的未来就业方向和前景取决于当地的经济发展，也取决于当地的文化氛围，特别是取决于当地引资的对象国。因此，各小语种的需求量伴随着各地合作对象的不同而有所区别。越小的语种就业方向越是固定。各个小语种的就业面基本比较特定，就是面向该类语种人群所在的国家级地区，进行翻译、贸易等方面的相关工作。因此，如果想要选择小语种作为学习方向，应提前针对性地了解该小语种使用国的经济水平、产业情况、与我国的友好往来或商业贸易等情况。

小语种专业就业受我国的外交情况及国际关系情况影响很大，我国与小语种使用国家在政治、经济等方面的关系，直接决定了就业岗位和就业质量。因此，高校在开设和培养相关小语种专业人才时极为谨慎，很多小语种四年才招生一次。很多小语种使用国家都同时使用英语、法语、西班牙语等作为通用语言，所以在就业中，小语种＋通用语言的能力会更有竞争力。

公务员招考中亦有一些部门的岗位会招聘外国语言文学类专业学生，或面向特定语种进行岗位招聘，例如外交部、中联部、商务部、海关、检验检疫、民航、旅游局、文化部等部门。但是岗位数量较为有限，而且很少出现针对冷门小语种的招聘。此外国内高校、教育机构、科研机构等均有外语类招聘需求。也可以选择在经贸、文化、新闻出版、旅游、工程外派等外企和中外合资企业，从事外贸、导游、记者等方面的工作。

小结

在报考志愿的时候，有这样几点需要提前考察注意：

第一，语言的使用人群基数及分布地区，如果是小语种，还要考虑当地的经济发展情况和与我国的外交情况，这基本影响到之后的就业面和就业方向；

第二，查看学校的招考计划和培养计划，很多语言专业有国外联合培养等相关项目，因专业而异，差别很大，这影响到大学的学习培养过程；

第三，初步构思之后的深造规划，有些专业没有对应的硕士点，还有一些语言比较适合今后再读一个交叉学科的硕士，这些需要有一个初步了解。

院校排名

1. 双一流

在教育部 2017 年 6 月公布的"双一流"建设学科名单中，共有 5 所学校的外国语言文学类进入名单，分别是北京外国语大学、延边大学（自定）、上海外国语大学、南京大学、湖南师范大学（自定）。

2. 国家重点学科

外国语言文学国家重点学科名单

学科代码及名称	学校名称
050201 英语语言文学	北京大学、北京外国语大学、南京大学、上海外国语学院、湖南师范大学、中山大学、解放军外国语学院
050202 俄语语言文学	黑龙江大学 上海外国语大学 解放军外国语学院
050204 德语语言文学	北京外国语大学
050206 印度语言文学	北京大学
050210 亚非语言文学	延边大学
050211 外国语言学及应用语言学	北京外国语大学 广东外语外贸大学

3. 学科评估

教育部第四轮学科评估结果显示，北京大学、北京外国语大学、上海外国语大学的外国语言文学类评定为 A+，黑龙江大学等 5 所高校评定为 A，清华大学等 6 所高校评定为 A-。参评高校 163 所，评定结果见下表：

评估结果	学校代码及名称	
A+	10001	北京大学
	10030	北京外国语大学
	10271	上海外国语大学
A	10212	黑龙江大学
	10248	上海交通大学
	10284	南京大学
	10335	浙江大学
	11846	广东外语外贸大学
A-	10003	清华大学
	10006	北京航空航天大学
	10027	北京师范大学
	10036	对外经济贸易大学
	10246	复旦大学
	10269	华东师范大学
	10319	南京师范大学
	10422	山东大学
B+	10002	中国人民大学
	10032	北京语言大学
	10055	南开大学
	10184	延边大学
	10200	东北师范大学
	10247	同济大学
	10285	苏州大学
	10384	厦门大学
	10486	武汉大学
	10532	湖南大学
	10542	湖南师范大学
	10558	中山大学
	10610	四川大学

评估结果	学校代码及名称	
B+	10635	西南大学
	10650	四川外国语大学
	10724	西安外国语大学
B	10008	北京科技大学
	10028	首都师范大学
	10031	北京第二外国语学院
	10068	天津外国语大学
	10172	大连外国语大学
	10183	吉林大学
	10273	上海对外经贸大学
	10346	杭州师范大学
	10353	浙江工商大学
	10394	福建师范大学
	10423	中国海洋大学
	10475	河南大学
	10487	华中科技大学
	10511	华中师范大学
	10718	陕西师范大学
	11646	宁波大学
B-	10004	北京交通大学
	10213	哈尔滨工业大学
	10231	哈尔滨师范大学
	10254	上海海事大学
	10280	上海大学
	10345	浙江师范大学
	10445	山东师范大学
	10446	曲阜师范大学
	10459	郑州大学
	10559	暨南大学

评估结果	学校代码及名称	
B-	10561	华南理工大学
	10574	华南师范大学
	10608	广西民族大学
	10611	重庆大学
	10698	西安交通大学
	10736	西北师范大学
	11117	扬州大学
C+	10007	北京理工大学
	10053	中国政法大学
	10065	天津师范大学
	10108	山西大学
	10165	辽宁师范大学
	10270	上海师范大学
	10272	上海财经大学
	10287	南京航空航天大学
	10290	中国矿业大学
	10357	安徽大学
	10414	江西师范大学
	10476	河南师范大学
	10530	湘潭大学
	10593	广西大学
	10602	广西师范大学
	10613	西南交通大学
	10636	四川师范大学
	10730	兰州大学
	11414	中国石油大学
C	10022	北京林业大学
	10033	中国传媒大学
	10094	河北师范大学

评估结果	学校代码及名称	
C	10140	辽宁大学
	10151	大连海事大学
	10252	上海理工大学
	10299	江苏大学
	10451	鲁东大学
	10491	中国地质大学
	10534	湖南科技大学
	10590	深圳大学
	10637	重庆师范大学
	10697	西北大学
	11065	青岛大学
	91002	国防科技大学
C-	10075	河北大学
	10079	华北电力大学
	10126	内蒙古大学
	10203	吉林师范大学
	10251	华东理工大学
	10288	南京理工大学
	10320	江苏师范大学
	10386	福州大学
	10403	南昌大学
	10512	湖北大学
	10520	中南财经政法大学
	10652	西南政法大学
	10656	西南民族大学
	10673	云南大学
	10681	云南师范大学
	10749	宁夏大学

三、新闻传播学类

学科概况

新闻传播学下设五个细分专业，分别是新闻学（050301）、广播电视学（050302）、广告学（050303）、传播学（050304）、编辑出版学（050305），高考文理兼招。新闻传播学是研究执政党的新闻活动、传播活动及其他各类信息传播现象的学科。涉及的领域为互联网与新媒体。新闻传播学类的细分专业中有很多共同之处，所以在培养方案上通常会设置成大类专业报考，之后再进行专业分流。例如，北京大学会在大二学期结束时开始专业分流，中国人民大学的培养方式为无时点分流，四年一贯制培养。学院内部本科阶段不分专业，在学习共同基础课的基础上，学生根据个人兴趣和发展规划，在学院内自主选择课程，最终根据学生完成培养方案的实际情况认定本科专业。

新闻与传播专业的主要目的是培养具备系统的新闻理论知识与技能，适应跨学科和融媒体，熟悉我国新闻、宣传政策法规，通晓新媒体技术，精通外语，具有现代管理观念，能为国家解决新闻与传播领域中面临的重大课题，或在新闻、出版与宣传部门从事编辑、记者与管理等工作的专门人才。

新闻学

新闻学专业主要是为各类新闻媒体及文化宣传单位，培养具备扎实的新闻传播理论知识、较全面的人文和社会科学基础知识，并掌握必备的新闻传播实践基础能力和社会科学研究基本方法的专业人才，要求学生知识面宽，表达能力强，业务功底好，能坚持正确的政治方向、坚持正确的舆论导向、坚持正确的新闻志向和坚持正确的工作取向。

部分学校会在专业基础上进一步细分，例如中国传媒大学有普通方向和数据新闻报道方向的区别。数据新闻报道方向会更强调新闻的数字化能力，培养具备较强数据挖掘与处理分析能力、数据可视化呈现能力、掌握数据、驾驭数据和驱动数据的高级新闻传播复合型人才，适应大数据时代用数据讲故事、用数据报道叙事、用数据分析社会舆情的要求。

专业核心课程包括新闻史、新闻理论、新闻采访、新闻写作、新闻编辑、新闻评论等。

广播电视学

广播电视学专业主要根据广播电视领域发展的现实需要和未来前景，侧重培养具备突出的政治素养、广博的文化知识、敏锐的社会观察力、宽阔的国际视野和娴熟的专业技能的高端新闻传播人才；培养具有开拓创新精神和深入开展社会调查研究能力，能够在各类主流传媒机构、文化传播单位、互联网音视频平台和其他机构从事广播电视节目创作、策划、管理等工作的专业人才。

这一专业要求学生思维敏捷、富有创意，视听传播技能与文字水平并重。核心课程为新闻与传播学理论及视听节目采编制作等。

一些学校的广播电视专业还会有细分方向，例如中国传媒大学分为电视编辑方向和全媒体设置方向。

广播电视编导（电视编辑方向）是国家级特色专业，着眼于传媒发展的学科和产业前沿，致力于培养具有综合素质、专业精神、团队意识和全局把握能力，适应互联网传播发展，具有新媒体思维、技能和素养的高级编导人才、影响中国未来视听传媒发展的领军人物。为主流广播电视和互联网传媒机构输送各类广播电视和新媒体创作的专业人才。

广播电视编导（全媒体摄制方向）前身为电视新闻摄影专业，在新的媒介和教育环境下，继承了"电摄"专业的深厚积淀，着力培养符合新时代需要、兼具家国情怀和国际视野、契合媒体融合环境的卓越新闻人才。

广告学

中国大致在1928年开始了最早的广告学专业教育，发展到今天，全国大约有800所高校开设了广告学专业。广告学专业面向企业和媒体等对营销传播人才的实际需要，从培养坚实的业务技能和拓宽就业领域出发，着力培养具有广阔知识视野、厚实人文素养、较强实战能力，能够胜任企业、媒体等机构的广告创意与策划、市场推广、公共关系、经营管理等方面工作的高素质、综合型、创新型人才。

该专业为创意文化产业培养广告、创意和经营人才，要求学生有宽广的知识面，富有创造力，并有营销知识与技能。核心课程为传播理论及广告与营销类业务。

主要课程为广告学概论、广告策划、广告创意与表现、广告媒体策略、品牌学等核心专业课。为适应我国传媒业和广告业发展的旺盛需求，各个高校的广告学专业中的新课程也不断地开发和建设，让学生可以跟上移动互联网时代的数字传播技术和新媒体营销传播。

传播学

该专业培养具备在新媒体环境中从事信息采集、信息分析、信息传播等所需的基础理论、专业技术知识和实践与创新能力，能在各大媒体、新媒体公司、各组织单位的信息传播部门从事相应工作的理论修养深厚、实践操作能力较强的信息传播人才。要求学生视野开阔，有较强的社会责任感和公共精神，善于沟通、协作和创新。

中国传媒大学的传播学还设有媒体市场调查与分析方向，集新闻传播学、市场调查、社会统计学、社会学、数据科学等学科知识为一体，以媒体市场调查与分析为主要目标的传播学专业方向。该专业培养具有较强的媒体市场洞察能力，熟悉媒体市场运作规律，掌握社会科学研究方法，能够运用计算机信息处理技能分析解决大数据背景下的传播问题和传播规律的专业人才。课程设置上也会有更多的统计学、大数据分析等相关课程。

专业核心课程：传播学概论、人类传播史、传播理论、传播学史、传播研究方法、传播政治经济学。

编辑出版学

编辑出版学最早开始于1983年，由国家教委批准，在武汉大学图书馆学系设立了图书发行学专业，专门为新华书店系统培养高层次人才。1987年，该专业改名为出版发行学专业，不再局限于为新华书店系统培养人才，培养对象拓宽为出版发行行业高层次人才，毕业生大多分配到各出版社、出版物发行单位从事营销策划和市场管理等方面的工作。北京大学、南开大学、复旦大学等几所高校于1984年起开始试办编辑学本科专业。此后，清华大学、武汉大学、河南大学、中国科技大学、南京大学、上海大学、北京师范大学等相继招收编辑学专业的本科生、第二学士生或者硕士生。1998年，华中师范大学编辑学研究中心（出版科学研究中心）成立，从事编辑出版学研究和研究生培养。1999年，武汉大学进行大规模的院系调整，编辑学专业与出版发行学专业合并，改称编辑出版学专业。但在课程设置和学科体系方面仍强调突出书业企业经营管理的特色，注重学生经营管理能力的培养。在武汉大学设立图书发行学专业后，安徽大学也在图书馆学系设立了图书发行专业。

编辑出版学专业的发展是适应编辑理论与业务的不断发展而产生的，这一类型专业的课程体系，以武汉大学出版科学系编辑出版学专业为代表，其核心课程有出版发行学基础、书业营销学、书业经济学、编辑理论、编辑实务、电子出版概论、书业企业管理学、书业财务管理、书业计算机应用、书业法律基础、图书学、期刊学、出版物市场管理、对外图书贸易、世界书业导论、中国出版史等。

编辑出版学专业培养目标明确，教学内容侧重文学、编辑，很多学校的编辑专业不仅包括图书编辑，还包括报纸编辑、广播电视编辑和多媒体编辑。在科学技术不断发展、经济形势不断变化以及 WTO 规则框架下，编辑出版学专业的培养目标应该是符合出版物编印发一体化的宽口径要求，注重培养系统掌握编辑出版理论知识与业务技能，具备宽广的文化与科学知识，熟练运用计算机等现代技术手段，具有创新精神，能从事编辑、出版、发行业务与管理工作以及教学与科研的高层次复合型人才。

编辑出版学（新媒体方向）落点于培养创新型全媒体传播人才，使其能充分掌握面向未来的新型信息与传播技术，具有综合性的广播电视学及编辑出版学专业素养，以及开放性的数字编辑、全媒体项目策划、智能媒体应用及管理等复合型专业知识与能力。在学习阶段，学校也会为学生创造新媒体制作与编创等方面的实践机会，在熟练运用新媒体技术的基础上掌握艺术创作的规律与特点。

专业发展

目前，国内有 17 所高校有新闻传播学专业的博士授权，多所高校有硕士授权，学生可以选择进一步研究深造。新闻传播学也可以选择继续出国深造，但是这一专业对表达交流的要求非常高，尤其要求学生具有优秀的沟通能力和写作能力，有意愿出国读研的学生应首先突破语言关口，要非常熟练地掌握攻读学位所在国家的外语，才能正常地进行后续的深造学习。

很多学校有联合对口单位，可以对学生的社会实践、实习等提供相应的机会，实践过程中也会择优录取。

就业方向

新闻传播学的主要就业方向还是各类新闻、电视、媒体等机构，各高校均有对口的教学实践基地，长期为各中央媒体、门户网站、省级广播电视集团输送后备人才。随着新闻媒体行业的不断发展和在日常生活中的渗透率持续增高，新闻传播学的就业选项也不断增多。2021 年的国家公务员考试中，针对新闻传播类的职位有 3500 余个，招考人数 6800 余人。

新闻学

新闻学的就业方向主要是在媒体、政府部门、企业、社会团体和非政府组织等从事新闻传播生产与管理、数据新闻报道、数据挖掘分析等工作。读新闻不一定只能做记者或编辑，新闻学培养学生的是一种对信息进行处理的复合技能，这项技能不愁无用武之地。

广播电视学

最早的广电专业学生是为当时的中央电视台定向培养的，但是时至今日，并不是所有的广电专业学生最后都必然走向广播电视台的岗位。随着新媒体时代的到来，广播电视的业态也发生了很大变化，一些毕业生开始进入腾讯、百度、阿里、新浪、网易等互联网企业，或者走上政府部门、企业中的一切需要视听素养的工作岗位。

目前，毕业生主要在中央和省级广电媒体、新闻宣传机构、视听传媒机构、互联网信息公司、影视广告公司、新媒体出版机构、科研院所和企事业单位等从事新闻摄影、纪录片摄制、全媒体采编及视听节目制作工作。

广告学

广告学专业学生毕业后可在新闻媒介广告部门、广告公司、市场调查及信息咨询行业以及企事业单位从事广告经营管理、广告策划创意和设计制作、市场营销策划及市场调查分析工作。

传播学

传播学专业的毕业生可以适应各个行业的需求，不仅可以从事新闻采编、新媒体内容生产、广告、公关、政府及企业宣传、市场营销等传播行业，还可以为任何一个行业的传播活动服务，比如负责组织对内或对外的信息传播。随着新媒体渗透到社会的方方面面，许多之前与传播无关的行业也开始向传播转型，创造了大量的工作岗位。

偏向市场调查研究方向的传播学专业毕业生，就业通常面向互联网数字媒体以及广电、报刊等传统媒体从事用户研究、广告营销策划、公关宣传、数据咨询、市场调查与统计分析等工作。

编辑出版学

编辑出版学毕业生能力可以适应现代出版产业发展需要，具备系统的编辑出版理论知识和技能、扎实的语言文字和文化科学基础，以及编辑数字信息技术应用能力。学生的文学功底比较扎实，毕业后主要从事各类媒体的采编工作和与文学相关的其他工作。例如书刊出版、新闻传播、文化教育和企事业文化宣传等领域从事传播内容策划、编辑、出版项目经营、版面设计以及印刷质量管理等工作。

新媒体方向的编辑出版学专业毕业生能够在数字出版、广播电视、新媒体等领域从事策划、创作、编辑等工作。

小结

新闻传播学的就业路径比较广泛，除了传统的电视台、新闻媒体、出版社等就业去向外，随着媒体渠道发展的多样化，很多大型企业、政府机关等均有自己的自媒体运营，也需要新闻传播学类的高端人才。

院校排名

1. 双一流

在教育部2017年6月公布的"双一流"建设学科名单中，共有2所学校进入名单，分别是中国人民大学和中国传媒大学。

2. 国家重点学科

国家重点学科名单

类别	学科代码及名称	学校名称
一级学科	0503 新闻传播学	中国人民大学
		复旦大学
二级学科	050301 新闻学	中国传媒大学

国家重点（培育）学科名单

类别	学科代码及名称	学校名称
二级学科	050302 传播学	中国传媒大学

3. 学科评估

教育部第四轮学科评估结果显示，中国人民大学、中国传媒大学的新闻传播学评定为 A+，复旦大学、华中科技大学评定为 A，清华大学等 4 所高校评定为 A-。参评高校 81 所，评定结果见下表：

评估结果	学校代码及名称	
A+	10002	中国人民大学
	10033	中国传媒大学
A	10246	复旦大学
	10487	华中科技大学
A-	10003	清华大学
	10248	上海交通大学
	10486	武汉大学
	10559	暨南大学
B+	10001	北京大学
	10269	华东师范大学
	10280	上海大学
	10284	南京大学
	10319	南京师范大学
	10335	浙江大学
	10384	厦门大学
	10610	四川大学
B	10075	河北大学
	10357	安徽大学
	10459	郑州大学
	10532	湖南大学
	10542	湖南师范大学
	10558	中山大学
	10590	深圳大学
	10718	陕西师范大学
B-	10271	上海外国语大学
	10285	苏州大学

评估结果	学校代码及名称	
B-	10403	南昌大学
	10422	山东大学
	10475	河南大学
	10561	华南理工大学
	10730	兰州大学
	90021	南京政治学院
C+	10015	北京印刷学院
	10027	北京师范大学
	10030	北京外国语大学
	10065	天津师范大学
	10140	辽宁大学
	10611	重庆大学
	10652	西南政法大学
	10697	西北大学
C	10052	中央民族大学
	10053	中国政法大学
	10183	吉林大学
	10247	同济大学
	10252	上海理工大学
	10560	汕头大学
	10593	广西大学
	10698	西安交通大学
C-	10011	北京工商大学
	10055	南开大学
	10270	上海师范大学
	10370	安徽师范大学
	10511	华中师范大学
	10635	西南大学
	10673	云南大学
	10755	新疆大学

四、新闻传播学类（交叉专业）

学科概况

新闻传播学类（交叉专业）仅有一个特设专业：会展（99J001T），是教育部 2019 年批准设置的普通高等学校本科专业。目前，在北京石油化工学院、上海大学、福建商学院三所院校开办。

中国对外开放、参与全球治理和三次产业国际化竞争，对会展活动形成了持续而迫切的需求。近年来战略性会展平台也不断增多，例如奥运会、世博会、国家公祭、国庆阅兵、世界人工智能大会、物联网大会、进口博览会等均属于国家级别的战略性会展平台。市场化会展活动也蓬勃发展，全国已形成三大会展城市群、四条会展城市带和两个会展城市特区。

会展行业的蓬勃发展，急需一批具备国际化视野、跨文化沟通能力和创新创意才华的会展策划、市场调研、展演创意、媒体推广、运营管理等高素质人才。

会展专业也强调实践能力的培养，以石油化工学院的会展经济与管理专业为例，专业构建了以校内实训中心和校外实习基地两线为依托，依次开展行业认知实践、校内会展综合实训、校外专业综合实习三个阶段的实践教学，培养学生的职业精神、专业实践能力和创新能力，提供专业化、国际化、高品质的实习就业渠道。充分利用北京国际会议、专业展览、大型节事活动的主承办机构急需会展专业人才的契机，与专业化、国际化的会展机构合作共建校外实习基地和校内会展运营实训中心，形成了校内实践—校外实习—毕业就业一体化的合作培养机制，能够为学生提供稳定的、高品质的就业渠道。

主要课程包括会展概论、战略管理、服务营销、艺术设计基础、展示空间分析与设计、活动策划与组织、活动管理原理与实务、活动项目管理、活动文案写作、会展英语等。

专业发展

新闻传播学下设的会展学虽然是新设专业，但是开设会展相关专业的研究生招生高校数量并不少，不同学校根据自己的办学特色，分别在旅游管理、工商管理、公共管理、新闻传播等学科硕士点下开设会展方向。会展学的硕博专业的开设计划和招生计划没有公开的官方统计数据。根据杨琪教授（公众号：会展学研究）在《2020年全国会展管理专业（方向）硕士点概览》中的统计，2020年全国会展管理专业（方向）的硕士点一共有41个。其中包括：

①按照会展管理专业和体育赛事运营专业招生的学术型硕士点3个，分别为四川大学、北京第二外国语学院和青岛科技大学，专业代码均为1202Z2。原上海对外经贸大学开设的会展经济与管理（1202Z5）的招生点并入旅游管理学科招生。考虑到体育赛事管理属于活动管理学（Event Management）的范畴，本次统计把全国唯一的体育赛事运营专业硕士点（青岛科技大学体育学院）也统计进来。

②在工商管理、企业管理、旅游管理、传播学、产业经济学、饭店管理等专业下设会展方向的学术型硕士点16个。

③按照学科招生的学术型硕士点7个，分别是中山大学、华南理工大学、中国海洋大学、东华大学、天津商业大学、湖南工商大学、北京联合大学。

④专业硕士学位点10个。

由于会展学还没有列入教育部学科目录，会展博士生培养也和其他新兴学科一样，只能依托相关学科专业进行。根据天津商业大学会展研究所的统计，我国目前共有8所学校开展会展学博士招生，分别是中山大学、华南理工大学、上海大学、四川大学、澳门科技大学、澳门城市大学、香港理工大学和澳门旅游学院。每年招生计划和研究方向上均有微调。

就业方向

我国目前有三大会展城市群、四条会展城市带和两个会展城市特区，多个国家级战略会展平台，每年举办各类会议、节事活动和专业展览，数量多、规模大、层次高、专业性强，急需大量的高层次会展专业人才。毕业生可在政府机构、行业协会、会展服务公司、会议酒店、会展场馆和各类文博馆、参展商企业、旅游企业，特别是北京国际性、专业性较强的会展项目运作机构，从事大型会议、节事活动和专业展览的策划与运营管理工作，就业空间很大且职业发展路径清晰、上升空间广阔。

小结

会展学是一门有着明确就业方向和就业市场的新兴学科，虽然硕士和博士点暂未列入教育部学科目录，但是依托相关学科其他专业开展的硕博培养已经有了相当大的范围和规模。学生不管是选择就业还是在某一特定方向继续深造，均有较大的选择面和选择空间。随着全球化发展的深入与我国对外交流合作机会的增加，中国国际服务贸易交易会、中国国际进口博览会等战略级的博览会也在逐年增加，已经逐渐形成了世界级的影响力，加之各地新建、扩建的多个大型会展中心，均能够提供广阔的就业去向和发展空间。除专门从事会展服务类的相关公司外，一些大型企业因自身常年参展，也会建设企业自有的会展人才队伍。

编号 06 历史学

历史学类

学科概况

历史学类包括历史学（060101）、世界史（060102）、考古学（060103）、文物与博物馆学（060104）四个细分专业，以及文物保护技术（060105T）、外国语言与外国历史（060106T）、文化遗产（060107T）三个特设专业。近代中国最早建立的史学教育科系是1899年秋京师大学堂设立的史学堂，也是现在北京大学历史系的前身。历史学专业要求学生学习世界历史的基本知识，了解整体人类文明的一般发展历程和世界历史研究的基本方法，以系统的中国通史课程为专业基础课程，辅以丰富的断代史和专题史课程，并注重史学理论和方法、史料学、历史文献学、历史地理学和田野调查等方面的训练。要求学生在完成大学学业后，具备进行史学研究和学术写作的能力，有独立思考和创新的能力，以及较强的适应社会不同职业需要的能力。

历史学是一门基础学科。恩格斯就曾经说过："我们仅仅知道一门唯一的科学，即历史科学。"他的意思是指历史学是所有学科的基础。2015年8月，习近平主席在写给第22届国际历史科学大会的贺信中，也指出"历史研究是一切社会科学的基础"。历史学类专业适合真对历史学感兴趣，愿意将史学研究与教学作为自己的终身职业，或者希望在大学阶段先掌握通识，掌握作为"是一切社会科学的基础"的历史学，毕业以后再来解决具体职业问题，来掌握关于职业的特定技能的学生。第二类学生为了更好地适应就业市场，可以考虑选修一门第二专业。大学历史专业的教学不以灌输具体历史知识为主要目的，而是重在培养学生的分析能力。相比于具体的历史知识，大学的历史教学更注重于教授学生了解那些历史知识是如何复原出来的。所谓分析与批判能力的训练，尤其蕴含在关于历史资料的处理上面。重在让学生养成一种"历史学的思维方式"。尽可能地拓宽自己的视野，在海量的要素中梳理出历史事件的因果关系。这样的能力除了在历史学研究中有用武之地外，也有更多的应用场景。世界史方向则主要培养具有世界史专业特长和熟练掌握相关外语技能，具备比较系统的外国历史知识，能在国家机关、新闻出版、文教事业及各类企事业单位或领域从事外国历史研究、教学和实际工作的历史学科复合型人才。

另外，随着近些年《我在故宫修文物》以及各类考古纪录片的热播，更多的学生也对历史学类下的文物与博物馆方向、考古方向产生兴趣。在此简要介绍。

文物与博物馆学，旨在培养具有文物学、博物馆学的基本理论和基础知识，能在政府文物管理机构、各类博物馆或展览馆、文物考古研究机构以及新闻出版、教育等企事业单位或领域，从事文物与博物馆管理、研究工作的复合型人才。主干学科包括文物学、博物馆学、考古学、历史学；核心课程包括文物学概论、博物馆学概论、博物馆实务、各主要门类文物概论、文物与考古技术、文物保护管理、考古学通论、中国历史、世界历史。

考古学是通过物质遗存来研究古代社会，分为前后相继的两个阶段：获取资料和阐释资料。获取资料主要通过田野考古的方式进行。古人活动留下的实物资料都以遗址的形式存在，如城市遗址、墓葬遗址、村落、矿冶、军事、桥梁、关卡、栈道、宗教遗址等，对遗存进行辨别、记录、测绘、提取，对部分标本进行物理、化学的分析，为后期的资料整理和研究服务。

考古学从研究目标上来说是一门人文学科，但从获取资料和分析资料的手段上来说，则更多地采用自然科学的方法，每一次自然科学的进步都会运用到考古学中来，比如碳的同位素测年法引起了考古学测年的革命，分子技术方法（DNA）对判断古人的族属发挥了很大作用，物理学和化学知识为文物保护提供了技术保障，现代测绘技术如全站仪、RTK、无人机拍摄、三维激光扫描等在田野考古工作中的应用也越来越广泛。也有越来越多的自然科学工作者加入到考古学研究中来，以至出现了科技考古这一分支学科。随着国际经济实力的增强，国家在考古学和文化遗产保护上的投入逐渐加大。

专业发展

历史学类是一个专业性非常强的领域，是一门长线、冷门学科，选择这个专业重在思维的训练，如果希望有所造诣，必须深造。学生如果希望走学术、科研、教育方面的就业路线，通常需要进一步深造，获取研究生及以上的学历。随着我国科技体制改革的日益深入以及人才竞争的日趋激烈，科研事业单位的薪酬制度也处于快速变革之中。做教师和科研人员也是非常良好的就业选择。

就业方向

毕业生主要从事科研教学、理论研究、编辑文案等工作。此外，历史学就业不一定局限于历史专业本身，良好的基础知识可以适应多方面的职业发展，例如编辑、作家、市场、品牌策划等。为了能更好地进行跨专业就业，学生最好在大学专业辅修相关课程，或者考虑读一个第二专业，增强综合竞争能力。

考古学毕业以后可以应聘到大学或科研单位从事教学或科学研究工作，也可以到博物馆、拍卖行、文物商店或海关，从事文物保护、古玩鉴定以及拍卖等工作。

文物与博物馆学主要就业方向是政府文物管理和研究机构、各类博物馆和陈列展览单位、文物与艺术品经营单位、旅游单位、新闻出版和教育单位的文物陈列与保护部门、博物馆管理和研究机构；也可以去公安、海关、商检机构、拍卖典当行、珠宝行等做文物鉴定、评估和保护工作。

整个历史学类在公务员招考中的要求数量都相对不多，整体职位300个左右，招聘人数600—700人。

小结

历史学的学习需要长时间的积累，如果想要深入从事相关行业，本科毕业之后应尽量选择继续深造，如果希望走向就业岗位，那么最好在本科阶段有良好的规划，既能发挥历史学的优势，又能学习目标工作岗位的相关课程。历史学的就业方向可以说既窄又宽，对口的就业方向主要是科研单位、教学单位、政府机关及博物馆等，公务员的职位也相对有限，但是在良好的历史学功底的基础上，毕业生也可以考虑跨行业发展。

院校排名

1. 双一流

在教育部 2017 年 6 月公布的"双一流"建设学科名单中，共有 8 所学校进入名单，分别是中国史方面的北京大学、中国人民大学、北京师范大学、复旦大学；世界史方面的北京大学、南开大学、东北师范大学；科学技术史方面的北京科技大学、中国科学技术大学。

2. 国家重点学科

国家重点学科名单

类别	学科代码及名称	学校名称
一级学科	0601 历史学	北京大学
		南开大学
二级学科	060101 史学理论及史学史	北京师范大学
	060102 考古学及博物馆学	吉林大学
	060103 历史地理学	复旦大学
		陕西师范大学
	060104 历史文献学	四川大学
	060105 专门史	清华大学，北京协和医学院—清华大学医学部
		厦门大学
		四川大学
		云南大学
		西北大学
	060106 中国古代史	中国人民大学
		北京师范大学
		山东大学
		武汉大学
		中山大学
		陕西师范大学

类别	学科代码及名称	学校名称
二级学科	060107 中国近现代史	中国人民大学
		复旦大学
		华中师范大学
		湖南师范大学
		中山大学
	060108 世界史	首都师范大学
		东北师范大学
		南京大学
		武汉大学

国家重点（培育）学科名单

类别	学科代码及名称	学校名称
二级学科	060104 历史文献学	兰州大学
	060106 中国古代史	郑州大学
	060107 中国近现代史	南京大学
	060108 世界史	华东师范大学

3. 学科评估

教育部第四轮学科评估结果显示，中国史参评高校共 82 所，其中北京师范大学、复旦大学历史学类评定为 A+，北京大学、南京大学评定为 A，中国人民大学等 4 所高校评定为 A−。参评高校评定结果见下表：

评估结果	学校代码及名称
A+	10027　北京师范大学
	10246　复旦大学
A	10001　北京大学
	10284　南京大学
A−	10002　中国人民大学
	10055　南开大学
	10511　华中师范大学
	10558　中山大学

评估结果	学校代码及名称	
B+	10003	清华大学
	10028	首都师范大学
	10269	华东师范大学
	10384	厦门大学
	10422	山东大学
	10486	武汉大学
	10610	四川大学
	10718	陕西师范大学
B	10183	吉林大学
	10200	东北师范大学
	10270	上海师范大学
	10559	暨南大学
	10635	西南大学
	10673	云南大学
	10697	西北大学
	10730	兰州大学
B-	10052	中央民族大学
	10075	河北大学
	10319	南京师范大学
	10335	浙江大学
	10459	郑州大学
	10475	河南大学
	10532	湖南大学
	10542	湖南师范大学
C+	10065	天津师范大学
	10094	河北师范大学
	10108	山西大学
	10126	内蒙古大学
	10280	上海大学

评估结果	学校代码及名称	
C+	10285	苏州大学
	10394	福建师范大学
	10446	曲阜师范大学
	10736	西北师范大学
C	10165	辽宁师范大学
	10248	上海交通大学
	10357	安徽大学
	10370	安徽师范大学
	10414	江西师范大学
	10512	湖北大学
	10574	华南师范大学
	11117	扬州大学
C-	10140	辽宁大学
	10203	吉林师范大学
	10345	浙江师范大学
	10346	杭州师范大学
	10403	南昌大学
	10445	山东师范大学
	10636	四川师范大学
	10681	云南师范大学

教育部第四轮学科评估结果显示，世界史参评高校共58所，其中北京大学、华东师范大学评定为A+，首都师范大学、南开大学、东北师范大学评定为A−。参评高校评定结果见下表：

评估结果	学校代码及名称	
A+	10001	北京大学
	10269	华东师范大学
A-	10028	首都师范大学
	10055	南开大学
	10200	东北师范大学

评估结果	学校代码及名称	
B+	10027	北京师范大学
	10065	天津师范大学
	10246	复旦大学
	10284	南京大学
	10486	武汉大学
	10697	西北大学
B	10002	中国人民大学
	10183	吉林大学
	10270	上海师范大学
	10335	浙江大学
	10384	厦门大学
	10610	四川大学
B-	10003	清华大学
	10280	上海大学
	10394	福建师范大学
	10511	华中师范大学
	10558	中山大学
	10718	陕西师范大学
C+	10184	延边大学
	10422	山东大学
	10459	郑州大学
	10559	暨南大学
	10574	华南师范大学
	10673	云南大学
C	10231	哈尔滨师范大学
	10332	苏州科技大学
	10345	浙江师范大学
	10445	山东师范大学
	10475	河南大学

评估结果	学校代码及名称	
C-	10094	河北师范大学
	10140	辽宁大学
	10447	聊城大学
	10542	湖南师范大学
	10602	广西师范大学
	10635	西南大学

教育部第四轮学科评估结果显示，考古学参评高校共36所，其中北京大学、西北大学评定为A+，吉林大学评定为A-。参评高校评定结果见下表：

评估结果	学校代码及名称	
A+	10001	北京大学
	10697	西北大学
A-	10183	吉林大学
B+	10284	南京大学
	10422	山东大学
	10459	郑州大学
	10610	四川大学
B	10335	浙江大学
	10486	武汉大学
	10558	中山大学
B-	10002	中国人民大学
	10028	首都师范大学
	10055	南开大学
	10246	复旦大学
C+	10094	河北师范大学
	10384	厦门大学
	10475	河南大学
	10637	重庆师范大学
C	10052	中央民族大学
	10319	南京师范大学
	10718	陕西师范大学

评估结果	学校代码及名称	
C-	10027	北京师范大学
	10108	山西大学
	10357	安徽大学
	11417	北京联合大学

编号07 理学

一、数学类

学科概况

数学，是以形式化、严密化的逻辑推理方式，研究客观世界中数量关系、空间形式及其运动、变化，以及更为一般的关系、结构、系统、模式等逻辑上可能的形态及其变化、扩展的一门学科。数学的主要研究方法是逻辑推理，包括演绎推理与归纳推理。演绎推理是从一般性质对特定对象导出特定性质，归纳推理是从若干个别对象的个别性质导出一般性质。

主干课程：数学分析、高等代数、高等数学、解析几何、微分几何、高等几何、常微分方程、偏微分方程、概率论与数理统计、复变函数论、实变函数论、抽象代数、近世代数、数论、泛函分析、拓扑学、模糊数学。师范类还要学习数学教育学等。

在大学的数学学院里，除了基础数学专业外，大多数还设置了应用数学、信息与计算科学等专业。这些现代数学的分支超越了传统数学的范畴，延伸到了各个社会领域，以数学为工具探讨和解决非数学问题，为人类社会发展做出了巨大的贡献。当然，这些专业的学生也受到了各个相关领域的欢迎。数学作为一种文化，是人类文明的重要基础，它的产生和发展在人类文明的进程中起着重要的推动作用。数学作为最为严密的一种理性思维方式，对提高理性思维的能力具有重要的意义和作用。

专业发展

基础数学又叫纯粹数学，即按照数学内部的需要，或未来可能的应用，对数学结构本身的内在规律进行研究，而并不要求同解决其他学科的实际问题有直接的联系，只是以纯粹形式研究事物的数量关系和空间形式。

该专业需要学生具备扎实的数学理论基础，为高等院校和科研机构输送数学、应用数学及相关学科的研究生。前几年相对于数学学科其他几个专业来说，就业面相对狭窄，但是这几年各门与数学相关的学科发展迅速，这方面所需要的研究和教学人才的数量也大大增加，尤其是与数学相关联学科的教学人才大多数需要扎实的基础数学基础，因此需求量也增多了。

应用数学包括两个部分：一部分就是与应用有关的数学，另一部分是数学的应用，即以数学为工具，探讨解决科学、工程学和社会学方面的问题。应用数学主要是应用于两个领域：一是计算机，随着计算机的飞速发展，需要一大批懂数学的软件工程师做相应数据库的开发。二是经济学，经济学有很多都需要用非常专业的数学进行分析，应用数学有很多相关课程本身设计就是以经济学实例为基础的。

无论是进行科研数据分析、软件开发、三维动画制作，还是从事金融保险、国际经济与贸易、工商管理、化工制药、通信工程、建筑设计等，都离不开相关的数学专业知识。该专业毕业生的就业去向也大多集中在与信息产业相关的各大集团公司、科研设计单位、金融机构等，并且在出国或深造上也有很大的优势。据相关人士介绍，如果本科学应用数学，报考硕士选择发展方向时就有很大优势，尤其是金融与经济比本专业毕业生有大的优势，也能向更高层次发展。

数学专业，以大众化的眼光看来，毕业后的就业前景无非是当老师或者搞科研，似乎太古板且就业道路狭窄。然而，数学专业毕业的研究生如今早已是金融界、IT界、科研界的"香饽饽"，数学专业的就业前景有你看不见的"前途似锦"！

就业方向

对于数学方向的毕业生的发展去向相对多元，建议继续深造，数学专业在读研期间可以选择计算机、金融、会计等需要良好数学建模基础的热门专业，也可以选择基础教育等应用类专业。数学学科的本科毕业生平均薪资中等偏上，由于数学专业属于基础性学科，相关就业领域和就业岗位都比较多元化，比如新能源、互联网/电子商务、计算机软件、金融/投资/证券、电子技术/半导体/集成电路、教育/培训/院校、计算机服务（系统、数据服务、维修）这些行业都需要有数学学科背景的专业人才。同时，作为基础类学科，数学专业本科毕业生没有比较核心的竞争技能，除了教培教学领域，在其他领域中并不具备很强的专业优势，所以，非常推荐去读一些交叉领域学科的研究生，需要考生在大学阶段付出更多的努力。

细分专业介绍

1. 数学与应用数学

本专业培养掌握数学科学的基本理论、基础知识与基本方法，能够运用数学知识和使用计算机解决若干实际数学问题，掌握现代数学知识，具有较高的抽象思维、分析问题和解决问题综合能力，能在高级中学、中等职业技术院校、企事业单位及政府部门从事教学、管理、科学研究等方面工作的应用型专门人才。

2. 信息与计算科学

信息与计算科学专业（Information and Computing Science）原名"计算数学"，1987年更名为"计算数学及其应用软件"，1998年教育部将其更名为"信息与计算科学"，是以信息领域为背景，数学与信息、计算机管理相结合的数学类专业。该专业培养的学生具有良好的数学基础，能熟练地使用计算机，初步具备在信息与计算机科学领域的某个方向上从事科学研究，解决实际问题，设计开发有关计算机软件的能力。

数学专业学校排名

①第四轮数学学科评估排名

（注：评估结果相同的高校排序不分先后，按学校代码排列）

序号	学校名称	评选结果
1	北京大学	A+
2	复旦大学	A+
3	山东大学	A+

序号	学校名称	评选结果
4	清华大学	A
5	北京师范大学	A
6	南开大学	A
7	上海交通大学	A
8	中国科学技术大学	A
9	西安交通大学	A
10	吉林大学	A-
11	哈尔滨工业大学	A-
12	同济大学	A-
13	华东师范大学	A-
14	南京大学	A-
15	浙江大学	A-
16	武汉大学	A-
17	中山大学	A-
18	四川大学	A-
19	首都师范大学	B+
20	大连理工大学	B+
21	东北师范大学	B+
22	上海大学	B+
23	苏州大学	B+
24	南京师范大学	B+
25	浙江师范大学	B+
26	厦门大学	B+
27	华中科技大学	B+
28	华中师范大学	B+
29	湘潭大学	B+
30	湖南大学	B+
31	中南大学	B+
32	湖南师范大学	B+
33	华南理工大学	B+

序号	学校名称	评选结果
34	华南师范大学	B+
35	重庆大学	B+
36	陕西师范大学	B+
37	兰州大学	B+
38	国防科技大学	B+
39	中国人民大学	B
40	北京工业大学	B
41	河北师范大学	B
42	上海师范大学	B
43	中国矿业大学	B
44	安徽大学	B
45	福州大学	B
46	福建师范大学	B
47	郑州大学	B
48	西南大学	B
49	云南大学	B
50	西北大学	B
51	西北工业大学	B
52	西北师范大学	B
53	新疆大学	B
54	广州大学	B
55	北京交通大学	B-
56	北京科技大学	B-
57	山西大学	B-
58	内蒙古大学	B-
59	华东理工大学	B-
60	南京航空航天大学	B-
61	南京理工大学	B-
62	南京信息工程大学	B-
63	江苏师范大学	B-

序号	学校名称	评选结果
64	合肥工业大学	B-
65	江西师范大学	B-
66	山东师范大学	B-
67	曲阜师范大学	B-
68	湖北大学	B-
69	四川师范大学	B-
70	重庆师范大学	B-
71	贵州大学	B-
72	扬州大学	B-
73	宁波大学	B-
74	北方工业大学	C+
75	东北大学	C+
76	辽宁师范大学	C+
77	东华大学	C+
78	江苏大学	C+
79	浙江理工大学	C+
80	杭州师范大学	C+
81	温州大学	C+
82	南昌大学	C+
83	中国海洋大学	C+
84	河南大学	C+
85	河南师范大学	C+
86	暨南大学	C+
87	汕头大学	C+
88	广西大学	C+
89	贵州师范大学	C+
90	宁夏大学	C+
91	中国石油大学	C+
92	中国农业大学	C
93	华北电力大学	C

序号	学校名称	评选结果
94	华北理工大学	C
95	中北大学	C
96	吉林师范大学	C
97	哈尔滨理工大学	C
98	哈尔滨师范大学	C
99	上海理工大学	C
100	浙江工业大学	C
101	安徽师范大学	C
102	中国地质大学	C
103	长沙理工大学	C
104	桂林电子科技大学	C
105	西南交通大学	C
106	成都理工大学	C
107	云南师范大学	C
108	烟台大学	C
109	解放军理工大学	C

② 2020软科中国最好学科排名：数学专业大学排名

排名	排名层次	学校名称	总分
1	前2%	北京大学	1286
2	前2%	复旦大学	1020
3	前2%	清华大学	945
4	前2%	山东大学	896
5	前2%	中山大学	855
6	前5%	中国科学技术大学	770
7	前5%	浙江大学	687
8	前5%	西安交通大学	615
9	前5%	上海交通大学	561
10	前5%	东南大学	548
11	前5%	武汉大学	506

排名	排名层次	学校名称	总分
12	前 5%	四川大学	476
13	前 5%	南开大学	468
14	前 10%	南京大学	450
15	前 10%	北京航空航天大学	447
16	前 10%	吉林大学	443
17	前 10%	哈尔滨工业大学	436
18	前 10%	电子科技大学	423
19	前 10%	北京师范大学	416
20	前 10%	重庆师范大学	415
21	前 10%	湘潭大学	371
22	前 10%	厦门大学	360
23	前 10%	华中科技大学	338
24	前 10%	华东师范大学	332
25	前 10%	首都师范大学	328
26	前 10%	天津大学	327

二、物理学类

学科概况

物理学是一门自然科学，注重于研究物质、能量、空间、时间，尤其是它们各自的性质与彼此之间的相互关系。物理学是关于大自然规律的知识；更广义地说，物理学探索并分析大自然所发生的现象，以了解其规则。

大学的物理专业学习，主要有三部分：基础物理、近代物理和前沿物理。

基础物理主要课程为"五小力学"，是基于中学物理的延伸和系统化，分为力学、光学、热学、电磁学和原子物理学等基础理论课以及基础物理实验。

近代物理主要为"四大力学"，即理论力学、电动力学、量子力学和统计力学（又称热力学与统计物理）。它们是整个大学物理最为重要也是最难学的部分。

前沿物理主要学习物理学发展到今天的众多分支专业，如离子体物理、量子光学、激光物理、核物理、粒子物理与宇宙学等。

本科物理学类下设物理学、应用物理学、核物理三个专业。

专业发展

物理专业学生毕业后可在物理学或相关的科学技术领域中从事科研、教学、技术和相关的管理工作。物理学专业的学生如具有扎实的物理理论的功底和应用方面的经验，能够在很多工程技术领域成为专家。

在人才需求方面，我国对应用物理专业的人才需求仍旧是供不应求。随着现在学科交叉与学科细分现象的日益明显，知识的更新程度非常快。像应用物理这样基础性专业的人才，由于其可塑性强，基础知识扎实，反而越来越能得到各个行业的重视。

就业方向

物理学本科毕业生大多会选择读研或者出国的路径，在研究领域或者在计算机、电子通信、电子信息技术等应用领域继续深造。在本科就业方面，薪资待遇水平中等偏上，其中选择从事教师行业的毕业生最多，包括进入公立、私立学校或者教培机构。一部分毕业生会选择电子技术、计算机软件、通信/电信/网络设备等领域从事销售、质量检测、软件开发工程师、项目经理、工艺工程师等工作。由此可见，除了继续在专业领域读研读博深造以外，大多数学生还是会从事和本专业相关甚至是无关的行业岗位，这也是基础类学科的通病。因此，非常推荐去读一些交叉领域学科的研究生，这类研究生比与本科同专业的研究生在毕业之后更具有竞争力。

细分专业介绍

1. 物理学

物理学专业培养掌握物理学的基本理论与方法，具有良好的数学基础和实验技能，能在物理学或相关的科学技术领域中从事科研、教学、技术和相关的管理工作的高级专门人才。

该专业学生主要学习物质运动的基本规律，接受运用物理知识和方法进行科学研究和技术开发的训练，获得基础研究或应用基础研究的初步训练，具备良好的科学素养和一定的科学研究与应用开发能力。

2. 应用物理学

应用物理学专业培养具有坚实的数理基础，熟悉物理学基本理论和发展趋势，熟悉计算机语言，掌握实验物理基本技能和数据处理的方法，获得技术开发以及工程技术方面的基本训练，具有良好的科学素养和创新意识的人才。

3. 核物理

核物理专业主要通过对原子核物理学、核电子学、核物理实验方法、核技术应用等专业基础知识的学习，掌握核物理专业的基本科学知识和体系，并受到相关专业实验的训练，从而具有良好的数理基础和核物理学科的理论基础，具有较深入的专业知识和熟练的实验技能，能够适应核物理学科各方向发展的基本需要。

物理专业学校排名

①第四轮物理学科评估排名

（注：评估结果相同的高校排序不分先后，按学校代码排列）

序号	学校代码	学校名称	评选结果
1	10001	北京大学	A+
2	10358	中国科学技术大学	A+
3	10003	清华大学	A
4	10246	复旦大学	A
5	10248	上海交通大学	A
6	10284	南京大学	A
7	10055	南开大学	A-
8	10183	吉林大学	A-
9	10335	浙江大学	A-
10	10486	武汉大学	A-
11	10487	华中科技大学	A-
12	10558	中山大学	A-
13	10027	北京师范大学	B+

序号	学校代码	学校名称	评选结果
14	10108	山西大学	B+
15	10200	东北师范大学	B+
16	10213	哈尔滨工业大学	B+
17	10247	同济大学	B+
18	10269	华东师范大学	B+
19	10384	厦门大学	B+
20	10422	山东大学	B+
21	10511	华中师范大学	B+
22	10574	华南师范大学	B+
23	10698	西安交通大学	B+
24	10730	兰州大学	B+
25	90002	国防科技大学	B+
26	10002	中国人民大学	B
27	10141	大连理工大学	B
28	10280	上海大学	B
29	10285	苏州大学	B
30	10476	河南师范大学	B
31	10532	湖南大学	B
32	10533	中南大学	B
33	10542	湖南师范大学	B
34	10610	四川大学	B
35	10611	重庆大学	B
36	10697	西北大学	B
37	10699	西北工业大学	B
38	10718	陕西师范大学	B
39	10005	北京工业大学	B-
40	10008	北京科技大学	B-
41	10094	河北师范大学	B-

序号	学校代码	学校名称	评选结果
42	10126	内蒙古大学	B-
43	10145	东北大学	B-
44	10186	长春理工大学	B-
45	10319	南京师范大学	B-
46	10394	福建师范大学	B-
47	10445	山东师范大学	B-
48	10459	郑州大学	B-
49	10530	湘潭大学	B-
50	10736	西北师范大学	B-
51	10004	北京交通大学	C+
52	10165	辽宁师范大学	C+
53	10270	上海师范大学	C+
54	10287	南京航空航天大学	C+
55	10337	浙江工业大学	C+
56	10345	浙江师范大学	C+
57	10403	南昌大学	C+
58	10446	曲阜师范大学	C+
59	10475	河南大学	C+
60	10561	华南理工大学	C+
61	10613	西南交通大学	C+
62	10673	云南大学	C+
63	11065	青岛大学	C+
64	10010	北京化工大学	C
65	10065	天津师范大学	C
66	10140	辽宁大学	C
67	10203	吉林师范大学	C
68	10251	华东理工大学	C
69	10346	杭州师范大学	C

序号	学校代码	学校名称	评选结果
70	10370	安徽师范大学	C
71	10414	江西师范大学	C
72	10593	广西大学	C
73	10602	广西师范大学	C
74	10635	西南大学	C
75	10636	四川师范大学	C
76	11646	宁波大学	C
77	10079	华北电力大学	C-
78	10231	哈尔滨师范大学	C-
79	10252	上海理工大学	C-
80	10255	东华大学	C-
81	10288	南京理工大学	C-
82	10290	中国矿业大学	C-
83	10357	安徽大学	C-
84	10423	中国海洋大学	C-
85	10427	济南大学	C-
86	10491	中国地质大学	C-
87	10512	湖北大学	C-
88	10657	贵州大学	C-
89	11414	中国石油大学	C-

② 2020软科中国最好学科排名：物理学专业大学排名

排名	排名层次	学校名称	总分
1	前2%	中国科学技术大学	1387
2	前2%	清华大学	1161
3	前2%	北京大学	1146
4	前5%	南京大学	802
5	前5%	上海交通大学	757
6	前5%	复旦大学	668

排名	排名层次	学校名称	总分
7	前5%	吉林大学	521
8	前5%	华中科技大学	424
9	前5%	浙江大学	396
10	前10%	中山大学	378
11	前10%	山东大学	311
12	前10%	西安交通大学	253
13	前10%	南开大学	246
13	前10%	同济大学	246
15	前10%	武汉大学	243
16	前10%	山西大学	242
17	前10%	北京师范大学	238
18	前10%	苏州大学	234
19	前10%	南方科技大学	232

三、化学类

学科概况

化学是自然科学的一种，主要在分子、原子层面，研究物质的组成、性质、结构与变化规律，创造新物质（实质是自然界中原来不存在的分子）。

根据研究对象和内容，化学可以分为无机化学、分析化学、有机化学、物理化学、高分子化学与物理、化学生物学等研究方向。化学类专业包括化学专业、应用化学、化学生物学专业、分子科学与工程等专业。

化学的核心知识已经应用于自然科学的各个区域，是改造自然的强大力量的重要支柱。不同于研究尺度更小的粒子物理学与核物理学，化学家研究的原子、分子、离子（团）、化学键，其所在的尺度是微观世界中最为接近宏观的，因而可以利用化学来制备人类需要的，且自然界原来不存在的，具有特定物理、化学性能的物质和材料。化学家们运用化学的观点来观察和思考社会问题，用化学的知识来分析和解决社会问题，例如能源问题、粮食问题、环境问题、健康问题、资源与可持续发展等问题。

专业发展

当今，化学日益渗透到生活的各个方面，特别是与人类社会发展密切相关的重大问题。总之，化学与人类的衣、食、住、行以及能源、信息、材料、国防、环境保护、电子、冶金、医药卫生、资源利用等方面都有密切的联系，它是一门社会迫切需要的实用学科。

化学专业每年一次性就业率都较高，就业行业包括教育、材料、军工、汽车、军队、电子、信息、环保、市政、建筑、建材、消防、化工、机械等行业。部门包括各级质量监督与检测部门、科研院所、设计院所、教学单位、生产企业、省级以上的消防总队等。

市场调研发现，应用化学专业的毕业生适宜到石油化工、环保、商品检验、卫生防疫、海关、医药、精细化工厂等生产、技术、行政部门和厂矿企业从事应用研究、科技开发、生产技术研发和管理工作；适宜到科研部门和学校从事科学研究和教学工作；适宜继续攻读应用化学及相关学科的硕士学位研究生。

就业方向

作为所谓"四大天坑"专业之一，化学专业的本科毕业生多数进入制药/生物工程、教育/培训/院校、新能源、石油/化工/矿产/地质、环保、检测，认证、专业服务（咨询、人力资源、财会）、电子技术/半导体/集成电路等领域从事工程师、教师、化验员、销售等岗位，薪资待遇比较一般，相对来说工作比较辛苦。化学专业就业面很广，求职过程中学校的影响大于专业的影响。如果想在职业领域有更好的发展，建议读化学相关专业或者细分领域的研究生，做到技术技能专精，能够掌握相关核心技术技能，才能在就业和职业发展领域有更广阔的发展空间。

细分专业介绍

1. 化学

化学专业培养具备化学的基础知识、基本理论和基本技术，能在化学及与化学相关的科学技术和其他领域从事科研、教学技术及相关管理工作的高级专门人才。

2.应用化学

应用化学是一级学科化学工程与技术下设的二级学科。该专业培养具备化学的基本理论、基本知识且具有较强的实验技能，能在科研机构、高等学校及企事业单位等从事科学研究、教学工作及管理工作的高级专门人才。

化学专业学校排名

①第四轮化学学科评估排名

（注：评估结果相同的高校排序不分先后，按学校代码排列）

序号	学校代码	学校名称	评选结果
1	10001	北京大学	A+
2	10003	清华大学	A+
3	10358	中国科学技术大学	A+
4	10055	南开大学	A
5	10183	吉林大学	A
6	10246	复旦大学	A
7	10384	厦门大学	A
8	10248	上海交通大学	A-
9	10284	南京大学	A-
10	10335	浙江大学	A-
11	10386	福州大学	A-
12	10486	武汉大学	A-
13	10532	湖南大学	A-
14	10558	中山大学	A-
15	10610	四川大学	A-
16	10010	北京化工大学	B+
17	10027	北京师范大学	B+
18	10200	东北师范大学	B+
19	10247	同济大学	B+
20	10251	华东理工大学	B+
21	10269	华东师范大学	B+

序号	学校代码	学校名称	评选结果
22	10285	苏州大学	B+
23	10422	山东大学	B+
24	10459	郑州大学	B+
25	10487	华中科技大学	B+
26	10511	华中师范大学	B+
27	10635	西南大学	B+
28	10697	西北大学	B+
29	10718	陕西师范大学	B+
30	10730	兰州大学	B+
31	10008	北京科技大学	B
32	10108	山西大学	B
33	10141	大连理工大学	B
34	10145	东北大学	B
35	10319	南京师范大学	B
36	10370	安徽师范大学	B
37	10426	青岛科技大学	B
38	10445	山东师范大学	B
39	10476	河南师范大学	B
40	10533	中南大学	B
41	10542	湖南师范大学	B
42	10561	华南理工大学	B
43	10574	华南师范大学	B
44	10673	云南大学	B
45	11117	扬州大学	B
46	10075	河北大学	B-
47	10118	山西师范大学	B-
48	10126	内蒙古大学	B-
49	10212	黑龙江大学	B-
50	10255	东华大学	B-

序号	学校代码	学校名称	评选结果
51	10270	上海师范大学	B−
52	10357	安徽大学	B−
53	10403	南昌大学	B−
54	10414	江西师范大学	B−
55	10475	河南大学	B−
56	10530	湘潭大学	B−
57	10602	广西师范大学	B−
58	10699	西北工业大学	B−
59	10736	西北师范大学	B−
60	10755	新疆大学	B−
61	11414	中国石油大学	B−
62	10002	中国人民大学	C+
63	10019	中国农业大学	C+
64	10028	首都师范大学	C+
65	10140	辽宁大学	C+
66	10165	辽宁师范大学	C+
67	10213	哈尔滨工业大学	C+
68	10280	上海大学	C+
69	10345	浙江师范大学	C+
70	10346	杭州师范大学	C+
71	10351	温州大学	C+
72	10394	福建师范大学	C+
73	10524	中南民族大学	C+
74	10559	暨南大学	C+
75	10698	西安交通大学	C+
76	11658	海南师范大学	C+
77	10065	天津师范大学	C
78	10094	河北师范大学	C
79	10184	延边大学	C

序号	学校代码	学校名称	评选结果
80	10287	南京航空航天大学	C
81	10291	南京工业大学	C
82	10299	江苏大学	C
83	10338	浙江理工大学	C
84	10373	淮北师范大学	C
85	10423	中国海洋大学	C
86	10427	济南大学	C
87	10446	曲阜师范大学	C
88	10491	中国地质大学	C
89	10512	湖北大学	C
90	10534	湖南科技大学	C
91	10560	汕头大学	C
92	10611	重庆大学	C

② 2020软科中国最好学科排名：化学专业大学排名

排名	排名层次	学校名称	总分
1	前2%	中国科学技术大学	1355
2	前2%	北京大学	1227
3	前2%	复旦大学	1087
4	前2%	南开大学	1033
5	前5%	南京大学	960
6	前5%	厦门大学	910
7	前5%	清华大学	897
8	前5%	吉林大学	826
9	前5%	四川大学	558
10	前5%	中山大学	550
11	前5%	武汉大学	536
12	前10%	浙江大学	531
13	前10%	上海交通大学	481
14	前10%	兰州大学	464

排名	排名层次	学校名称	总分
15	前10%	苏州大学	447
16	前10%	北京化工大学	433
17	前10%	湖南大学	423
18	前10%	天津大学	362
19	前10%	福州大学	333
20	前10%	华南理工大学	331
21	前10%	华东师范大学	290
22	前10%	华东理工大学	288
23	前10%	大连理工大学	286

四、天文学类

学科概况

天文学（Astronomy）是研究宇宙空间天体、宇宙的结构和发展的学科。内容包括天体的构造、性质和运行规律等。天文学是一门古老的科学，自有人类文明史以来，天文学就有重要的地位。

主要通过观测天体发射到地球的辐射，发现并测量它们的位置，探索它们的运动规律，研究它们的物理性质、化学组成、内部结构、能量来源及其演化规律。

在天文学悠久的历史中，随着研究方法的改进及发展，先后创立了天体测量学、天体力学和天体物理学。

据了解，国内目前在本科阶段开设天文学专业的大学并不多，仅有南京大学、北京大学、中国科技大学和北京师范大学、广州大学等寥寥几所，而在这个领域工作的研究员也大多是硕博出身，可以说天文学是一门需要长期研究和扎实的理科功底的学科。

专业发展

天文学专业培养具备良好的数学、物理和天文等方面的基本知识和基本能力，能在天文学及相关学科从事科研、群众科普、教学和技术工作的高级专门人才。毕业后，天文学专业学生一般有两种选择：有志于从事天文研究的学生，可以继续在国内攻读研究生，或者出国留学，将来献身于科学事业。关于毕业生就业方向，天文学是和航天、测地、国防等应用学科有交叉的学科，学生毕业后可在这些领域一展才华。

就业方向

天文学作为一个比较特殊的专业领域，开设该专业的院校实力都很强，所以就业一般不用担心，天文专业本科生大多选择读研和出国，本科就业人数相对比较少。本科毕业生大多去航天、学校、国防等单位从事研究或者是教学工作，薪资待遇中等，就业前景良好，职业发展稳定。

细分专业介绍

天文学

天文学科主要分为天体物理、天体测量与天体力学、天文技术三个研究方向，分别侧重于利用物理、数学（力学）知识来研究宇宙中的天体和发展天文观测技术。该专业在科学方面，注重研究丰富人类自然科学文化知识，影响人类的世界观。在应用方面，该专业的研究成果被广泛应用于通信导航、航空航天等领域，对于国家经济建设和国家安全也有重要的作用。

天文学专业学校排名

①第四轮天文学学科评估排名

（注：评估结果相同的高校排序不分先后，按学校代码排列）

序号	学校代码	学校名称	评选结果
1	10284	南京大学	A+
2	10358	中国科学技术大学	A+
3	10001	北京大学	B-
4	10248	上海交通大学	C+
5	10027	北京师范大学	C-

② 2020 软科中国最好学科排名：天文学专业大学排名

排名	排名层次	学校名称	总分
1	前 2 名	南京大学	1015
2	前 2 名	北京大学	713

五、地理科学类

学科概况

"地理科学"这一概念是在 1986 年由中国科学家钱学森提出的。他理解地理学应当是与自然科学、社会科学、数学科学等并列的大科学体系，故称"地理科学"，多师范类学校开设。地理科学可以分为三个层次，即基础理论层次（基础科学）、技术理论层次（技术科学）、技术层次（工程科学）。

地理科学专业是一门从各种角度对地质、地表形态等地理特征进行深入研究，同时也研究地域与人们生活关联的一门学问。研究大致分为两大领域，即以地形、地质、气候、海洋等自然环境为对象的自然地理学和以人口、城市、交通、文化等为对象的人文地理学。

除此之外，还要进行大量地理应用方面的研究，学习者会接触到有关地质、勘探、地图绘制、地理信息系统、城乡规划等多方面的知识。

全面面向 21 世纪科技、经济、社会和基础教育发展需要，地理科学专业培养掌握地理科学的基本理论、基础知识和基本方法的德智体全面发展，具有地理科学思维的基础扎实、适应面广、创新意识与实践能力强的高素质中学地理教育和环境教育师资及其相关专业的后备人才。

一般认为，基础理论层次包括理论地理学、区域地理学、部门地理学（如自然地理学、人文地理学及其分支）；技术理论层次主要是研究应用的地理理论，如建设地理学、应用地貌学、应用气候学等；技术层次包括灾害预报、生态设计、区域规划、计量地理学、地理制图、遥感技术、地理信息系统等方面的实际应用技术。这样理解的地理科学比传统意义上的地理学研究领域要广阔得多。从学科性质上来说，它是受哲学指导的，自然科学与社会科学的融合；从层次上来看，是一个"基础理论—技术理论—应用技术"的完整体系。

专业发展

地理学是一门古老的科学，主要研究人地关系，具有鲜明的综合性和区域性特点。随着时代的发展，"地"与"人"的内容都在不断变化、扩大、革新。最初，"地"只限于陆地表面，现则扩大至地球表层的各个圈层；过去认为陆地环境是不变的，而今认识到地球各圈层均处在不断变化之中（如气候变暖等）。"人"的概念也是如此，最初只限于农业开荒、砍伐森林等，现则扩展到人类活动的衣、食、住、行等各个方面，特别是工业生产，燃烧煤炭、排放大量CO_2，引起全球变暖，对世界各国社会和经济发展影响极大。随着地理学的分支学科纷纷涌现，如环境地理学、城市地理学、资源地理学、人口地理学、医学地理学等，其科学价值也越来越高。可以说，随着经济开发以及环保的需要，加之地理学本身古老而又深厚的底蕴，地理科学专业就业前景日益受到关注。

就业方向

地理科学专业毕业生主要就业岗位：教师、培训师、教学/教务管理人员、测绘员、勘测员、地理编辑等。通过就业岗位可以得出，地理科学专业毕业生主要是在科研机构、学校、企业从事科研、教学、管理、规划与开发及在行政部门从事管理工作。地理专业毕业生收入中等，地理专业比较适合考取公务员相关岗位，在很多公务员事业单位中都有相关核心岗位进行招聘。地理专业的本科毕业生就业相对会比较有竞争力，但是从事的行业岗位有比较大的区别。因此，具有扎实的专业能力才能够在毕业生就业市场上具备比较强的竞争力。

细分专业介绍

1. 地理科学

地理科学是教育部批准设置的普通高等学校本科专业，属于地理科学类专业，基本修业年限为四年，授予理学学士学位，是从各种角度对地质、地表形态等地理特征进行深入研究，研究人与地理关系的专业。

地理科学专业可以分两个大类，即以地形、地质、气候、海洋等自然环境为研究对象的自然地理学和以人口、城市、交通、文化等为研究对象的人文地理学。该专业要求掌握数学、物理、化学等方面的基本理论和基本知识；掌握地理科学的基本理论、基本知识和基本实验技能；还要了解相近专业如资源环境与城乡规划管理、地理信息系统的一般原理和方法。

2. 自然地理与资源环境

自然地理与资源环境是教育部批准设置的普通高等学校本科专业，属于地理科学类专业，基本修业年限为四年，授予理学或管理学学士学位。

自然地理与资源环境专业主要研究自然地理与资源环境的基本理论、知识和技能，立足于地球表层特征及其变化、自然资源管理、环境保护、3S技术，学习水资源的合理利用、土地资源的利用与评价、资源环境遥感等资源利用和环境发展相关的专业知识与方法。

3. 人文地理与城乡规划

人文地理与城乡规划是教育部批准设置的普通高等学校本科专业，属于地理科学类专业，基本修业年限为四年，授予理学或管理学学士学位。

人文地理与城乡规划专业主要研究人文地理与城乡规划的基本理论、知识和技能，立足于宏观、中观区域规划和土地管理，进行城乡规划设计、土地资源利用和规划、旅游资源规划、区域测绘制图等。

4. 地理信息科学

地理信息科学专业原名地理信息系统专业（Geographic Information System 或 Geo — Information system 或 GIS）。在教育部印发的《普通高等学校本科专业目录（2012年）》中，地理科学类专业中的地理信息系统专业已改为地理信息科学专业，是研究地理信息采集、分析、存储、显示、管理、传播与应用，及研究地理信息流的产生、传输和转化规律的一门科学。

地理信息科学是近20年来新兴的一门集地理学、计算机、遥感技术和地图学于一体的边缘学科，主要培养具备地理信息科学与地图学、遥感技术方面的基本理论、基本知识、基本技能，能在科研机构或高等学校从事科学研究或教学工作，能在城市、区域、资源、环境、交通、人口、住房、土地、灾害、基础设施和规划管理等领域的政府部门、金融机构、公司、高校、规划设计院所，从事与地理信息系统有关的应用研究、技术开发、生产管理和行政管理等工作的高级专门人才。

地理学专业学校排名

①第四轮地理学学科评估排名

（注：评估结果相同的高校排序不分先后，按学校代码排列）

序号	学校代码	学校名称	评选结果
1	10001	北京大学	A+
2	10027	北京师范大学	A+
3	10269	华东师范大学	A
4	10284	南京大学	A-
5	10319	南京师范大学	A-
6	10486	武汉大学	A-
7	10028	首都师范大学	B+
8	10200	东北师范大学	B+
9	10394	福建师范大学	B+
10	10475	河南大学	B+
11	10558	中山大学	B+
12	10681	云南师范大学	B+
13	10730	兰州大学	B+
14	10511	华中师范大学	B
15	10542	湖南师范大学	B
16	10574	华南师范大学	B
17	10697	西北大学	B
18	10718	陕西师范大学	B
19	10165	辽宁师范大学	B-
20	10231	哈尔滨师范大学	B-
21	10445	山东师范大学	B-
22	10635	西南大学	B-
23	10663	贵州师范大学	B-
24	10736	西北师范大学	B-
25	10094	河北师范大学	C+
26	10345	浙江师范大学	C+

序号	学校代码	学校名称	评选结果
27	10370	安徽师范大学	C+
28	10423	中国海洋大学	C+
29	10746	青海师范大学	C+
30	10755	新疆大学	C+
31	10065	天津师范大学	C
32	10294	河海大学	C
33	10320	江苏师范大学	C
34	10414	江西师范大学	C
35	10491	中国地质大学	C
36	10512	湖北大学	C
37	10673	云南大学	C-
38	11078	广州大学	C-
39	10135	内蒙古师范大学	C-
40	10270	上海师范大学	C-
41	10300	南京信息工程大学	C-
42	10636	四川师范大学	C-
43	10637	重庆师范大学	C-

② 2020软科中国最好学科排名：地理学专业大学排名

排名	排名层次	学校名称	总分
1	前2名	北京大学	1208
2	前2名	北京师范大学	1074
3	前5%	南京大学	752
4	前5%	兰州大学	707
5	前10%	南京师范大学	687
6	前10%	华东师范大学	542
7	前10%	中山大学	494
8	前10%	武汉大学	437

六、大气科学类

学科概况

大气科学是研究大气的各种现象（包括人类活动对它的影响），这些现象的演变规律，以及如何利用这些规律为人类服务的一门学科。大气科学是地球科学的一个组成部分。大气科学的分支学科主要有大气探测、气候学、天气学、动力气象学、大气物理学、大气化学、人工影响天气、应用气象学等。

大气科学的研究对象——地球大气，无论它的组成部分、它的结构，还是它的运动，都存在着确定性和不确定性两个方面。这正是大气科学研究复杂性的一面。天气变化、气候异常以及大气质量变化同人类的生活和生产活动休戚相关，正确的天气预报、气候预测以及改善大气污染情况对人们具有极大的迫切性，这正是大气科学研究为人类紧迫所需的应用性的一面。这种艰巨而有意义的科学事业不断吸引着人们去探索地球大气的奥秘。

专业发展

该学科毕业生主要从事大气物理、大气环境、大气探测、气象学、气候学、应用气象及相关学科的科研、教学、科技开发及相关管理工作。

关于专业发展问题，中国气象局人事教育司王梅华处长介绍了国家气象局系统大气科学类人才需求现状与展望。指出在未来10年，国家气象局系统和军队系统对本科毕业生的需求量大于毕业生的供给量。所有院校的统计结果都表明，大气科学本科毕业生就业率接近100%，就业率在高校各专业中位居前列，预测未来几年这种需求大于供给的局面仍会继续下去。但同时，国家气象局系统对本科毕业生的需求主要是县和地区级单位，一些毕业生不愿去基层单位就业，又造成人才相对过剩。

就业方向

大气科学专业学校比较少，相关学校实力很强，毕业生毕业基本不用担心就业问题，大多数本科生会直接选择读研直博。但是本科毕业生就业范围比较窄，除了销售、行政等不限专业的岗位以外，大气科学专业的毕业生就业方向基本集中在新能源风能、气象、农业、勘测等领域，从事研究员或者工程师一类的岗位，或者就是留在高校或者科研院所从事研究领域的相关工作。这些工作岗位薪资一般，但大都属于体制内工作，相对比较稳定，却也缺乏职业发展的机遇。

细分专业介绍
1. 大气科学

大气科学专业培养具有扎实的大气科学基本理论、基本知识和基本技能，能够在大气物理、大气环境、大气探测、气象学、气候学、应用气象及相关学科从事科研、教学、科技开发及相关管理工作的高级专门人才。

2. 应用气象学

应用气象学专业旨在培养掌握应用气象学专业的基础知识、基本理论和基本技能，能够在农业气象及生态环境监测调控、信息分析处理、资源开发利用和防灾减灾等科研、教学和业务部门工作的应用型高级专门人才。学生接受应用气象学基本理论和基础知识的学习，掌握气象信息服务系统研制与运用、气候资源开发与利用、产业工程的适用气象技术研究、气象防灾减灾对策与技术研究，生态环境调控以及解决气象学在有关领域中应用问题方面的基本能力。

大气科学专业学校排名
①第四轮大气科学学科评估排名
（注：评估结果相同的高校排序不分先后，按学校代码排列）

序号	学校代码	学校名称	评选结果
1	10001	北京大学	A+
2	10300	南京信息工程大学	A+
3	10284	南京大学	B
4	90006	解放军理工大学	B
5	10730	兰州大学	B-
6	10003	清华大学	C+
7	10423	中国海洋大学	C+
8	10558	中山大学	C
9	10358	中国科学技术大学	C-

② 2020 软科中国最好学科排名：大气科学专业大学排名

排名	排名层次	学校名称	总分
1	前 2 名	南京信息工程大学	1103
2	前 2 名	南京大学	754

七、海洋科学类

学科概况

海洋科学是 19 世纪 40 年代以来出现的一门新兴学科。海洋科学专业实际是在物理学、化学、生物学、地理学背景下发展起来的，形成了海洋气象学、物理海洋学、海洋化学、海洋生物学和海洋地质学等专业，许多大学在多年来专业背景教育基础上积累的丰富经验为海洋科学教育打下了良好的基础。

海洋科学的研究领域十分广泛，其主要内容包括对于海洋中的物理、化学、生物和地质过程的基础研究，以及面向海洋资源开发利用还有海上军事活动等的应用研究。由于海洋本身的整体性、海洋中各种自然过程相互作用的复杂性和主要研究方法、手段的共同性而统一起来，使海洋科学成为一门综合性很强的科学。

海洋科学各分支学科之间、海洋科学同邻近学科之间的结合、渗透，将出现越来越多的跨学科的高度综合性的研究课题。一些根本性的课题，如海洋—大气相互作用和长期气候预报、海洋生态系统、海洋中的物质循环和转化、大洋底的构造以及有关海洋与地球的起源、海洋生命的起源等，都有待于进一步去研究探索。

专业发展

国家对于海洋科学采取积极支持发展的政策，也大力发展海洋科学的教育。如今海洋科学专业的毕业生一般采取自主择业、双向选择的就业政策。

当下随着行业的发展，如今该专业的毕业生就业状况较佳，特别是海洋资源开发、海水养殖、海洋生物医药、海上运输、海洋油气开发和食品工业等领域吸收人才多。近几年，我国在海洋科学上取得了巨大的成绩，尤其是在海洋资源利用、海底石油勘测、海产品生产等方面，已经达到世界领先地位。因此，本专业就业形势良好。由于本专业工作环境的特殊性和国家的政策倾斜，从业人员的收入状况良好，且有持续增加趋势，特别是本专业的高级人才供不应求，所以行业制定优惠政策以吸引人才。

就业方向

海洋科学专业大多数学生毕业后会选择读研继续做科研领域相关研究，相对来说专业内竞争不激烈，很少会有跨专业竞争，该专业建议往研究生以上学历深造。就业方面除了科研院所、高校以外，很多毕业生会从事海洋科考类的工作或者是和海洋勘测相关的工作，会有很多出海航行的机会。目前来看，海洋科学发展是国家的重点扶持项目，如果有海洋科学相关兴趣和吃苦耐劳的精神，可以选择本专业。

细分专业介绍

1. 海洋科学

国家重点学科、国家首批15个"理科基础科学研究和教学人才培养基地"之一，在2004年重点学科评估中获第一名。本专业培养具有良好科学素养，系统而扎实的数学、物理、化学基础，掌握海洋科学基本理论、现代海洋调查和资料分析技术以及计算机应用与信息处理技术，了解海洋科学及海—气相互作用的研究前沿，具有从事海洋科学研究和海洋调查基本能力的高级专门人才。

2. 海洋技术

海洋技术包括海洋探测技术和海洋开发技术，海洋开发技术是核心。现代海洋技术是20世纪50年代后围绕着海洋探测技术和海洋资源开发技术两个方面的变革发展起来的，是当代新兴的科学技术之一，同样是一门涉及许多门类的综合性学科。

海洋技术专业培养具备海洋科学的基本知识及海洋高新技术开发研究的能力，能从事海洋高科技、海洋资源开发、海洋工程及相关学科专业工作的高级专门人才。

海洋科学专业学校排名

①第四轮海洋科学学科评估排名

（注：评估结果相同的高校排序不分先后，按学校代码排列）

序号	学校代码	学校名称	评选结果
1	10384	厦门大学	A+
2	10423	中国海洋大学	A+
3	10247	同济大学	B+
4	10558	中山大学	B+
5	10340	浙江海洋大学	B
6	10491	中国地质大学	B
7	10264	上海海洋大学	B-
8	10335	浙江大学	B-
9	10284	南京大学	C+
10	10294	河海大学	C+
11	10566	广东海洋大学	C+
12	10158	大连海洋大学	C
13	10213	哈尔滨工业大学	C
14	10269	华东师范大学	C-
15	90006	解放军理工大学	C-

② 2020 软科中国最好学科排名：海洋科学专业大学排名

排名	排名层次	学校名称	总分
1	前 2 名	中国海洋大学	1500
2	前 2 名	厦门大学	998
3	前 10%	中山大学	221

八、地球物理学类

学科概况

地球物理学是地球科学的主要学科之一，是通过定量的物理方法（如地震弹性波、重力、地磁、地电、地热和放射能等方法）研究地球以及寻找地球内部矿藏资源的一门综合性学科，研究范围包括地球的地壳、地幔、地核和大气层。

地球物理学运用物理学的原理和方法，对地球的各种物理场分布及其变化进行观测，探索地球本体及近地空间的介质结构、物质组成、形成和演化，研究与其相关的各种自然现象及其变化规律。在此基础上为探测地球内部结构与构造，寻找能源、资源和进行环境监测提供理论、方法和技术，为灾害预报提供重要依据。已故著名地球物理学家赵九章先生是这样形容地球物理学的："上穷碧落下黄泉，两处茫茫都不见。"

主干课程：地球物理学（地震学、重力学、地磁学、地电学）、地球物理观测、地球科学概论、地质学、原子物理学、热学、电磁学、力学、等离子体物理学、大气物理学、空间技术概论、空间探测、计算机及信息处理等等（专业课程因各校侧重不同会有一定差异）。

专业发展

地球物理学专业的毕业生要掌握牢固的基础知识。毕业生主要是到科研机构、高等院校、能源与资源单位、国家机关、跨国能源公司等从事科研、教学和高级管理工作。毕业后可从事地质类专业勘查，以科研工作为主要方向，通过各种地球物理方法从事地质研究；开展工程与城市防震减灾基础理论和应用技术研究；开展地震区划理论研究，编制地震区划图；开展强震观测、震害调查场地勘测与工程结构测试与分析；开展城市灾害预警和减灾技术、地震紧急救援技术与方法研究。

就业方向

地球物理方向的毕业生对口工作相对比较难找，除了地震局、石油单位、高校、科研院所等，大多数毕业生会选择销售、工程监理、项目经理、软件开发工程师、文员、教师等与专业相关不是很紧密的职业。本科生除了读本专业研究生以外，很多会选择跨专业考研来拓宽自己的就业选择。地球物理专业有很强的专业壁垒，同时就业岗位确实比较少，就业面窄，选择时需谨慎。

细分专业介绍

1. 地球物理学

地球物理学是普通高等学校本科专业，属地球物理学类专业，基本修业年限为四年，授予理学或工学学士学位。

该专业主要采用物理学的方法研究固体地球各圈层之间的大尺度现象和一般性原理，以及利用地球物理学方法进行矿产资源和能源勘探、工程和环境探测等。本科教育培养与其他地球科学类（例如勘查技术与工程、地质学、海洋科学、大气科学、大地测量学等）的教育培养有联系和交叉。

2. 空间科学与技术

空间科学与技术专业是在天文学、地质学、地球物理学、环境科学、计算机科学及其他边缘学科交叉渗透、相互融合的基础上发展起来的一门新型交叉学科，由西安电子科技大学空间科学与技术学院院长包为民院士提议设立。

地球物理学专业学校排名

①第四轮地球物理学学科评估排名

（注：评估结果相同的高校排序不分先后，按学校代码排列）

序号	学校代码	学校名称	评选结果
1	10358	中国科学技术大学	A+
2	10486	武汉大学	A+
3	10001	北京大学	B
4	10491	中国地质大学	B-
5	11414	中国石油大学	B-
6	10247	同济大学	C+
7	10183	吉林大学	C
8	10489	长江大学	C-
9	10616	成都理工大学	C-

②2020软科中国最好学科排名：地球物理学专业大学排名

排名	排名层次	学校名称	总分
1	前2名	中国科学技术大学	976
2	前2名	武汉大学	642

九、地质学类

学科概况

地质学（Geology）是研究地球的物质组成、内部构造、外部特征、各层圈之间的相互作用和演变历史的知识体系，主要研究对象为地球的固体硬壳——地壳或岩石圈。作为研究地球及其演变的一门自然科学，地质学与数学、物理、化学、生物并列自然科学五大基础学科。

在现代化的社会中，社会的生产和生活组成一个息息相关的整体，电力、煤气、自来水的供应，一刻不可缺少，交通、电讯必须保持畅通，而地震破坏上述设施造成的后果，可能比地震本身直接造成的危害还要严重。不仅地震，其他如山崩、滑坡、泥石流、塌陷、地震海浪冲蚀等可能造成灾害的地质作用，都必须运用地质学去认识和提出防治意见。同时，人们还须遵循地质学的科学指导，避免因人类的活动而触发灾害，导致地质环境的恶化。

因此，地质学与人类的关系不仅仅在于资源的取用，还在于与人类生存和生活环境的诸多方面直接相关。现在地质学已成为人类社会所普遍需要的科学，参照地质学知识制定矿产资源法、海洋法、水法、环境保护法等，就表现了这种密切的关系。

未来，地质学能观察和研究的范围和领域将日益扩大。在空间上，不但能通过直接或间接的方法逐步深入岩石圈深部，而且对月球、太阳系部分行星及其卫星的某些地质特征，将有更多的了解。

专业发展

随着社会生产力的发展，人类活动对地球的影响越来越大，地质环境对人类的制约作用也越来越明显。如何合理有效地利用地球资源、维护人类生存的环境，已成为当今世界所共同关注的问题。

地质学类专业毕业生适宜在地质、地震、冶金、石油、煤炭、建材、化工、水电、城建、核能、海洋科学、材料科学、环境科学和工业建设等有关研究单位、高等院校和生产部门从事基础理论及应用研究、教学和生产等实际工作。地质工程专业也为路桥、市政基础建设，国土、矿产资源勘查，环境地质灾害防治等方面培养研究、管理和工程技术人才。

就业方向

地质学本科毕业生就业面相对比较窄，除了一些不限专业的岗位以外，基本进入石油行业、地质勘探行业、地理相关杂志社、科研院所或者是高校。收入水平相对偏低，本科毕业从事本专业相关工作的人数相对比较少，选择读研的学生大多也会进行跨专业考研。资源勘探开采类专业就业面相对较窄，报考时需要考虑好。

细分专业介绍

1. 地质学

地质学是一门探讨地球如何演化的自然哲学。地质学专业培养具备地质学基本理论、基本知识、基本技能和相关学科基础知识，具有较好的科学素养及初步的研究、教学和管理能力，能在科研机构、学校从事地质科学研究或教学工作，在地矿、冶金、建材、石油、煤炭、材料、环境、基础工程、旅游开发等行业从事技术开发与技术管理工作以及在行政部门从事管理工作的高级专门人才。

2. 地球化学

地球化学是研究地球及其子系统（包括部分宇宙体）的化学组成和化学演化的一门学科。主要研究地球（包括部分天体）的化学组成；研究地质过程中化学作用机制和条件、元素的共生组合及其赋存形式及元素的迁移和循环等的学科。

地球化学专业培养具备地球化学和地质学的基本理论、基本知识和基本技能，受到基础研究、应用基础研究和技术开发的基本训练，具有较好的科学素养及初步的教学、研究、开发和管理能力，能在科研机构、学校从事地球化学研究或教学工作，在资源、能源、材料、环境、基础工程等方面从事生产、测试、技术管理等工作，以及在行政部门从事管理工作的高级专门人才。

地质学专业学校排名

①第四轮地质学学科评估排名

（注：评估结果相同的高校排序不分先后，按学校代码排列）

序号	学校代码	学校名称	评选结果
1	10284	南京大学	A+
2	10491	中国地质大学	A+
3	10001	北京大学	B+
4	10697	西北大学	B+
5	10183	吉林大学	B
6	10358	中国科学技术大学	B
7	10616	成都理工大学	B−
8	11414	中国石油大学	B−
9	10290	中国矿业大学	C+
10	10335	浙江大学	C+
11	10359	合肥工业大学	C+
12	10533	中南大学	C
13	10558	中山大学	C
14	10423	中国海洋大学	C−
15	10730	兰州大学	C−

② 2020 软科中国最好学科排名：地质学专业大学排名

排名	排名层次	学校名称	总分
1	前 2 名	中国地质大学（武汉）	1282
2	前 2 名	中国地质大学（北京）	1041
3	前 10%	南京大学	1026

十、生物科学类

学科概况

生物科学包括了生物科学和生物技术两个专业方向，这些专业学科主要培养学生学习生物科学技术方面的基本理论、基本知识，学生将受到应用基础研究和技术开发方面的科学思维和科学实验训练，进而具有较好的科学素养及初步的教学、研究、开发与管理的基本能力。

其核心课程主要包括了动物生物学、植物生物学、微生物学、生物化学、遗传学、细胞生物学、分子生物学、普通生态学等学科；必修课程则包括无机及分析化学、有机化学、大学数学、大学物理学、生物统计学、发育生物学、生物技术概论、进化生物学等。

主干学科：生物学、医学、农学、计算机科学与技术。

核心知识领域：生命的化学分子基础、细胞的结构与功能及其重要生命活动、动物体的结构与功能、植物体的结构与功能、微生物的特征与代谢、生物多样性与进化、生物与环境。

专业发展

从就业方向来看，生物科学专业的学生毕业后可以到科研机构或高等学校从事科学研究或教学工作，也可以到工业、医药、食品、农、林、牧、渔、环保、园林等行业的企业、事业和行政管理部门从事与生物技术有关的应用研究、技术开发、生产管理和行政管理等工作。另外，生物科学专业的科技含量要求较高，因此对于这个学科的学生来说，选择继续深造对于以后从事专业的科学研究也是有必要的。

就业方向

生物科学专业本科毕业生就业薪资属于中等水平，就业领域包括生物制药、农业、医疗器械、药品等相关行业，从事的职业包括质量检测、教师、医药研发、医药销售、市场开发、人力资源、文员、生产管理等，由此可见本科生在就业时并没有特别明显的专业壁垒，可从事的职业也比较多。生物科学专业很多毕业生会选择考研或者出国，作为基础研究类学科，研究生或博士能够在生物制药研究、新材料等相关领域有比较良好的职业发展。

细分专业介绍

1. 生物科学

生物科学（又称生命科学）专业主要培养学生学习生物科学技术方面的基本理论、基本知识，学生将受到应用基础研究和技术开发方面的科学思维和科学实验训练，进而具有较好的科学素养及初步的教学、研究、开发与管理的基本能力。

2. 生物技术

生物技术专业培养具备生命科学的基本理论和较系统的生物技术的基本理论、基本知识、基本技能，能在科研机构或高等学校从事科学研究或教学工作，能在工业、医药、食品、农、林、牧、渔、环保、园林等行业的企业、事业和行政管理部门从事与生物技术有关的应用研究、技术开发、生产管理和行政管理等工作的高级专门人才。

3. 生物信息学

生物信息学是一门交叉科学，它包含了生物信息的获取、加工、存储、分配、分析、解释等在内的所有方面，它综合运用数学、计算机科学和生物学的各种工具，来阐明和理解大量生物数据所包含的生物学意义。

生物信息学随1990年人类基因组计划（HGP）的实施和信息技术的发展而诞生，现已迅速发展成为当今生命科学最具吸引力和重要的前沿领域，为生物学、计算机科学、数学、信息科学等专业的高素质人才提供了更广阔的发展天地。

4. 生态学

生态学专业要求学生具备生态学专业知识和宽厚的理论基础知识、系统的研究方向专门知识和坚实的实验技能，熟悉所从事研究方面的科学理论和技术的最新发展和动向；具备独立申请、主持科研项目和独立解决科研问题的能力；熟练掌握计算操作技术与先进的生态学实验技能。

生态学是研究生物体与其周围环境（包括非生物环境和生物环境）相互关系的科学，已经发展为"研究生物与其环境之间的相互关系的科学"，是有自己的研究对象、任务和方法的比较完整和独立的学科。

生物科学专业学校排名

①第四轮生物科学学科评估排名

（注：评估结果相同的高校排序不分先后，按学校代码排列）

序号	学校代码	学校名称	评选结果
1	10001	北京大学	A+
2	10003	清华大学	A+

序号	学校代码	学校名称	评选结果
3	10248	上海交通大学	A+
4	10019	中国农业大学	A
5	10284	南京大学	A
6	10358	中国科学技术大学	A
7	10486	武汉大学	A
8	10504	华中农业大学	A
9	10055	南开大学	A-
10	10200	东北师范大学	A-
11	10246	复旦大学	A-
12	10335	浙江大学	A-
13	10384	厦门大学	A-
14	10487	华中科技大学	A-
15	10558	中山大学	A-
16	10610	四川大学	A-
17	10025	首都医科大学	B+
18	10027	北京师范大学	B+
19	10028	首都师范大学	B+
20	10183	吉林大学	B+
21	10247	同济大学	B+
22	10269	华东师范大学	B+
23	10319	南京师范大学	B+
24	10422	山东大学	B+
25	10423	中国海洋大学	B+
26	10533	中南大学	B+
27	10559	暨南大学	B+
28	10673	云南大学	B+
29	10712	西北农林科技大学	B+
30	10718	陕西师范大学	B+
31	10730	兰州大学	B+

序号	学校代码	学校名称	评选结果
32	90032	第四军医大学	B+
33	10022	北京林业大学	B
34	10126	内蒙古大学	B
35	10159	中国医科大学	B
36	10161	大连医科大学	B
37	10225	东北林业大学	B
38	10226	哈尔滨医科大学	B
39	10364	安徽农业大学	B
40	10389	福建农林大学	B
41	10475	河南大学	B
42	10476	河南师范大学	B
43	10511	华中师范大学	B
44	10512	湖北大学	B
45	10537	湖南农业大学	B
46	10542	湖南师范大学	B
47	10635	西南大学	B
48	10697	西北大学	B
49	10075	河北大学	B-
50	10086	河北农业大学	B-
51	10094	河北师范大学	B-
52	10108	山西大学	B-
53	10114	山西医科大学	B-
54	10264	上海海洋大学	B-
55	10346	杭州师范大学	B-
56	10394	福建师范大学	B-
57	10403	南昌大学	B-
58	10445	山东师范大学	B-
59	10561	华南理工大学	B-
60	10574	华南师范大学	B-

序号	学校代码	学校名称	评选结果
61	10593	广西大学	B–
62	10626	四川农业大学	B–
63	10657	贵州大学	B–
64	10698	西安交通大学	B–
65	10089	河北医科大学	C+
66	10141	大连理工大学	C+
67	10165	辽宁师范大学	C+
68	10193	吉林农业大学	C+
69	10251	华东理工大学	C+
70	10270	上海师范大学	C+
71	10343	温州医科大学	C+
72	10345	浙江师范大学	C+
73	10370	安徽师范大学	C+
74	10532	湖南大学	C+
75	10538	中南林业科技大学	C+
76	10560	汕头大学	C+
77	10611	重庆大学	C+
78	10755	新疆大学	C+
79	11065	青岛大学	C+
80	11117	扬州大学	C+
81	10065	天津师范大学	C
82	10145	东北大学	C
83	10184	延边大学	C
84	10212	黑龙江大学	C
85	10213	哈尔滨工业大学	C
86	10231	哈尔滨师范大学	C
87	10280	上海大学	C
88	10285	苏州大学	C
89	10320	江苏师范大学	C

序号	学校代码	学校名称	评选结果
90	10338	浙江理工大学	C
91	10341	浙江农林大学	C
92	10356	中国计量大学	C
93	10357	安徽大学	C
94	10459	郑州大学	C
95	10466	河南农业大学	C
96	10674	昆明理工大学	C
97	10005	北京工业大学	C-
98	10140	辽宁大学	C-
99	10160	锦州医科大学	C-
100	10166	沈阳师范大学	C-
101	10289	江苏科技大学	C-
102	10299	江苏大学	C-
103	10359	合肥工业大学	C-
104	10366	安徽医科大学	C-
105	10386	福州大学	C-
106	10524	中南民族大学	C-
107	10619	西南科技大学	C-
108	10637	重庆师范大学	C-
109	10681	云南师范大学	C-
110	10699	西北工业大学	C-
111	10749	宁夏大学	C-
112	11075	三峡大学	C-

② 2020 软科中国最好学科排名：生物学专业大学排名

排名	排名层次	学校名称	总分
1	前 2%	清华大学	1292
2	前 2%	北京大学	1175
3	前 2%	复旦大学	1119
4	前 2%	上海交通大学	904

排名	排名层次	学校名称	总分
5	前5%	武汉大学	755
6	前5%	中国科学技术大学	741
7	前5%	浙江大学	731
8	前5%	中山大学	617
9	前5%	厦门大学	582
10	前5%	北京协和医学院	511
11	前5%	华中农业大学	506
12	前5%	山东大学	481
13	前10%	南京大学	450
14	前10%	南方医科大学	412
15	前10%	中国农业大学	410
16	前10%	华南农业大学	387
17	前10%	中国海洋大学	358
18	前10%	四川大学	346
19	前10%	兰州大学	338
20	前10%	同济大学	323
21	前10%	华中科技大学	306
22	前10%	南开大学	299
23	前10%	东北农业大学	288
24	前10%	南京农业大学	252

十一、心理学类

学科概况

心理学是一门研究人类心理现象及其影响下的精神功能和行为活动的科学，兼顾突出的理论性和应用（实践）性。

心理学包括基础心理学与应用心理学，其研究涉及知觉、认知、情绪、思维、人格、行为习惯、人际关系、社会关系、人工智能、IQ、性格等许多领域，也与日常生活的许多领域——家庭、教育、健康、社会等发生关联。心理学一方面尝试用大脑运作来解释个体基本的行为与心理机能，另一方面，心理学也尝试解释个体心理机能在社会行为与社会动力中的角色。另外，它还与神经科学、医学、哲学、生物学、宗教学等学科有关，因为这些学科所探讨的生理或心理作用会影响个体的心智。实际上，很多人文和自然学科都与心理学有关，人类心理活动其本身就与人类生存环境密不可分。

心理学家从事基础研究的目的是描述、解释、预测和影响行为。应用心理学家还有第五个目的——提高人类生活的质量。这些目标构成了心理学事业的基础。

专业发展

普通高校是心理学研究生毕业以后的主要去向。高校对于学生的心理健康问题越来越重视，纷纷开设心理学的公共课，心理学硕士担任高校心理公共课的老师。这无疑扩大了心理学研究生的就业面。对于心理学硕士来说，最好的就业方向之一是进入心理学系和教育系成为一名心理学老师。但是，随着博士毕业生的增多和硕士研究生的不断扩招，从事这一职业将越来越困难。高校中的心理咨询中心也为心理学硕士提供了就业机会。

就业方向

心理学本科毕业生大多会选择读研或者出国。毕业生收入中等偏上，由于开设本专业的院校多为师范类院校，所以毕业后会有很多从事教师工作，担任中小学心理老师岗位。除此以外，大多数毕业生会进入各类企业从事人力资源、销售、管理咨询、数据调研、用户研究、课程研发等工作。一般来说，想要成为一名心理咨询师需要在研究生阶段继续学习、实习以及接受督导，本科毕业生很难直接成为一名心理咨询师。研究生阶段可以选择学术型心理学研究方向或者应用型方向。

细分专业介绍

1. 心理学

心理学专业培养具备心理学的基本理论、基本知识、基本技能，能在科研部门、高等和中等学校、企事业单位等从事心理学科学研究、教学工作和管理工作的高级专门人才。

该专业主要学习心理学方面的基本理论和基本知识，接受心理学科学思维和科学实验的基本训练，具有良好的科学素养和进行心理学实验和心理测量的基本能力。

2. 应用心理学

应用心理学专业培养具备心理学的基本理论、基本知识、基本技能，能在教育、工程设计、工商企业、医疗、司法、行政管理等机构或部门从事教学、管理、咨询与治疗、技术开发等工作的高级专门人才。

该专业学生主要学习心理学方面的基本理论和基本知识，受到心理学科学思维和科学实验的基本训练，具有良好的科学素养。具备进行心理学实验和心理测量的基本能力和将心理学理论、技术应用于某一相关领域，解决实际问题的能力。

心理学专业学校排名

①第四轮心理学学科评估排名

（注：评估结果相同的高校排序不分先后，按学校代码排列）

序号	学校代码	学校名称	评选结果
1	10001	北京大学	A+
2	10027	北京师范大学	A+
3	10574	华南师范大学	A+
4	10269	华东师范大学	A-
5	10635	西南大学	A-
6	10065	天津师范大学	B+
7	10319	南京师范大学	B+
8	10335	浙江大学	B+
9	10511	华中师范大学	B+
10	10718	陕西师范大学	B+
11	10028	首都师范大学	B
12	10165	辽宁师范大学	B

序号	学校代码	学校名称	评选结果
13	10270	上海师范大学	B
14	10445	山东师范大学	B
15	90032	第四军医大学	B
16	10200	东北师范大学	B-
17	10345	浙江师范大学	B-
18	10414	江西师范大学	B-
19	10533	中南大学	B-
20	10542	湖南师范大学	B-
21	10558	中山大学	B-
22	10285	苏州大学	C+
23	10394	福建师范大学	C+
24	10590	深圳大学	C+
25	10736	西北师范大学	C+
26	10135	内蒙古师范大学	C
27	10346	杭州师范大学	C
28	10475	河南大学	C
29	10663	贵州师范大学	C
30	11078	广州大学	C
31	10003	清华大学	C-
32	10043	北京体育大学	C-
33	10094	河北师范大学	C-
34	10183	吉林大学	C-
35	10366	安徽医科大学	C-
36	10446	曲阜师范大学	C-

② 2020软科中国最好学科排名：心理学专业大学排名

排名	排名层次	学校名称	总分
1	前2%	北京师范大学	1416
2	前2%	北京大学	820
3	前5%	华南师范大学	701

排名	排名层次	学校名称	总分
4	前 5%	西南大学	388
5	前 5%	华东师范大学	368
5	前 5%	华中师范大学	368
7	前 10%	上海交通大学	298
8	前 10%	浙江大学	292
9	前 10%	陕西师范大学	283
10	前 10%	上海师范大学	268

十二、统计学类

学科概况

统计学是通过搜索、整理、分析、描述数据等手段，以达到推断所测对象的本质，甚至预测对象未来的一门综合性科学。统计学用到了大量的数学及其他学科的专业知识，其应用范围几乎覆盖了社会科学和自然科学的各个领域。

近几十年间，计算机技术不断发展，使统计数据的搜集、处理、分析、存贮、传递、印制等过程日益现代化，提高了统计工作的效能。计算机技术的发展，日益扩大了传统的和先进的统计技术的应用领域，促使统计科学和统计工作发生了革命性的变化。如今，计算机科学已经成为统计科学不可分割的组成部分。随着科学技术的发展，统计理论和实践的深度、广度方面也不断发展。

主干课程：数学分析、几何代数、数学实验、常微分方程、复变函数、实变与泛函、概率论、数理统计、抽样调查、随机过程、多元统计、计算机应用基础、程序设计语言、数据分析及统计软件、回归分析、可靠性数学、实验设计与质量控制、计量经济学、经济预测与决策、金融数学、证券投资的统计分析、数值分析、数据结构与算法、数据库管理系统、计算机网络系统、系统分析与软件设计。

专业发展

统计在现代化管理和社会生活中的地位日益重要。随着社会、经济和科学技术的发展，统计在现代化国家管理和企业管理中的地位，在社会生活中的地位，越来越重要了。人们的日常生活和一切社会生活都离不开统计。英国统计学家哈斯利特说："统计方法的应用是这样普遍，在我们的生活和习惯中，统计的影响是这样巨大，以至于统计的重要性无论怎样强调也不过分。"甚至有的科学家还把我们的时代叫作"统计时代"。显然，20世纪统计科学的发展及其未来，已经被赋予了划时代的意义。

就业方向

统计学专业的毕业生主要到企业、事业单位和经济、管理部门从事统计调查、统计信息管理、数量分析等开发、应用和管理工作，或在科研、教育部门从事研究和教学工作。具体来讲，主要有升学（攻读博士学位），出国留学，去金融、保险、投资、证券、社会保障、市场调研、咨询及信息产业等机构或部门。统计学专业的毕业生一般从事统计、会计、精算类的工作，毕业后依然需要通过考取相关从业证书来提升个人就业的竞争力，统计学专业也是近年来考研的热门专业。

细分专业介绍

1. **统计学**

统计学是以数学为基础、以随机性为内核、以数据分析为体现的一门学科，主要通过利用概率论建立数学模型，收集所观察系统的数据，进行量化分析、总结，做出推断和预测，为相关决策提供依据和参考。

它被广泛地应用在各门学科之上，从物理、社会科学到人文科学，甚至被用到工商业及政府的情报决策之上。随着数字化的进程不断加快，人们越来越多地希望能够从大量的数据中总结出一些经验规律从而为后面的决策提供一些依据。统计学专业不像其表面的文字表示的只是统计数字，而是包含了调查、收集、分析、预测等，应用的范围十分广泛。

2. **应用统计学**

本专业培养统计学基础知识与基本方法理论扎实、数据处理实践能力强、勇于创新，能在工程、经济、管理、商务等领域从事数据采集、数据清洗、数据整理等实际工作，解决数据挖掘与分析中涉及的复杂统计方法问题的高素质应用型人才。

统计学专业学校排名

①第四轮统计学学科评估排名

(注：评估结果相同的高校排序不分先后，按学校代码排列)

序号	学校代码	学校名称	评选结果
1	10001	北京大学	A+
2	10002	中国人民大学	A+
3	10055	南开大学	A
4	10200	东北师范大学	A
5	10269	华东师范大学	A
6	10384	厦门大学	A
7	10027	北京师范大学	A-
8	10173	东北财经大学	A-
9	10272	上海财经大学	A-
10	10353	浙江工商大学	A-
11	10358	中国科学技术大学	A-
12	10421	江西财经大学	A-
13	10003	清华大学	B+
14	10004	北京交通大学	B+
15	10005	北京工业大学	B+
16	10028	首都师范大学	B+
17	10034	中央财经大学	B+
18	10036	对外经济贸易大学	B+
19	10038	首都经济贸易大学	B+
20	10183	吉林大学	B+
21	10246	复旦大学	B+
22	10422	山东大学	B+
23	10520	中南财经政法大学	B+
24	10533	中南大学	B+
25	10125	山西财经大学	B
26	10213	哈尔滨工业大学	B
27	10248	上海交通大学	B

序号	学校代码	学校名称	评选结果
28	10357	安徽大学	B
29	10486	武汉大学	B
30	10487	华中科技大学	B
31	10511	华中师范大学	B
32	10532	湖南大学	B
33	10558	中山大学	B
34	10673	云南大学	B
35	10689	云南财经大学	B
36	10698	西安交通大学	B
37	10140	辽宁大学	B-
38	10284	南京大学	B-
39	10285	苏州大学	B-
40	10319	南京师范大学	B-
41	10320	江苏师范大学	B-
42	10378	安徽财经大学	B-
43	10446	曲阜师范大学	B-
44	10559	暨南大学	B-
45	10610	四川大学	B-
46	10611	重庆大学	B-
47	10635	西南大学	B-
48	11078	广州大学	B-
49	10207	吉林财经大学	C+
50	10327	南京财经大学	C+
51	10394	福建师范大学	C+
52	10456	山东财经大学	C+
53	10475	河南大学	C+
54	10530	湘潭大学	C+
55	10542	湖南师范大学	C+
56	10697	西北大学	C+
57	10741	兰州财经大学	C+

序号	学校代码	学校名称	评选结果
58	11482	浙江财经大学	C+
59	11560	西安财经学院	C+
60	11799	重庆工商大学	C+
61	10052	中央民族大学	C
62	10075	河北大学	C
63	10190	长春工业大学	C
64	10280	上海大学	C
65	10290	中国矿业大学	C
66	10459	郑州大学	C
67	10476	河南师范大学	C
68	10596	桂林理工大学	C
69	10613	西南交通大学	C
70	10621	成都信息工程大学	C
71	10766	新疆财经大学	C
72	11832	河北经贸大学	C
73	10008	北京科技大学	C-
74	10009	北方工业大学	C-
75	10022	北京林业大学	C-
76	10139	内蒙古财经大学	C-
77	10299	江苏大学	C-
78	10370	安徽师范大学	C-
79	10389	福建农林大学	C-
80	10491	中国地质大学	C-
81	10536	长沙理工大学	C-
82	10592	广东财经大学	C-
83	10593	广西大学	C-
84	10602	广西师范大学	C-
85	10671	贵州财经大学	C-

② 2020 软科中国最好学科排名：统计学专业大学排名

排名	排名层次	学校名称	总分
1	前 2%	北京大学	1033
2	前 2%	南开大学	540
3	前 5%	中国人民大学	516
4	前 5%	北京师范大学	448
5	前 5%	东北师范大学	444
6	前 5%	厦门大学	412
7	前 10%	复旦大学	377
8	前 10%	西南财经大学	346
9	前 10%	华东师范大学	311
10	前 10%	中山大学	306
11	前 10%	清华大学	261
11	前 10%	上海财经大学	261
13	前 10%	中国科学技术大学	252

编号 08　工学

一、力学类

学科概况

力学是一门基础学科，同时又是一门技术学科，是有关力、运动和介质（固体、液体、气体和等离子体），宏、细、微观力学性质的学科，研究以机械运动为主，及其同物理、化学、生物运动耦合的现象。力学是现代科学技术中历史悠久、发展迅速、应用广泛的专业，具有技术科学类的特点，其专业知识结构是许多产业和各类工程学科的理论和技术基础，是造就可纵览技术发展全局人才的摇篮。

根据《普通高等学校本科专业目录》，本科教学中，力学类下设理论与应用力学、工程力学两个基本专业，没有特设专业。其中，理论与应用力学专业致力于培养具有优良的数理基础和科学素质，掌握力学基本理论和基本技能，具备科学研究和工程技术应用的实践能力，能够从事工程科学领域创新性前沿研究的科研人才，以及运用理论研究、实验分析和数值模拟等手段解决问题的高级人才。工程力学专业着重培养学生用数学和力学基本理论结合计算机和信息综合技术手段研究和解决工程与科学问题的能力，以及工程应用软件的设计与开发能力，使学生成为掌握当代先进计算理论和方法、工程软件开发，并应用这些知识解决工程实际问题的人才。

专业发展

从专业发展的角度来看，力学专业对深造要求较高。力学是物理学、天文学和许多工程学的基础。机械、建筑、航天器和船舰等的合理设计都必须以经典力学为基本依据，专业发展方向较为多元，可以往下游各类工学领域延伸，因此清华大学等院校就把力学与航空航天专业合为一院，推动学生往飞行器设计与工程、工程力学与航天航空工程等专业延伸拓展。就力学本身来说，中国科学院力学研究所是我国力学最重要的科研单位之一，该所创建于1956年，是以钱学森先生工程科学思想建所的综合性国家级力学研究基地，在国际力学界享有盛誉，为我国"两弹一星"、载人航天事业及国家经济社会发展做出了重要贡献。

就业方向

力学是工学的重要基础，因此就业方向较为多元，总体来看，学生毕业后可在机械、土木工程类企业从事工程计算和强度分析工作，也可在科技、教育部门从事科研、教学工作。其中，理论与应用力学专业的学生毕业后可在力学及相关交叉学科领域继续深造，或从事教学科研工作，也可进入工程技术相关领域从事应用研究、技术开发或管理工作。工程力学专业的学生毕业后可在力学及相关交叉学科领域继续深造，也可进入工程设计单位、研究机构、大型企业、政府机关等从事研究、开发和管理工作。

学科排名

序号	学校名称	评选结果
1	北京大学	A+
2	清华大学	A+
3	哈尔滨工业大学	A
4	西安交通大学	A
5	北京航空航天大学	A-
6	天津大学	A-
7	大连理工大学	A-

序号	学校名称	评选结果
8	南京航空航天大学	A-
9	北京理工大学	B+
10	同济大学	B+
11	上海交通大学	B+
12	上海大学	B+
13	浙江大学	B+
14	中国科学技术大学	B+
15	华中科技大学	B+
16	西北工业大学	B+
17	北京交通大学	B
18	哈尔滨工程大学	B
19	南京理工大学	B
20	中国矿业大学	B
21	河海大学	B
22	西南交通大学	B
23	兰州大学	B
24	国防科技大学	B
25	北京工业大学	B-
26	北京科技大学	B-
27	东南大学	B-
28	武汉理工大学	B-
29	湖南大学	B-
30	中山大学	B-
31	四川大学	B-
32	重庆大学	B-
33	太原理工大学	C+
34	辽宁工程技术大学	C+
35	复旦大学	C+
36	武汉大学	C+

序号	学校名称	评选结果
37	湘潭大学	C+
38	暨南大学	C+
39	华南理工大学	C+
40	昆明理工大学	C+
41	中国石油大学	C+
42	东北大学	C
43	吉林大学	C
44	江苏大学	C
45	山东大学	C
46	郑州大学	C
47	中南大学	C
48	宁波大学	C
49	石家庄铁道大学	C-
50	内蒙古工业大学	C-
51	大连交通大学	C-
52	燕山大学	C-
53	合肥工业大学	C-
54	厦门大学	C-
55	南昌大学	C-
56	长安大学	C-

二、机械类

学科概况

机械类专业是一系列工学专业的总称，是高中理科生选报的热门专业之一，堪称最强工科。根据《普通高等学校本科专业目录》，"机械类"主要包括机械工程、机械设计制造及其自动化、材料成型及控制工程、机械电子工程、工业设计、过程装备与控制工程、车辆工程、汽车服务工程 8 个基本专业，机械工艺技术、微机电系统工程、机电技术教育、汽车维修工程教育、智能制造工程、智能车辆工程、仿生科学与工程、新能源汽车工程 8 个特设专业，增材制造工程、智能交互设计、应急装备技术与工程 3 个增补专业。

一般院校都把机械类专业归入机械工程学院或机械工程系，实行"按机械大类培养"，强调通识教育基础上的宽口径专业教育，以培养"宽口径、厚基础"的创新型高素质人才，注重学生综合素质、专业技术基础、实践能力以及创新意识与能力的培养，对完成并符合培养方案要求的学生授予工学学士学位。也有很多高校将机械类与电子类、航天航空类专业融合教学，如哈尔滨工业大学机电工程学院就设置了机械设计制造及其自动化专业、工业设计专业、飞行器制造工程专业、工业工程专业、机械电子工程专业、机器人工程专业等专业。

机械类专业的核心课程主要包括工程材料、机械设计、机械制造、材料加工、测试与检测、控制工程等。从高中课程来说，主要集中在物理层面，化学、生物等知识涉及较少。同时，为了培养学生的综合素质与专业技能，高校会在培养方案中设置课程实验、项目训练、科研探究、专业实习、社会实践等训练环节，有助于夯实学生的基础知识，提高学生探索学科前沿、解决工程实际问题的兴趣和能力，并使学生在项目设计规划、组织管理和团队协作等方面得到充分训练，能够更好、更快地适应后续的学习与工作要求。

专业发展

机械类专业发展方向较为多元，除了直接就业外，有较多的深造方向选择。比如，车辆工程方向，包括车辆系统动力控制、车辆仿真、车辆电子控制技术、电动车辆技术等方向；机械制造及其自动化方向，研究生阶段将深入研究机械制造理论、制造技术、自动化制造系统和先进制造模式，该学科融合了各相关学科的最新发展，使制造技术、制造系统和制造模式呈现出全新的面貌；机械设计及理论方向，主要培养从事机械设计、机械系统性能分析、系统仿真优化和相关理论研究的高级人才；机械电子工程方向，将机械学、电子学、信息技术、计算机技术、控制技术等有机融合，是交通、电力、冶金、化工、建材等各领域机电一体化设备及生产自动化的重要基础。

就业方向

机械类专业是为各行各业制造并提供机械设备和电气装置的部门，被誉为

"国民经济的装备部"。总体来讲，社会对机械类技术人员的需求量还是很大的，就业率也一直较高，工作单位集中在机械制造企业、汽车制造企业、电子制造企业、国有大型制造企业、政府部门和事业单位等。其中较为特殊的是工业工程系，力求培养工程型、管理型、创新型和国际型的高端复合人才，被企业管理、商务咨询、政府决策、公共服务等领域的现代化管理岗位所急需，在制造业、服务业以及咨询、金融、互联网等行业颇受欢迎。同时，机械类由于其学科的基础性，在投行、银行等部门也较易获得职位。

学科排名

序号	学校名称	评选结果
1	清华大学	A+
2	哈尔滨工业大学	A+
3	上海交通大学	A+
4	华中科技大学	A+
5	北京理工大学	A
6	天津大学	A
7	大连理工大学	A
8	浙江大学	A
9	西安交通大学	A
10	北京航空航天大学	A-
11	吉林大学	A-
12	燕山大学	A-
13	同济大学	A-
14	南京航空航天大学	A-
15	湖南大学	A-
16	中南大学	A-
17	华南理工大学	A-
18	重庆大学	A-
19	国防科技大学	A-

序号	学校名称	评选结果
20	北京交通大学	B+
21	北京工业大学	B+
22	北京科技大学	B+
23	太原理工大学	B+
24	东北大学	B+
25	上海大学	B+
26	东南大学	B+
27	南京理工大学	B+
28	中国矿业大学	B+
29	江苏大学	B+
30	浙江工业大学	B+
31	合肥工业大学	B+
32	山东大学	B+
33	武汉理工大学	B+
34	西南交通大学	B+
35	西北工业大学	B+
36	西安电子科技大学	B+
37	广东工业大学	B+
38	中国农业大学	B
39	河北工业大学	B
40	太原科技大学	B
41	大连交通大学	B
42	沈阳建筑大学	B
43	长春理工大学	B
44	哈尔滨理工大学	B
45	哈尔滨工程大学	B
46	华东理工大学	B
47	上海理工大学	B
48	东华大学	B

序号	学校名称	评选结果
49	浙江理工大学	B
50	福州大学	B
51	武汉大学	B
52	武汉科技大学	B
53	四川大学	B
54	电子科技大学	B
55	西南石油大学	B
56	西安理工大学	B
57	中国石油大学	B
58	解放军理工大学	B
59	北京化工大学	B-
60	中北大学	B-
61	沈阳工业大学	B-
62	长春工业大学	B-
63	厦门大学	B-
64	华侨大学	B-
65	南昌大学	B-
66	山东科技大学	B-
67	山东理工大学	B-
68	河南科技大学	B-
69	湖南科技大学	B-
70	桂林电子科技大学	B-
71	贵州大学	B-
72	昆明理工大学	B-
73	长安大学	B-
74	兰州理工大学	B-
75	兰州交通大学	B-
76	北京邮电大学	C+
77	北京林业大学	C+

序号	学校名称	评选结果
78	天津工业大学	C+
79	沈阳理工大学	C+
80	辽宁工程技术大学	C+
81	东北林业大学	C+
82	江南大学	C+
83	南京林业大学	C+
84	杭州电子科技大学	C+
85	青岛科技大学	C+
86	青岛理工大学	C+
87	河南理工大学	C+
88	西安工业大学	C+
89	西安建筑科技大学	C+
90	西安科技大学	C+
91	新疆大学	C+
92	上海工程技术大学	C+
93	重庆理工大学	C+
94	火箭军工程大学	C+
95	北方工业大学	C
96	天津科技大学	C
97	华北电力大学	C
98	石家庄铁道大学	C
99	沈阳航空航天大学	C
100	辽宁科技大学	C
101	东北石油大学	C
102	苏州大学	C
103	河海大学	C
104	南通大学	C
105	安徽工业大学	C
106	安徽理工大学	C

序号	学校名称	评选结果
107	郑州大学	C
108	郑州轻工业学院	C
109	中国地质大学	C
110	武汉纺织大学	C
111	湖北工业大学	C
112	湘潭大学	C
113	长沙理工大学	C
114	广西大学	C
115	北京信息科技大学	C
116	大连海事大学	C-
117	上海海事大学	C-
118	上海应用技术大学	C-
119	江苏科技大学	C-
120	南京工业大学	C-
121	常州大学	C-
122	济南大学	C-
123	山东建筑大学	C-
124	齐鲁工业大学	C-
125	深圳大学	C-
126	重庆交通大学	C-
127	西华大学	C-
128	陕西科技大学	C-
129	青岛大学	C-
130	广州大学	C-
131	天津职业技术师范大学	C-
132	华北理工大学	C-

三、仪器类

学科概况

仪器类学科是以测量和控制理论与技术为主体，主要包含测控技术与仪器1个基本专业和精密仪器、智能感知工程2个特设专业，是主要研究物质世界中信息获取、处理、传输和利用的一门综合性学科，直接关系到人类认识和改造世界的进程，广泛应用于科学研究、工农业生产、日常生活、国防等众多领域。

作为高新技术领域的典型工程性学科，仪器类学科涉及物理学、化学、生物学、材料学、机械学、电学、光学、计算机、自动化、通信等多学科知识，是既具有明显的专业特征，又结合其他学科内容的多学科技术交叉的综合性学科，是专门研究、开发、制造和应用各种使人类的感觉、思维和体能器官得以延伸的科学技术学科，是使人类能以最佳方式发展生产力和进行科学研究的直接动力和保证手段。

一般高校会将光学工程与仪器类专业融合培养。如清华大学精密仪器系就包括光学工程、仪器科学与技术两个一级学科；北京航空航天大学仪器科学与光电工程学院在本科生阶段也分为仪器科学与技术、光电信息工程、遥感科学与技术等三个专业。

专业发展

仪器类学科的主要培养目标为：系统而牢固地掌握自然科学基础、工程基础、仪器科学与技术领域的基础知识、基本理论和基本技能，具有创新意识、自主学习能力及实践能力，具有仪器系统综合设计、现场实现和应用的能力，具备解决复杂工程问题的能力，具有较强的交流与团队合作能力；能够在相关领域从事工程设计、系统分析、信息处理、科学试验、研制开发、经济或科技管理等工作的宽口径、复合型高级工程技术人才。

就业方向

仪器类专业就业对口程度较高，社会需求旺盛，主要集中在国防军工、高端制造、通信、金融等重点、对口行业。主要就业去向有华为、海康威视、大华等高新技术企业，飞机、高铁等制造企业，导弹研究、卫星研究等领域。

专业排名

光学工程专业排名

序号	学校名称	评选结果
1	浙江大学	A+
2	华中科技大学	A+
3	天津大学	A
4	国防科技大学	A
5	北京理工大学	A-
6	长春理工大学	A-
7	哈尔滨工业大学	A-
8	电子科技大学	A-
9	清华大学	B+
10	北京工业大学	B+
11	北京航空航天大学	B+
12	南开大学	B+
13	上海理工大学	B+
14	苏州大学	B+
15	南京理工大学	B+
16	南京邮电大学	B+
17	深圳大学	B+
18	北京交通大学	B
19	哈尔滨工程大学	B
20	复旦大学	B
21	南京大学	B
22	东南大学	B
23	四川大学	B
24	西安电子科技大学	B
25	北京邮电大学	B-
26	河北大学	B-
27	中国计量大学	B-

序号	学校名称	评选结果
28	中国科学技术大学	B-
29	山东大学	B-
30	中山大学	B-
31	西北工业大学	B-
32	西安工业大学	B-
33	山西大学	C+
34	太原理工大学	C+
35	大连理工大学	C+
36	燕山大学	C+
37	南京航空航天大学	C+
38	福建师范大学	C+
39	暨南大学	C+
40	重庆大学	C+
41	江南大学	C
42	江苏大学	C
43	江苏师范大学	C
44	厦门大学	C
45	华侨大学	C
46	南昌航空大学	C
47	武汉大学	C
48	解放军理工大学	C
49	天津理工大学	C-
50	大连工业大学	C-
51	南京信息工程大学	C-
52	苏州科技大学	C-
53	安徽大学	C-
54	合肥工业大学	C-
55	中国海洋大学	C-
56	云南师范大学	C-
57	西北大学	C-

仪器科学与技术专业排名

序号	学校名称	评选结果
1	清华大学	A+
2	北京航空航天大学	A+
3	天津大学	A
4	哈尔滨工业大学	A-
5	上海交通大学	A-
6	东南大学	A-
7	重庆大学	A-
8	中北大学	B+
9	吉林大学	B+
10	中国科学技术大学	B+
11	合肥工业大学	B+
12	电子科技大学	B+
13	西安交通大学	B+
14	国防科技大学	B+
15	北京理工大学	B
16	大连理工大学	B
17	沈阳工业大学	B
18	长春理工大学	B
19	中国计量大学	B
20	厦门大学	B
21	西安电子科技大学	B
22	哈尔滨理工大学	B-
23	燕山大学	B-
24	哈尔滨工程大学	B-
25	南京航空航天大学	B-
26	南京理工大学	B-
27	桂林电子科技大学	B-
28	西北工业大学	B-

序号	学校名称	评选结果
29	西安理工大学	B-
30	北京工业大学	C+
31	北京科技大学	C+
32	上海理工大学	C+
33	江苏大学	C+
34	南昌航空大学	C+
35	武汉大学	C+
36	四川大学	C+
37	北京信息科技大学	C+
38	上海大学	C
39	中国地质大学	C
40	武汉理工大学	C
41	重庆理工大学	C
42	解放军信息工程大学	C
43	海军航空工程学院	C
44	天津科技大学	C-
45	河北大学	C-
46	河北工业大学	C-
47	东北石油大学	C-
48	南京邮电大学	C-
49	湖北工业大学	C-
50	西南石油大学	C-
51	广东工业大学	C-

四、材料类

学科概况

材料类专业涵盖广泛，主要分为材料科学与工程、材料物理、材料化学、冶金工程、金属材料工程、无机非金属材料工程、高分子材料与工程、复合材料与工程 8 个基本专业和粉体材料科学与工程、宝石及材料工艺学、焊接技术与工程、功能材料、纳米材料与技术、新能源材料与器件、材料设计科学与工程、复合材料成型工程、智能材料与结构 9 个特设专业。

本科生阶段，材料类专业一般会突出材料科学、材料物理、材料化学、高分子及复合材料、材料加工的学科方向培养目标，通过四年的学习，初步完成材料工程师或科学工作者的基本训练，在强调对知识、能力、素质方面加强综合能力培养的同时，也强调对扎实的基础、创新能力和终身学习知识的能力的培养。本科生经过大学四年的培养，达到一定素质的工程师和科学工作者所必需的基本要求。

材料类各专业的专业方向不同，所学的内容也有较大不同。如材料科学与工程、材料物理等专业偏向于立足高中物理知识，主要涉及材料科学基础、材料工艺学、材料性能、材料表征、物理化学、材料物理等专业课程；冶金工程则主要涉及金属开采、冶炼、合成等；高分子材料则偏向化学领域，主要学习有机化学、物理化学、分析化学、无机化学、高分子化学、高分子物理、高分子材料、高分子成型加工等课程。材料类专业一般都设计了大量的实验课程，对动手能力要求较高。

目前，大部分高校都采取大类培养机制，以材料科学与工程一级学科为专业进行培养，使学生成为具有扎实和系统的专业基础知识结构、较强的工程实践和创新能力、良好的国际化视野的高层次、复合型人才，以满足材料科学与工程领域科学研究、科技创新、工程应用及组织管理等方面的人才需求。

专业发展

由于材料大类涉及较多学科，所以发展方向也较为广泛。一般来说，材料类本科生可以有效掌握材料科学与工程的基础理论和专业知识，通晓材料的组成、结构、合成与制备、性质与使役性能之间关系的基本规律，接受各种材料的制备合成、结构表征、性能检测等方面的综合训练，拥有新材料与新工艺设计、材料工艺与性能优化、产品质量控制等方面的基本能力。因此，学生毕业后既可从事材料组成、制备工艺、组织结构与性能之间规律性的基础科学研究工作，也可独立承担材料工程设计、技术改造等工程技术工作和管理工作。

就业方向

材料类不同专业的就业方向有较大的差别，一般来说，本专业学生毕业后可在各种材料的制备、加工成型、材料结构与性能等领域从事科学研究与教学、技术开发、工艺和设备设计、技术改造及经营管理等方面的工作。主要的就业方向为电子技术、半导体、集成电路行业、新能源行业、快速消费品行业、原材料和加工行业、石油化工行业、矿产地质行业、金融行业等，可以担任研发工程师、工艺工程师、材料工程师、投行分析师、数据分析师等。

专业排名

序号	学校名称	评选结果
1	清华大学	A+
2	北京航空航天大学	A+
3	武汉理工大学	A+
4	北京科技大学	A
5	哈尔滨工业大学	A
6	上海交通大学	A
7	浙江大学	A
8	西北工业大学	A
9	北京理工大学	A-
10	北京化工大学	A-
11	天津大学	A-
12	东北大学	A-
13	中国科学技术大学	A-
14	中南大学	A-
15	华南理工大学	A-
16	四川大学	A-
17	西安交通大学	A-
18	北京工业大学	B+
19	大连理工大学	B+

序号	学校名称	评选结果
20	吉林大学	B+
21	燕山大学	B+
22	复旦大学	B+
23	同济大学	B+
24	华东理工大学	B+
25	东华大学	B+
26	上海大学	B+
27	南京大学	B+
28	苏州大学	B+
29	南京工业大学	B+
30	山东大学	B+
31	郑州大学	B+
32	华中科技大学	B+
33	重庆大学	B+
34	国防科技大学	B+
35	南开大学	B
36	河北工业大学	B
37	哈尔滨工程大学	B
38	东南大学	B
39	南京航空航天大学	B
40	南京理工大学	B
41	江苏大学	B
42	合肥工业大学	B
43	厦门大学	B
44	武汉科技大学	B
45	湘潭大学	B
46	湖南大学	B
47	中山大学	B
48	西南交通大学	B

序号	学校名称	评选结果
49	电子科技大学	B
50	昆明理工大学	B
51	西安理工大学	B
52	西安建筑科技大学	B
53	天津工业大学	B-
54	天津理工大学	B-
55	中北大学	B-
56	太原理工大学	B-
57	沈阳工业大学	B-
58	江苏科技大学	B-
59	南昌大学	B-
60	青岛科技大学	B-
61	济南大学	B-
62	河南科技大学	B-
63	武汉大学	B-
64	中国地质大学	B-
65	陕西科技大学	B-
66	兰州理工大学	B-
67	中国石油大学	B-
68	广东工业大学	B-
69	太原科技大学	C+
70	大连交通大学	C+
71	长春理工大学	C+
72	长春工业大学	C+
73	哈尔滨理工大学	C+
74	浙江工业大学	C+
75	安徽工业大学	C+
76	华侨大学	C+
77	福州大学	C+

序号	学校名称	评选结果
78	景德镇陶瓷大学	C+
79	武汉工程大学	C+
80	湖北大学	C+
81	西南科技大学	C+
82	贵州大学	C+
83	西安电子科技大学	C+
84	西安工业大学	C+
85	兰州大学	C+
86	青岛大学	C+
87	北京交通大学	C
88	华北电力大学	C
89	内蒙古工业大学	C
90	佳木斯大学	C
91	中国矿业大学	C
92	常州大学	C
93	河海大学	C
94	江南大学	C
95	浙江理工大学	C
96	中国计量大学	C
97	安徽大学	C
98	南昌航空大学	C
99	中国海洋大学	C
100	海南大学	C
101	深圳大学	C
102	桂林电子科技大学	C
103	桂林理工大学	C
104	西南石油大学	C
105	北京印刷学院	C-
106	华北理工大学	C-

序号	学校名称	评选结果
107	沈阳理工大学	C-
108	辽宁科技大学	C-
109	沈阳化工大学	C-
110	沈阳建筑大学	C-
111	江西理工大学	C-
112	山东科技大学	C-
113	河南理工大学	C-
114	湖北工业大学	C-
115	暨南大学	C-
116	广西大学	C-
117	长安大学	C-
118	上海工程技术大学	C-
119	安徽建筑大学	C-
120	沈阳大学	C-
121	重庆理工大学	C-
122	海军工程大学	C-

五、能源动力类

学科概况

根据《普通高等学校本科专业目录》，能源动力类主要指能源与动力工程1个基本专业，并开设能源与环境系统工程、新能源科学与工程、储能科学与工程3个特设专业，能源服务工程1个增补专业。该专业于2012年经教育部批准设置，是以工程热物理相关理论为基础，面向能源转化利用及动力系统领域的专业。培养方向主要涉及热力发电、空调制冷、内燃机、新能源等方向。热力发电方向要求侧重掌握热力发电相关的知识技能；空调制冷方向要求侧重掌握空调、冷库相关的知识技能；内燃机方向要求侧重掌握车用发动机相关的知识技能；新能源方向要求侧重掌握新能源开发方面的知识技能。

专业发展

综合我国"双一流"大学能源动力类专业的发展情况,该专业深造率较高,约有50%的毕业生保送或考取国内高校研究生、10%出国深造,主要是培养具有动力工程及工程热物理学科宽厚基础理论,系统掌握能源高效转换与洁净利用、动力系统及其自动化控制与运行方面的专业知识,具有较高的科学素养和人文素质,工程实践经验丰富、社会责任意识、自主学习意识和自我创新意识强烈、国际视野开阔、引领行业、企业未来发展方向的高级专门人才。

该学科较为综合,专业课程类型也较为广泛,一般可以延伸到理论力学、材料力学、工程热力学、流体力学、传热学、燃烧学、工程材料基础、工程制图、机械设计基础、电工电子技术、自动控制原理、工程分析程序设计、热能与动力测试技术、能源科学与技术导论等专业方向课组。

就业方向

该专业毕业生就业领域宽广,就业层次高,可到能源动力、动力机械、航空航海、石油化工、环境保护等相关领域的研究院所、设计院、高等院校与大型企业从事科学研究、技术开发、教学和管理工作。主要就业方向为发电厂、内燃机厂、汽车制造厂、物流调控企业、锅炉厂、大型机械厂、造船厂、空调厂、制冷设备厂、暖通工程企业等。总体来说,本专业就业面广,就业率很高,前景不错,且在本科阶段就可以很好地就业。

学科排名

序号	学校名称	评选结果
1	清华大学	A+
2	西安交通大学	A+
3	上海交通大学	A
4	浙江大学	A
5	天津大学	A-
6	华北电力大学	A-
7	哈尔滨工业大学	A-

序号	学校名称	评选结果
8	华中科技大学	A-
9	北京航空航天大学	B+
10	北京理工大学	B+
11	大连理工大学	B+
12	哈尔滨工程大学	B+
13	华东理工大学	B+
14	上海理工大学	B+
15	东南大学	B+
16	江苏大学	B+
17	中国科学技术大学	B+
18	北京科技大学	B
19	同济大学	B
20	南京航空航天大学	B
21	南京工业大学	B
22	山东大学	B
23	重庆大学	B
24	中国石油大学	B
25	海军工程大学	B
26	北京工业大学	B-
27	北京化工大学	B-
28	东北大学	B-
29	吉林大学	B-
30	东北电力大学	B-
31	武汉大学	B-
32	中南大学	B-
33	西北工业大学	B-
34	上海电力大学	C+
35	南京理工大学	C+
36	浙江工业大学	C+

序号	学校名称	评选结果
37	青岛科技大学	C+
38	郑州大学	C+
39	武汉理工大学	C+
40	华南理工大学	C+
41	四川大学	C+
42	兰州理工大学	C+
43	北京交通大学	C
44	河北工业大学	C
45	内蒙古工业大学	C
46	沈阳航空航天大学	C
47	东北石油大学	C
48	中国矿业大学	C
49	长沙理工大学	C
50	西华大学	C
51	天津商业大学	C-
52	华北水利水电大学	C-
53	太原理工大学	C-
54	辽宁石油化工大学	C-
55	沈阳化工大学	C-
56	河海大学	C-
57	合肥工业大学	C-
58	武汉工程大学	C-
59	昆明理工大学	C-

六、电气类

学科概况

电气类主要指电气工程及其自动化专业1个基本专业和智能电网信息工程、光源与照明、电气工程与智能控制、电机电器智能化、电缆工程5个特设专业,能源互联网工程 1 个增补专业。主要涉及电力电子技术、计算机技术、电机电器技术、信息与网络控制技术、机电一体化技术等众多领域，是一门综合性较强的学科，可以使学生获得电工电子、系统控制、电气控制、电力系统自动化、电气自动化装置及计算机应用技术等领域的基本技能。全国本科阶段开设电气工程及其自动化专业的院校有 590 余所。由于开设院校众多，这个专业在各个高校的培养特色和课程设置上也有不同侧重。有的侧重于电力系统、电力部门，有的偏向于交通铁路部门，有的偏重于自动化。很多院校的电气工程及其自动化一级学科下细分为多个二级学科，在二级学科里，强电与弱电专业划分得较为清楚，研究方向也有较大区别。

一般来说，该专业主要涵盖电路原理、电磁场、电子技术、自动控制、信号与系统、工程力学、计算机硬件和软件、通信技术与网络应用、单片微机嵌入式系统、数字信号处理等工程基础课程，电力系统继电保护、发电厂工程、电力系统稳定与控制、电力系统调度自动化、电力市场概论、电器原理及应用、过电压及其防护、直流输电技术、电磁测量、电气设备在线监测、电力传动与控制、电子电机设计与分析、电机分析、微特电机、电介质材料与绝缘技术、信息论与电力系统等专业课程，对高中阶段物理学，尤其是电学基础要求较高。

专业发展

电气工程及其自动化专业主要培养具有工程技术基础知识和相应的电气工程专业知识，具有解决电气工程技术分析与控制问题基本能力，为各行各业培养能够从事电气工程及其自动化、计算机技术应用、经济管理等领域工作的宽口径、复合型的高级工程技术人才。在能源革命的浪潮中，国家和社会对于能源领域国际化、复合型的高端创新领军人才提出了大量的需求，能源革命促使电气工程及其自动化专业与新能源、能源动力专业不断融合，许多院校推出了工程热力学、能源经济、能源政策融合型课程，成为未来重要的发展方向。

就业方向

就业领域首选国家电力系统，主要有国家电网公司、区域电网公司；各省电力公司；五大发电集团公司（如华能、国电、大唐、华电、中电投）；电力设计院（如华北、西北、西南、中南、华东等）；各省设计院、电力勘测设计院；

各城市供电公司、地区县级供电公司等。目前，电力行业在我国属于垄断行业，这样的单位一般门槛较高，用人单位较喜欢名牌大学毕业生或者电气工程专业全国排名靠前院校的毕业生，想进入这个系统需要很强的个人能力。同时，毕业生也可偏向电气设备（如变压器）制造公司、电气设备厂和其他与电相关的工作。

专业排名

序号	学校名称	评选结果
1	清华大学	A+
2	西安交通大学	A+
3	华北电力大学	A
4	华中科技大学	A
5	哈尔滨工业大学	A-
6	浙江大学	A-
7	重庆大学	A-
8	海军工程大学	A-
9	天津大学	B+
10	沈阳工业大学	B+
11	上海交通大学	B+
12	东南大学	B+
13	南京航空航天大学	B+
14	山东大学	B+
15	湖南大学	B+
16	西南交通大学	B+
17	北京交通大学	B
18	河北工业大学	B
19	东北电力大学	B
20	哈尔滨理工大学	B
21	中国矿业大学	B
22	合肥工业大学	B

序号	学校名称	评选结果
23	武汉大学	B
24	华南理工大学	B
25	西北工业大学	B
26	太原理工大学	B-
27	大连理工大学	B-
28	上海电力大学	B-
29	河海大学	B-
30	福州大学	B-
31	长沙理工大学	B-
32	四川大学	B-
33	三峡大学	B-
34	北京航空航天大学	C+
35	东北大学	C+
36	燕山大学	C+
37	同济大学	C+
38	上海海事大学	C+
39	上海大学	C+
40	江苏大学	C+
41	广西大学	C+
42	西安理工大学	C+
43	新疆大学	C+
44	辽宁工程技术大学	C
45	南京理工大学	C
46	山东理工大学	C
47	郑州大学	C
48	郑州轻工业学院	C
49	中南大学	C
50	电子科技大学	C
51	中国农业大学	C-

序号	学校名称	评选结果
52	天津理工大学	C-
53	哈尔滨工程大学	C-
54	黑龙江科技大学	C-
55	上海理工大学	C-
56	山东科技大学	C-
57	河南理工大学	C-
58	湖南工业大学	C-

七、电子信息类

学科概况

电子信息科学与技术是研究信息的获取、存储、传输、检测、控制和加工处理的应用基础学科，是社会信息化、智能化发展的基石。本学科是在现代电子学理论与技术、信息论和计算机技术发展的基础上形成的多学科交叉的宽口径专业。传统的研究领域包括物理电子学、量子电子学、光电子学、电子技术。进入21世纪，随着纳米科学与技术、量子信息科学与技术、人工智能的发展，更加拓宽了电子信息科学与技术的研究范围，为该学科的发展注入了新的活力。

电子信息类学科主要包含电子信息工程、电子科学与技术、通信工程、微电子科学与工程、光电信息科学与工程、信息工程6个基本专业和广播电视工程、水声工程、电子封装技术、集成电路设计与集成系统、医学信息工程、电磁场与无线技术、电波传播与天线、电子信息科学与技术、电信工程及管理、应用电子技术教育、人工智能、海洋信息工程12个特设专业，柔性电子学、智能测控工程2个增补专业。

电子信息工程专业学生主要学习信号的获取与处理、电厂设备信息系统等方面的专业知识，受到电子与信息工程实践的基本训练，具备设计、开发、应用、集成电子设备和信息系统的应用基本能力。电子科学与技术专业是一个基础知识面宽、应用领域广泛的综合性专业。在学院多学科交叉背景下，该专业培养基础深厚、专业面宽，具有自主学习能力、创新意识的综合型人才。通信工程专业培养具备通信技术、通信系统和通信网等方面的知识，能在通信领域中从事研究、设计、制造、运营及在国民经济各部门和国防工业中从事开发、应用通信技术与设备的高级工程技术人才。微电子科学与工程专业培养德智体美全面发展，具有扎实的数理基础和电子技术基础理论，掌握新型微电子器件和集成电路分析、设计、制造的基本理论和方法，具备本专业良好的实验技能，能在微电子及相关领域从事科研、教学、科技开发、工程技术、生产管理与行政管理等工作的高级专门人才。光电信息科学与工程专业是根据教育部在2012年9月下发的文件，将原属于电子信息科学类的光信息科学与技术、光电子技术科学专业与原属于电气信息类的信息显示与光电技术、光电信息工程、光电子材料与器件五个专业统一修整后的专业名称。信息工程专业学生主要学习各种类型模拟与数字信息传输过程、信息的采集与处理相关技术、协议、传输安全等内容，具备从事通信网络一般设计、调试的基本能力，具备信息电子采集系统设计、信息处理和网络安全基础设计的基本能力。

总体来说，电子信息学科包括了通信与信息系统、信号与信息处理、信息传输与交换、信息网络、信息处理和信息控制等为主体的各类通信与信息系统。所涉及的范围则包括电信、广播、电视、雷达、声呐、导航、遥控与遥测、遥感、电子对抗、测量、控制等领域，以及军事和国民经济各部门的各种信息系统。

专业发展

电子信息产业是一项新兴的高科技产业，数字经济时代，电子信息专业将迎来更大的发展。电子信息类专业都是宽口径专业，学习内容非常广泛，既涉及物理知识，还涉及数学知识，更涉及电子技术、信息技术、计算机等知识板块。如何应用物理、数学、电磁场、电路与系统等方面的基础理论，结合最前沿的电子学技术和计算机技术，获取、传输、处理和控制信息设计电子元器件和电子信息系统并加以实现，是电子信息科学与技术这个专业的使命。

从职业来看，未来的发展重点是电子信息产品制造业、软件产业和集成电路等产业；新兴通信业务如数据通信、多媒体、互联网、电话信息服务、手机短信等业务也将迅速扩展；值得关注的还有文化科技产业，如网络游戏等。目前，信息技术支持人才需求中排除技术故障、设备和顾客服务、硬件和软件安装以及配置更新和系统操作、监视与维修等四类人才最为短缺。此外，电子商务和互动媒体、数据库开发和软件工程方面的需求量也非常大。

就业方向

本专业学生具有宽领域工程技术适应性，就业面很广，就业率高，毕业生实践能力强，工作上手快，可以在电子信息类的相关企业中，从事电子产品的生产、经营与技术管理和开发工作。主要面向电子产品与设备的生产企业和经营单位，从事各种电子产品与设备的装配、调试、检测、应用及维修技术工作，还可以到一些企事业单位从事一些机电设备、通信设备及计算机控制等设备的安全运行及维护管理工作。已从业的毕业生主要分布在电子技术、导体、集成电路、新能源、计算机软件、互联网、工业自动化等行业，热门企业有海康威视、大华股份、宇视科技、中控技术等，主要集中在深圳、上海、北京、广州、武汉、南京、厦门、成都、济南等大城市，从事电子工程师、专利代理人、光学工程师、测试工程师、互联网与商业运营、通信工程设计师、单片机开发工程师等岗位。

专业排名

电子科学与技术专业排名

序号	学校名称	评选结果
1	电子科技大学	A+
2	西安电子科技大学	A+
3	北京大学	A
4	清华大学	A
5	东南大学	A
6	北京邮电大学	A-
7	复旦大学	A-
8	上海交通大学	A-
9	南京大学	A-
10	浙江大学	A-
11	西安交通大学	A-
12	北京航空航天大学	B+

序号	学校名称	评选结果
13	北京理工大学	B+
14	天津大学	B+
15	吉林大学	B+
16	南京邮电大学	B+
17	杭州电子科技大学	B+
18	华中科技大学	B+
19	西北工业大学	B+
20	国防科技大学	B+
21	空军工程大学	B+
22	北京工业大学	B
23	南开大学	B
24	哈尔滨工业大学	B
25	华东师范大学	B
26	南京理工大学	B
27	中国科学技术大学	B
28	厦门大学	B
29	武汉大学	B
30	中山大学	B
31	华南理工大学	B
32	北京交通大学	B-
33	大连理工大学	B-
34	安徽大学	B-
35	合肥工业大学	B-
36	福州大学	B-
37	山东大学	B-
38	湖南大学	B-
39	重庆大学	B-
40	西南交通大学	B-
41	西安理工大学	B-

序号	学校名称	评选结果
42	解放军理工大学	B-
43	中国传媒大学	C+
44	河北工业大学	C+
45	太原理工大学	C+
46	长春理工大学	C+
47	黑龙江大学	C+
48	燕山大学	C+
49	上海大学	C+
50	中南大学	C+
51	重庆邮电大学	C+
52	兰州大学	C+
53	解放军信息工程大学	C+
54	天津工业大学	C
55	天津理工大学	C
56	南京航空航天大学	C
57	湖北大学	C
58	长沙理工大学	C
59	桂林电子科技大学	C
60	四川大学	C
61	贵州大学	C
62	西安邮电大学	C
63	海军航空工程学院	C
64	北方工业大学	C-
65	河北大学	C-
66	华北电力大学	C-
67	中北大学	C-
68	哈尔滨工程大学	C-
69	苏州大学	C-
70	中国计量大学	C-

序号	学校名称	评选结果
71	郑州大学	C-
72	武汉理工大学	C-
73	深圳大学	C-
74	西北大学	C-

信息与通信工程专业排名

序号	学校名称	评选结果
1	北京邮电大学	A+
2	电子科技大学	A+
3	清华大学	A
4	上海交通大学	A
5	西安电子科技大学	A
6	国防科技大学	A
7	北京交通大学	A-
8	北京航空航天大学	A-
9	北京理工大学	A-
10	哈尔滨工业大学	A-
11	东南大学	A-
12	解放军信息工程大学	A-
13	解放军理工大学	A-
14	北京大学	B+
15	天津大学	B+
16	大连理工大学	B+
17	哈尔滨工程大学	B+
18	南京邮电大学	B+
19	浙江大学	B+
20	中国科学技术大学	B+
21	华中科技大学	B+
22	华南理工大学	B+
23	西南交通大学	B+

序号	学校名称	评选结果
24	重庆邮电大学	B+
25	西安交通大学	B+
26	海军航空工程学院	B+
27	空军工程大学	B+
28	中国传媒大学	B
29	中北大学	B
30	东北大学	B
31	上海大学	B
32	南京大学	B
33	南京航空航天大学	B
34	南京理工大学	B
35	厦门大学	B
36	山东大学	B
37	武汉大学	B
38	武汉理工大学	B
39	深圳大学	B
40	四川大学	B
41	西北工业大学	B
42	大连海事大学	B−
43	吉林大学	B−
44	苏州大学	B−
45	中国矿业大学	B−
46	河海大学	B−
47	合肥工业大学	B−
48	中山大学	B−
49	桂林电子科技大学	B−
50	重庆大学	B−
51	宁波大学	B−
52	西安邮电大学	B−

序号	学校名称	评选结果
53	装备学院	B-
54	海军工程大学	B-
55	福州大学	C+
56	郑州大学	C+
57	湖南大学	C+
58	海南大学	C+
59	成都信息工程大学	C+
60	云南大学	C+
61	北京工业大学	C+
62	北京科技大学	C+
63	华北电力大学	C+
64	长春理工大学	C+
65	同济大学	C+
66	华东师范大学	C+
67	南京信息工程大学	C+
68	南通大学	C+
69	南开大学	C
70	天津工业大学	C
71	中国民航大学	C
72	黑龙江大学	C
73	复旦大学	C
74	上海海事大学	C
75	杭州电子科技大学	C
76	浙江工业大学	C
77	浙江工商大学	C
78	南昌大学	C
79	华东交通大学	C
80	中国海洋大学	C
81	中南大学	C

序号	学校名称	评选结果
82	暨南大学	C
83	天津理工大学	C-
84	沈阳航空航天大学	C-
85	燕山大学	C-
86	东华大学	C-
87	山东科技大学	C-
88	中国地质大学	C-
89	西北大学	C-
90	西安理工大学	C-
91	西安科技大学	C-
92	兰州大学	C-
93	兰州交通大学	C-
94	广东工业大学	C-
95	火箭军工程大学	C-

八、自动化类

学科概况

自动化类主要指自动化专业和智能工程与创意设计（增补），又名控制科学与工程，主要涉及电子工程、计算机、机电工程、网络、通信等众多领域，所以它的专业覆盖面十分广，课程内容也比较多。学生需要掌握自动控制理论、信号与系统分析、电路原理、电力电子技术、数字电子技术、传感器技术、网络与通信技术、高级语言程序设计、计算机软件技术应用等方面的知识，部分院校也要求学生学习化学工程、力学、管理学等知识。

该专业有鲜明的特点，就是控（制）管（理）结合，强（电）弱（电）并重，软（件）硬（件）兼施，是个多学科交叉的宽口径工科专业。机械工程及自动化、电气工程与自动化、农业机械化及其自动化等专业，都是在自动化专业的基础之上发展起来的，只是侧重的方向不同而已。这类专业旨在培养具备自动化的专业知识和能力，又能在各个领域发挥作用的宽口径高级人才。

除了院校层次和分数以外，报考时院校的培养方向和课程设置也是不可忽视的。不同的院校，在专业培养方向和专业课程设置上，或多或少会带有自身的特点。例如，北京航空航天大学的自动化专业以电为主，机电结合，以自动控制和计算机信息获取、信息处理与仿真为基础进行专业教育。而北京交通大学的自动化专业总体来说更偏重交通控制、智能交通等方向。

专业发展

自动化专业所学知识量大，与其他学科交叉甚多，几乎所有专业都能与自动化挂钩，它与现代化工业、农业、国防、民生息息相关。故而就业面广，未来的发展空间较大，学生转行、转专业也都比较容易，如电子工程、计算机、通信都可以是自动化专业发展的方向。

就业方向

该专业毕业生有着广阔的就业渠道，因为自动化技术的应用广泛，其就业领域也五花八门。根据近几年毕业生就业的情况来看，他们的工作都非常理想，收入状况也颇为乐观。与该专业就业领域相关联的行业借助市场经济的搞活和对外开放程度的加深，也获得了飞速发展。民航、铁路、金融、通信系统、税务、海关等部门的自动化程度越来越高，科研院所、高科技公司也借助强大的人才优势，发展迅猛。未来随着自动化技术应用领域的日益拓展，对这一专业人才的需求将会不断增加，自动化专业的毕业生也将借助这一技术的广泛应用而在社会生活的各个领域、经济发展的各个环节找到发挥自己专长的理想位置。

专业排名

序号	学校名称	评选结果
1	清华大学	A+
2	哈尔滨工业大学	A+
3	浙江大学	A+
4	北京航空航天大学	A

序号	学校名称	评选结果
5	北京理工大学	A
6	东北大学	A
7	上海交通大学	A
8	国防科技大学	A
9	哈尔滨工程大学	A-
10	东南大学	A-
11	山东大学	A-
12	华中科技大学	A-
13	中南大学	A-
14	西安交通大学	A-
15	广东工业大学	A-
16	火箭军工程大学	A-
17	北京工业大学	B+
18	北京科技大学	B+
19	北京化工大学	B+
20	天津大学	B+
21	大连理工大学	B+
22	同济大学	B+
23	华东理工大学	B+
24	南京航空航天大学	B+
25	南京理工大学	B+
26	江南大学	B+
27	杭州电子科技大学	B+
28	中国科学技术大学	B+
29	华南理工大学	B+
30	西北工业大学	B+
31	西安理工大学	B+
32	西安电子科技大学	B+
33	南开大学	B

序号	学校名称	评选结果
34	华北电力大学	B
35	吉林大学	B
36	燕山大学	B
37	东华大学	B
38	上海大学	B
39	江苏大学	B
40	浙江工业大学	B
41	山东科技大学	B
42	武汉科技大学	B
43	湖南大学	B
44	重庆大学	B
45	电子科技大学	B
46	海军工程大学	B
47	海军航空工程学院	B
48	空军工程大学	B
49	北京交通大学	B-
50	北京邮电大学	B-
51	河北工业大学	B-
52	大连海事大学	B-
53	中国矿业大学	B-
54	中国计量大学	B-
55	合肥工业大学	B-
56	厦门大学	B-
57	华东交通大学	B-
58	河南科技大学	B-
59	武汉大学	B-
60	西南交通大学	B-
61	重庆邮电大学	B-
62	兰州理工大学	B-

序号	学校名称	评选结果
63	中国石油大学	B-
64	解放军信息工程大学	B-
65	北方工业大学	C+
66	天津工业大学	C+
67	中国民航大学	C+
68	天津理工大学	C+
69	山西大学	C+
70	辽宁石油化工大学	C+
71	辽宁工业大学	C+
72	东北电力大学	C+
73	哈尔滨理工大学	C+
74	上海理工大学	C+
75	南京工业大学	C+
76	南京邮电大学	C+
77	安徽大学	C+
78	安徽工程大学	C+
79	郑州大学	C+
80	中国地质大学	C+
81	武汉理工大学	C+
82	西南科技大学	C+
83	北京建筑大学	C
84	辽宁科技大学	C
85	大连工业大学	C
86	渤海大学	C
87	长春工业大学	C
88	南京大学	C
89	江苏科技大学	C
90	河海大学	C
91	青岛科技大学	C

序号	学校名称	评选结果
92	济南大学	C
93	曲阜师范大学	C
94	河南理工大学	C
95	四川大学	C
96	西安工程大学	C
97	青岛大学	C
98	北京工商大学	C-
99	天津职业技术师范大学	C-
100	太原科技大学	C-
101	太原理工大学	C-
102	沈阳航空航天大学	C-
103	沈阳化工大学	C-
104	长春理工大学	C-
105	黑龙江大学	C-
106	南通大学	C-
107	浙江理工大学	C-
108	中国海洋大学	C-
109	山东建筑大学	C-
110	湖南科技大学	C-
111	深圳大学	C-
112	昆明理工大学	C-
113	西安工业大学	C-
114	陕西科技大学	C-
115	北京信息科技大学	C-

九、计算机类

学科概况

计算机类学科主要包含计算机科学与技术、软件工程、网络工程、信息安全、物联网工程、数字媒体技术6个基本专业和智能科学与技术、空间信息与数字技术、电子与计算机工程、数据科学与大数据技术、网络空间安全、新媒体技术、电影制作、保密技术、服务科学与工程、虚拟现实技术、区块链工程11个特设专业，密码科学与技术1个增补专业。

  计算机类学科涉及范围极其广泛，可以说涵盖了经济社会发展的全部方面，除了上述专业方向外，还有电子与通信工程、应用电子技术、电子科学与技术、计算机科学与技术、通信工程、电子信息工程、微电子技术、电子信息科学与技术、企业信息计算机管理、电子商务、经济信息管理与计算机应用、信息管理与信息系统、计算机辅助设计与制造、数据库应用与信息管理、微电子控制技术、计算机辅助制造工艺、计算机系统维护技术、机电设备及微机应用、计算机控制技术、计算机辅助设计、工厂计算机集中控制、计算机组装与维修、计算机图形图像处理、计算机美术设计、计算机网络工程与管理、信息及通信网络应用技术、信息与多媒体技术、多媒体与网络技术、计算机网络技术、广告电脑制作、电脑图文处理与制版、计算机制图、电子工程、计算机网络与软件应用、网络技术与信息处理、数控技术及应用、电器与电脑、信息处理与自动化、计算机与邮政通信等。

  具体来说，计算机科学与技术专业包括计算机硬件、软件与应用的基础理论和技能。软件工程专业研究运用工程化方法构建和维护有效、实用、高质量的软件学科，主要关注软件开发技术与软件工程管理技术，涉及程序设计语言、数据库、软件开发工具、系统平台等方面的知识。网络工程专业是一个集网络策划、建设、维护为一体的专业，是一个偏硬件的工科专业，主要学习网络规划，综合布线，防火墙、路由器、交换机的配置。信息安全专业是管理网络安全的一个专业，本专业是计算机、通信、数学、物理、法律、管理等学科的交叉学科，主要研究确保信息安全的科学与技术，培养能够保障计算机、通信、电子商务、电子政务、电子金融等领域的信息安全的高级专门人才。物联网应用从技术层面来讲主要涉及三个部分，即对外感知、感知信息传输、信息处理与回馈控制。智能技术贯穿整个物联网之中，是核心技术的核心。数字媒体技术专业旨在培养兼具技术素质和艺术素质的现代艺术设计人才，与数字媒体艺术专业相比，本专业略注重技术素质的培养，可适应新媒体艺术创作、网络多媒体制作、广告、影视动画、大众传媒、房地产业的演示动画片制作工作的需要。

专业发展

计算机技术面临着一系列新的重大变革。诺伊曼体制的简单硬件与专门逻辑已不能适应软件日趋复杂、课题日益繁杂庞大的趋势，新的需求要求创造服从于软件需要和课题自然逻辑的新体制。并行、联想、专用功能化以及硬件、固件、软件相复合，是新体制的重要实现方法。计算机将由信息处理、数据处理过渡到知识处理，知识库将取代数据库。自然语言、模式、图像、手写体等进行人—机会话将是输入输出的主要形式，使人—机关系达到高级的程度。砷化镓器件将取代硅器件。

就业方向

计算机类学生毕业后可在政府机关、国家安全部门、银行、金融、证券、通信领域从事各类信息安全系统、计算机安全系统的研究、设计、开发和管理工作，也可在 IT 领域从事计算机应用工作。其中：

计算机科学与技术专业是全国高校开设最广泛的专业之一，不同的高校会有不同的就业平台。主要集中在 IT 类外企和 IT 类国企、民企，非 IT 类外企及国企的计算机部门，政府、科研单位及其他单位，师范类院校毕业生可到中小学担任计算机类课程教师。发展空间较大。

软件工程毕业生能在软件公司开发软件，可以到软件测试公司做软件测试，可以做软件公司销售，可以到研究所做程序员，可以从事网页、动态商务网站开发与管理工作，也可以几个同学共同组织个网络工作室。政府等公共事业单位也倾向于招聘软件工程专业毕业生。

信息安全与管理从业方向有公务员、软件测试、事业单位人员、警察、网络与信息安全工程师、IT 技术支持、维护工程师、军人、软件工程师等。

物联网工程专业的毕业生主要就业于与物联网相关的企业，从事物联网的通信架构、网络协议和标准、无线传感器、信息安全等方面的设计、开发、管理与维护工作，也可在高等院校或科研机构从事科研、教学等工作。

数字媒体技术专业的毕业生可在广播、影视、动画、游戏、通信、信息、家电、平面媒体等行业从事各类数字媒体的设计、制作、传输及产品开发等工作。

专业排名

序号	学校名称	评选结果
1	北京大学	A+
2	清华大学	A+
3	浙江大学	A+
4	国防科技大学	A+
5	北京航空航天大学	A
6	北京邮电大学	A
7	哈尔滨工业大学	A
8	上海交通大学	A
9	南京大学	A
10	华中科技大学	A
11	电子科技大学	A
12	北京交通大学	A-
13	北京理工大学	A-
14	东北大学	A-
15	吉林大学	A-
16	同济大学	A-
17	中国科学技术大学	A-
18	武汉大学	A-
19	中南大学	A-
20	西安交通大学	A-
21	西北工业大学	A-
22	西安电子科技大学	A-
23	解放军信息工程大学	A-
24	中国人民大学	B+
25	北京工业大学	B+
26	北京科技大学	B+
27	南开大学	B+
28	天津大学	B+

序号	学校名称	评选结果
29	大连理工大学	B+
30	哈尔滨工程大学	B+
31	复旦大学	B+
32	华东师范大学	B+
33	东南大学	B+
34	南京航空航天大学	B+
35	南京理工大学	B+
36	杭州电子科技大学	B+
37	合肥工业大学	B+
38	厦门大学	B+
39	山东大学	B+
40	湖南大学	B+
41	中山大学	B+
42	华南理工大学	B+
43	四川大学	B+
44	重庆大学	B+
45	西南交通大学	B+
46	重庆邮电大学	B+
47	解放军理工大学	B+
48	河海大学	B
49	江苏大学	B
50	南京信息工程大学	B
51	浙江工业大学	B
52	安徽大学	B
53	中国海洋大学	B
54	中国地质大学	B
55	武汉理工大学	B
56	暨南大学	B
57	深圳大学	B

序号	学校名称	评选结果
58	西南大学	B
59	兰州大学	B
60	火箭军工程大学	B
61	北京师范大学	B
62	天津理工大学	B
63	山西大学	B
64	大连海事大学	B
65	长春理工大学	B
66	哈尔滨理工大学	B
67	燕山大学	B
68	华东理工大学	B
69	上海大学	B
70	苏州大学	B
71	中国矿业大学	B
72	北方工业大学	B-
73	中国农业大学	B-
74	首都师范大学	B-
75	天津工业大学	B-
76	华北电力大学	B-
77	太原理工大学	B-
78	内蒙古大学	B-
79	沈阳航空航天大学	B-
80	东华大学	B-
81	南京邮电大学	B-
82	江南大学	B-
83	浙江工商大学	B-
84	福州大学	B-
85	山东科技大学	B-
86	济南大学	B-

序号	学校名称	评选结果
87	华中师范大学	B-
88	广西大学	B-
89	桂林电子科技大学	B-
90	云南大学	B-
91	西北大学	B-
92	青海师范大学	B-
93	新疆大学	B-
94	中国石油大学	B-
95	空军工程大学	B-
96	北京化工大学	C+
97	北京语言大学	C+
98	中国传媒大学	C+
99	中国民航大学	C+
100	河北大学	C+
101	河北工业大学	C+
102	沈阳建筑大学	C+
103	辽宁师范大学	C+
104	上海理工大学	C+
105	上海海洋大学	C+
106	常州大学	C+
107	浙江理工大学	C+
108	浙江师范大学	C+
109	温州大学	C+
110	福建师范大学	C+
111	南昌大学	C+
112	郑州大学	C+
113	武汉科技大学	C+
114	湖南科技大学	C+
115	广西师范大学	C+

序号	学校名称	评选结果
116	成都信息工程大学	C+
117	贵州大学	C+
118	昆明理工大学	C+
119	长安大学	C+
120	青岛大学	C+
121	西安邮电大学	C+
122	北京工商大学	C
123	河北工程大学	C
124	石家庄铁道大学	C
125	中北大学	C
126	东北电力大学	C
127	长春工业大学	C
128	上海师范大学	C
129	安徽工业大学	C
130	江西师范大学	C
131	山东财经大学	C
132	河南理工大学	C
133	郑州轻工业学院	C
134	湘潭大学	C
135	华南农业大学	C
136	西安理工大学	C
137	西安工业大学	C
138	西北农林科技大学	C
139	三峡大学	C
140	扬州大学	C
141	大连大学	C
142	广东工业大学	C
143	江西财经大学	C-
144	河南工业大学	C-

序号	学校名称	评选结果
145	河南大学	C-
146	河南师范大学	C-
147	武汉工程大学	C-
148	武汉纺织大学	C-
149	湖北工业大学	C-
150	长沙理工大学	C-
151	海南大学	C-
152	桂林理工大学	C-
153	西南石油大学	C-
154	重庆交通大学	C-
155	西华大学	C-
156	西南财经大学	C-
157	西安石油大学	C-
158	北京信息科技大学	C-
159	湖南工业大学	C-
160	海军航空工程学院	C-
161	中央民族大学	C-
162	沈阳理工大学	C-
163	黑龙江大学	C-
164	上海海事大学	C-
165	江苏科技大学	C-
166	华侨大学	C-
167	东华理工大学	C-
168	江西理工大学	C-

十、土木类

学科概况

土木类学科主要包括土木工程、建筑环境与能源应用工程、给排水科学与工程、建筑电气与智能化 4 个基本专业，城市地下空间工程、道路桥梁与渡河工程、铁道工程、智能建造以及土木、水利与海洋工程和土木、水利与交通工程 6 个特设专业，城市水系统工程 1 个增补专业。

土木工程专业培养掌握工程力学、流体力学、岩土力学和市政工程学科的基本理论和基本知识，具备从事土木工程的项目规划、设计、研究开发、施工及管理的能力，受到课程设计、试验仪器操作和现场实习等方面的基本训练，具有从事土木工程的规划、设计、研究、施工、管理的基本能力。

建筑环境与能源应用工程专业要求学生能从事建筑物采暖、空调、通风除尘、空气净化和燃气应用等系统与设备以及相关的城市供热、供燃气系统与设备的设计、安装调试与运行工作；能够以工程技术为依托，以建筑智能化系统为平台，对工业建筑及大型现代化楼宇中环境系统和供能设施的设计、安装、估价、调试、运行、维护进行经济分析和管理；能适应低碳经济建设与社会可持续发展的需要，具备建筑节能设计、建造、运行管理的基本理论与专业技能，知识面宽，具有向土建类相关领域拓展的渗透能力、适应能力和实际工作能力。

给排水科学与工程专业培养具备城市给水工程、排水工程、建筑给水排水工程、工业给水排水工程、水污染控制规划和水资源保护等方面的知识，学生主要学习普通化学、工程力学、测量学、工程制图、微生物学、水力学、电工学、给水排水工程学科的基本理论和基本知识，受到外语、计算机技术及绘图、污染物监测和分析、工程设计、管理及规划方面的基本训练，具有水科学和环境科学技术领域的科学研究、工程设计和管理规划方面的基本能力。

建筑电气与智能化专业主要培养能够从事与建筑智能化技术领域有关的设计、管理、研究等工作，具有较强工程实践能力和较宽专业知识面的、宽口径复合型高级工程技术和管理人才及具备注册执业基础知识和基本能力的建筑电气与智能化专业高级工程技术人才。

专业发展

土木类专业为重要的应用学科，中国城镇化进程仍在不断向前推进，城镇化率必然会持续提高，随之而来的将是未来几十年我国对土木工程领域人才的需求。因此，土木工程专业发展潜力巨大。

就业方向

土木类学生就业很少偏离本专业，是对口就业率高的几个专业之一。土木工程专业主要就业方向为在房屋建筑、地下建筑、隧道、道路、桥梁、矿井等工程项目的设计、研究、施工、教育、管理、投资、开发等部门从事技术或管理工作。建筑环境与能源应用工程专业毕业后能够在建筑设计研究和规划管理部门、工程建设公司、设备制造企业、运营公司等单位从事供热、通风、空调、冷热源、净化、燃气等方面的规划设计、研发制造、施工安装、运行管理及系统保障等技术或管理工作。给排水科学与工程专业毕业生能在政府部门、规划部门、经济管理部门、环保部门、设计单位、工矿企业、科研单位、大中专院校等从事规划、设计、施工、管理、教育和研究开发方面的工作。建筑电气与智能化专业就业率高，学生毕业后主要面向建筑行业工程单位、政府部门、规划部门、经济管理部门、设计单位、施工企业、科研单位、学校等从事科学研究、教学、技术开发、工程设计与施工及规划管理等工作。

学科排名

序号	学校名称	评选结果
1	同济大学	A+
2	东南大学	A+
3	清华大学	A
4	北京工业大学	A
5	哈尔滨工业大学	A
6	浙江大学	A
7	天津大学	A-
8	大连理工大学	A-
9	河海大学	A-
10	湖南大学	A-
11	中南大学	A-
12	西南交通大学	A-
13	解放军理工大学	A-
14	北京交通大学	B+

序号	学校名称	评选结果
15	石家庄铁道大学	B+
16	沈阳建筑大学	B+
17	上海交通大学	B+
18	中国矿业大学	B+
19	山东大学	B+
20	武汉大学	B+
21	华中科技大学	B+
22	长沙理工大学	B+
23	华南理工大学	B+
24	重庆大学	B+
25	西安建筑科技大学	B+
26	广州大学	B+
27	北京科技大学	B
28	北京建筑大学	B
29	南京工业大学	B
30	合肥工业大学	B
31	福州大学	B
32	青岛理工大学	B
33	郑州大学	B
34	中国地质大学	B
35	武汉理工大学	B
36	四川大学	B
37	重庆交通大学	B
38	长安大学	B
39	兰州理工大学	B
40	兰州交通大学	B
41	太原理工大学	B−
42	东北大学	B−
43	上海大学	B−

序号	学校名称	评选结果
44	苏州科技大学	B-
45	安徽理工大学	B-
46	华侨大学	B-
47	山东科技大学	B-
48	山东建筑大学	B-
49	广西大学	B-
50	成都理工大学	B-
51	西安理工大学	B-
52	西安科技大学	B-
53	三峡大学	B-
54	北京航空航天大学	C+
55	河北工业大学	C+
56	辽宁工程技术大学	C+
57	东华大学	C+
58	浙江工业大学	C+
59	华东交通大学	C+
60	湖北工业大学	C+
61	湖南科技大学	C+
62	深圳大学	C+
63	昆明理工大学	C+
64	西安交通大学	C+
65	天津城建大学	C+
66	安徽建筑大学	C+
67	广东工业大学	C+
68	北方工业大学	C
69	华北水利水电大学	C
70	吉林大学	C
71	吉林建筑大学	C
72	哈尔滨工程大学	C

序号	学校名称	评选结果
73	上海理工大学	C
74	南京航空航天大学	C
75	南京林业大学	C
76	厦门大学	C
77	中南林业科技大学	C
78	汕头大学	C
79	桂林理工大学	C
80	贵州大学	C
81	宁波大学	C
82	中国农业大学	C-
83	内蒙古工业大学	C-
84	东北电力大学	C-
85	燕山大学	C-
86	南京理工大学	C-
87	中国海洋大学	C-
88	济南大学	C-
89	河南理工大学	C-
90	武汉科技大学	C-
91	南华大学	C-
92	西北工业大学	C-
93	烟台大学	C-
94	扬州大学	C-

十一、水利类

学科概况

水利类学科主要包括水利水电工程、水文与水资源工程和港口航道与海岸工程3个基本专业，水务工程、水利科学与工程2个特设专业。水利水电工程专业培养具有水利水电工程的勘测、规划、设计、施工、科研和管理等方面的知识，能在水利、水电等部门从事规划、设计、施工、科研和管理等方面工作的高级工程技术人才。水文与水资源工程专业培养从事水文水资源信息采集整理、水情预测预报、水质监测与评价、水资源评价与管理、水资源及水环境保护的高级技术应用型专门人才。港口航道与海岸工程专业培养具备港口工程、航道工程、海岸工程的规划、设计、施工和管理等方面的知识，能在交通、水利、海岸开发等部门从事规划、设计、施工和管理等工作的高级工程技术人才。

专业发展

水利水电工程专业学生主要学习水利水电工程建设所必需的数学、力学和建筑结构等方面的基本理论和基本知识，使学生得到必要的工程设计方法、施工管理方法和科学研究方法的基本训练，具有水利水电工程勘测、规划、设计、施工、科研和管理等方面的基本能力。港口航道与海岸工程专业学生主要学习港口工程、航道工程和海岸工程方面的基本理论和基本知识，受到制图、测量、运算、实验、综合分析和书写报告等方面的基本训练，具有工程规划、设计、施工和管理方面的基本能力。

从专业培养来看，水利类学科一般发展路径较为清晰，路径较为明确。

就业方向

水利类专业毕业生就业方向相对明确，主要集中在水利系统内，可就业于国土资源、水利、水资源、城建、环保、交通等部门从事科研、教学、管理、设计和生产等方面的工作，如国家有关部委和地方水文工程勘察设计院、环境监测单位、专业规划设计研究院、工程施工单位、中外合资企业、教育部门、部队等，也可往水文学及水资源、地下水科学与工程等研究生专业继续深造。

专业排名

序号	学校名称	评选结果
1	清华大学	A+
2	河海大学	A+
3	天津大学	A-
4	武汉大学	A-

序号	学校名称	评选结果
5	中国农业大学	B+
6	大连理工大学	B+
7	郑州大学	B+
8	四川大学	B+
9	西安理工大学	B+
10	华北水利水电大学	B
11	中国海洋大学	B
12	华中科技大学	B
13	中国地质大学	B
14	重庆交通大学	B
15	吉林大学	B−
16	南京大学	B−
17	长沙理工大学	B−
18	西北农林科技大学	B−
19	三峡大学	B−
20	北京师范大学	C+
21	太原理工大学	C+
22	宁夏大学	C+
23	新疆农业大学	C+
24	扬州大学	C+
25	华北电力大学	C
26	内蒙古农业大学	C
27	同济大学	C
28	中山大学	C
29	长安大学	C
30	北京工业大学	C−
31	合肥工业大学	C−
32	南昌大学	C−
33	山东大学	C−
34	华南理工大学	C−

十二、测绘类

学科概况

测绘类学科主要包括测绘工程、遥感科学与技术 2 个基本专业，导航工程、地理国情监测、地理空间信息工程 3 个特设专业，是工学门类下属学科，也是学生报考的一类热门专业。

测绘工程专业培养具备地面测量、海洋测量、空间测量、摄影测量与遥感技术及地图编制等方面的知识，能在国民经济各部门从事国家基础测绘建设、陆海空运载工具导航与管理、城市和工程建设、矿产资源勘察与开发、国土资源调查与管理等测量工程、地图与地理信息系统的设计、实施和研究等方面工作的工程技术人才。

遥感科学与技术专业是在空间科学、电子科学、地球科学、计算机科学及其他边缘科学交叉渗透、相互融合的基础上发展起来的一门新兴交叉学科，它在国民经济建设以及国防建设等方面日益显示出独特的战略地位和意义，许多发达国家已将其列为优先发展的战略目标。

导航工程专业培养从事导航装备与通信装备使用、维修、监造、管理的高级工程技术人才和导航通信分队作战指挥、组织训练、日常管理的初级指挥军官。

特别值得一提的是，对于专科生来讲，资源环境与安全门类下设了测绘地理信息类专业，主要专业有矿山测量、测绘工程技术、工程测量技术、摄影测量与遥感技术、测绘与地质工程技术等，这些测绘类专业中综合评价最高的是工程测量技术专业。

专业发展

测绘工程专业学生主要学习测绘学的基本理论、基本知识和基本技能，空间精密定位与导航的理论，城市与工程建设的基本知识及其测量工程的设计、实施和管理等方面的理论与技术，摄影测量与图像图形信息处理的理论与技术，各类地图设计与编制的理论与技术，受到科学研究的基本训练，具有测绘工程方面的基本能力。

遥感科学与技术专业主要学习遥感技术、电子技术和计算机科学与技术等方面的基本理论和基本技能，学习地理信息系统、空间定位系统与遥感信息工程集成理论和方法，并能组织和实施各类应用系统的设计、开发和管理。

导航工程专业主要学习导航系统与组合导航技术，导航设备与通信设备的性能、结构、工程原理、维修技术等专业知识及检测、调试、维护保养、故障诊断等专业技能。

在数字技术的推动下，测绘学不断进步，新兴的前沿技术层出不穷，与卫星定位相结合以及与计算机相结合的趋势已不可阻挡，测绘类学科未来对智能化、数字化要求不断增强，计算机课程会成为基础要求。

就业方向

测绘工程是最热门的本科专业之一，毕业后可以从事建筑工程、道路桥梁隧道工程、地质勘查及采矿等方面工作，也可以考公务员或者当老师，就业前景比较好。其中，遥感科学与技术专业毕业生少，专业优势特色突出，毕业后可以做互联网产品专员、软件工程师、建筑工程测绘员等。地理国情监测专业毕业生可以去国企、事业单位等工作。

学科排名

序号	学校名称	评选结果
1	武汉大学	A+
2	解放军信息工程大学	A+
3	中国矿业大学	A-
4	北京大学	B+
5	同济大学	B+
6	中南大学	B+
7	山东科技大学	B
8	中国地质大学	B
9	西南交通大学	B
10	长安大学	B
11	辽宁工程技术大学	B-
12	河海大学	B-

序号	学校名称	评选结果
13	河南理工大学	B-
14	北京建筑大学	C+
15	北京师范大学	C+
16	东南大学	C+
17	西安科技大学	C+
18	东北大学	C
19	东华理工大学	C
20	中国石油大学	C
21	江西理工大学	C-
22	桂林理工大学	C-
23	昆明理工大学	C-

十三、化工与制药类

学科概况

化工与制药类学科是传统的工学学科，主要包括化学工程与工艺、制药工程 2 个基本专业和资源循环科学与工程、能源化学工程、化学工程与工业生物工程、化工安全工程、涂料工程、精细化工 6 个特设专业。其中，化学工程与工艺专业主要面向化工、炼油、医药、能源、资源、冶金、轻工、材料、环境、生物、卫生、信息等过程工业，从分析有关生产工艺、过程和设备的共同规律出发，研究其基本原理、数学模型、发展规律、系统优化及计算机辅助设计等理论和方法，以培养具有扎实的理论基础和较强的工程实践能力、能从事相关行业新过程、新工艺、新产品和新设备的研究、开发、设计的高级科技人才和管理人才。制药工程专业培养具备制药工程方面的知识，能在医药、农药、精细化工和生物化工等部门从事医药产品的生产、科技开发、应用研究和经营管理等方面的高级工程技术人才。

专业发展

化学工程与工艺专业主要学习化学反应与分离等单元操作、制取化工产品的基本原理与实现工业化生产的工程技术，包括新产品、新工艺、新过程、新设备的研究、开发、放大与设计。本专业的毕业生可以进入化工、炼油、医药、能源、冶金、轻工、材料、环境等行业工作。

制药工程专业学生主要学习有机化学、物理化学、化工原理、药物化学、生物化学、毒理学、药理学、制药工艺学和制药专业设备等方面的基本理论和基本知识，受到化学与化工实验技能、工程实践、计算机应用、科学研究与工程设计方法的基本训练，具有对医药产品的生产、工程设计、新药的研制与开发的基本能力。

资源循环科学与工程专业主要学习循环资源科学与工程专业基础理论知识，通过对循环经济工程技术相关理论知识的学习与工程实训锻炼，了解我国资源分布、产业布局、环境保护等方面的基本状况，具备从事循环资源科学与工程基础理论研究与工程技术开发、经营管理等方面工作的能力。

能源化学工程专业培养掌握化学和能源转化与利用的基本理论、基本知识和基本技能，培养具有良好科学素养、基础扎实、知识面宽，具有创新精神和国际视野的高级专门应用型人才，具备在煤炭行业、电力行业、石油石化行业、生物质转化利用行业从事低碳能源清洁化、可再生能源利用以及能源高效转化、化工用能评价等领域的科学研究、生产设计和技术管理的能力。

化学工程与工业生物工程专业主要学习化工原理、化工热力学、化学反应工程、化工设计、化工模拟与优化、化工传递过程原理、分子生物学、基因工程原理、细胞培养工程等课程，培养学生掌握化学、生物学、化学工程学的基本理论和方法，具备应用化学与生物学知识实现工业规模的分子转化与加工的综合技术与能力。

就业方向

化工与制药类就业方向与细分专业紧密相关。

化学工程与工艺专业学生毕业后可在食品、医药、能源、环保等领域从事生物产品的研制、生产，同时可到高等院校、设计和研究单位从事教学、科研、生产、管理等方面的工作。

制药工程专业毕业生可从事一切与药物有关的工作，例如，在药厂、大学、研究所的研究部门，从事药物研发工作；在药厂，从事药品生产、技术工作；

在药厂、食品厂、药检所，从事食品、药品质检化验工作；在药厂从事药物的生产技术管理等工作；在药厂、医药营销公司，从事药品营销、内勤等工作；在医院药剂科，从事制剂、质检、临床药学等工作；在药店、医药营销公司，从事药品使用指导咨询等工作；在药检所从事药物的质量鉴定和制定相应的质量标准；在医药贸易公司或制药企业从事药品流通及国内、外贸易；做公务员，在国家、省、市、县药品监督局，从事食品药品质量监督等工作；报考生命科学、生物技术、药学及相关专业的研究生。

资源循环科学与工程专业毕业的学生可在资源循环以及与资源综合利用相关的建材、冶金、新材料产业、原材料产业等行业从事工业规划、技术开发、工艺及设备设计、清洁生产评估与咨询等工作。

能源化学工程专业工作领域包括煤化工行业、天然气化工行业、电厂化工综合利用行业、生物能源化工行业、固体废物综合处理行业、石油加工行业、石油化工行业、催化剂生产和研发行业。可以在这些行业从事设计、科学研究、技术管理等工作或继续深造。

化学工程与工业生物工程专业毕业生可在食品、医药、能源、环保等领域从事生物产品的研制、生产，同时可到高等院校、设计和研究单位从事教学、科研、生产、管理等方面的工作。

专业排名

序号	学校名称	评选结果
1	天津大学	A+
2	华东理工大学	A+
3	清华大学	A
4	北京化工大学	A
5	大连理工大学	A
6	南京工业大学	A
7	浙江大学	A
8	哈尔滨工业大学	A-
9	南京理工大学	A-
10	浙江工业大学	A-

序号	学校名称	评选结果
11	华南理工大学	A-
12	四川大学	A-
13	中国石油大学	A-
14	北京理工大学	A-
15	河北工业大学	B+
16	太原理工大学	B+
17	上海交通大学	B+
18	东南大学	B+
19	中国矿业大学	B+
20	江南大学	B+
21	厦门大学	B+
22	青岛科技大学	B+
23	郑州大学	B+
24	武汉工程大学	B+
25	中南大学	B+
26	重庆大学	B+
27	西南石油大学	B+
28	西北大学	B+
29	西安交通大学	B+
30	北京工业大学	B
31	辽宁石油化工大学	B
32	沈阳化工大学	B
33	燕山大学	B
34	东北石油大学	B
35	苏州大学	B
36	合肥工业大学	B
37	福州大学	B
38	济南大学	B
39	武汉科技大学	B

序号	学校名称	评选结果
40	湘潭大学	B
41	湖南大学	B
42	广西大学	B
43	陕西科技大学	B
44	广东工业大学	B
45	山西大学	B-
46	中北大学	B-
47	内蒙古工业大学	B-
48	辽宁科技大学	B-
49	吉林大学	B-
50	长春工业大学	B-
51	哈尔滨工程大学	B-
52	上海应用技术大学	B-
53	常州大学	B-
54	华侨大学	B-
55	南昌大学	B-
56	山东理工大学	B-
57	新疆大学	B-
58	石河子大学	B-
59	北京工商大学	C+
60	天津科技大学	C+
61	天津工业大学	C+
62	天津理工大学	C+
63	河北科技大学	C+
64	沈阳工业大学	C+
65	上海电力大学	C+
66	上海大学	C+
67	江苏大学	C+
68	安徽工业大学	C+

序号	学校名称	评选结果
69	山东大学	C+
70	郑州轻工业学院	C+
71	武汉理工大学	C+
72	海南大学	C+
73	华北理工大学	C
74	东北电力大学	C
75	东华大学	C
76	南京林业大学	C
77	安徽理工大学	C
78	中国海洋大学	C
79	山东科技大学	C
80	中山大学	C
81	贵州大学	C
82	昆明理工大学	C
83	西安石油大学	C
84	兰州大学	C
85	兰州理工大学	C
86	江汉大学	C
87	北京科技大学	C-
88	东北大学	C-
89	大连工业大学	C-
90	沈阳师范大学	C-
91	黑龙江大学	C-
92	哈尔滨理工大学	C-
93	上海师范大学	C-
94	齐鲁工业大学	C-
95	河南大学	C-
96	华南农业大学	C-
97	电子科技大学	C-

序号	学校名称	评选结果
98	成都理工大学	C-
99	四川理工学院	C-
100	西北农林科技大学	C-
101	兰州交通大学	C-
102	青岛大学	C-

十四、地质类

学科概况

地质类学科主要包括地质工程、勘查技术与工程、资源勘查工程 3 个基本专业和地下水科学与工程、旅游地学与规划工程 2 个特设专业。

地质工程专业培养具备地质学基本理论、基本知识、基本技能和相关学科基础知识，具有较好的科学素养及初步的研究、教学和管理能力，能在科研机构、学校从事地质科学研究或教学工作，在地矿、冶金、建材、石油、煤炭、材料、环境、基础工程、旅游开发等机构或企事业单位从事技术开发与技术管理或在相关单位以及在行政部门从事管理工作的高级专门人才。

勘查技术与工程专业培养具备地质学、应用地球物理学等方面的基本知识，能在资源勘查、工程勘察、管理等单位从事各类资源勘查与评价、管理及工程勘察、设计、施工与监理等方面工作的高级工程技术人才。

资源勘查工程培养具备地质学的基础理论知识，掌握地质调查与勘探的室内、外工作方法，具有对矿床地质、矿床分布规律等综合分析和研究的初步能力，能在资源勘查、开发（开采）与管理等领域从事固体、液体、气体矿产资源勘查、评价和管理等方面工作的高级工程技术人才。

专业发展

地质类专业要求学生在学习数学、物理、化学、外语、计算机的基础上，主要学习基础地质学、应用地球物理、岩土钻掘方面的基本理论和基本知识，受到工程师的基本训练，具有资源勘查及工程勘察的设计、施工、管理的基本能力和勘查新技术、新方法研究和开发的初步能力，所培养的学生大都充实到生产、科研的第一线，少部分人进入比较高的层次就读研究生，部分人进入科研院所。

就业方向

地质工程专业毕业后可在国土资源、工矿企业、工程设计院、资源勘查与评价、环境评价、城市与环境水文地质、工程勘察、设计和施工、生产管理等方面从事开发、科研与管理工作。勘查技术与工程专业学生毕业后可到资源勘察、工程勘察、管理等单位从事各类资源勘察与评价、管理及工程勘察、设计、施工与监理等方面的工作。资源勘查工程专业学生毕业后可到资源勘查、开发（开采）与管理等领域从事固体、液体、气体矿产资源勘查、评价和管理等方面的工作。地下水科学与工程专业毕业生可在国土资源、水利、城建、环保、煤炭、冶金、交通等部门的相关单位（如水利勘察设计研究院、电力设计研究院、煤炭设计研究院、建筑设计研究院、地热开发设计院及各种工程施工单位等）以及中外合资企业、教育部门、部队的相关领域从事与地下水科学与工程的科研、教学、管理、设计和生产等方面的工作。

学科排名

序号	学校名称	评选结果
1	中国地质大学	A+
2	中国石油大学	A+
3	中国矿业大学	A-
4	吉林大学	B+
5	中南大学	B+
6	成都理工大学	B+
7	长安大学	B+
8	同济大学	B
9	南京大学	B
10	西南石油大学	B
11	西北大学	B

序号	学校名称	评选结果
12	东北石油大学	B-
13	河海大学	B-
14	山东科技大学	B-
15	长江大学	B-
16	华北水利水电大学	C+
17	河南理工大学	C+
18	西南交通大学	C+
19	西安科技大学	C+
20	东华理工大学	C
21	桂林理工大学	C
22	昆明理工大学	C
23	太原理工大学	C-
24	东北大学	C-
25	安徽理工大学	C-
26	中国海洋大学	C-

十五、矿业类

学科概况

矿业类学科主要包括采矿工程、石油工程、矿物加工工程、油气储运工程4个基本专业，矿物资源工程、海洋油气工程2个特设专业和智能采矿工程1个增补专业。

采矿工程专业培养具备固体（煤、金属及非金属）矿床开采的基本理论和方法，具备采矿工程师的基本能力，能在采矿等方面领域从事矿区开发规划、矿山（露天、井下）设计、矿山安全技术及工程设计、监察、生产技术管理科学研究的高级工程技术人才。

石油工程专业培养具备工程基础理论和石油工程专业知识，能在石油工程领域从事油气钻井工程、采油工程、油藏工程、储层评价等方面的工程设计、工程施工与管理、应用研究与科技开发等方面的工作，获得石油工程师基本训练的高级专门技术人才。

矿物加工工程专业培养从事矿物（金属、非金属、煤炭）分选加工和矿产资源综合利用领域内的生产、设计、科学研究与开发及技术改造与管理的高级工程技术人才。

油气储运工程专业是研究油气和城市燃气储存、运输及管理的一门交叉性高新技术学科。油气储运工程是连接油气生产、加工、分配、销售诸多环节的纽带，它主要包括油气田集输、长距离输送管道、储存与装卸及城市输配系统等。

专业发展

采矿工程专业主要学习岩体工程力学、采矿及矿山安全及工程方面的基本理论和基本技术，受到采矿工程师的基本训练，具有矿区规划、矿山开采设计、岩层控制技术、矿山安全技术及工程设计方面的基本能力。

石油工程专业主要学习数学、物理、化学、力学、地质学、工程科学的基础理论和与石油工程有关的基本知识，受到石油工程方面的基本训练，具有进行油气田钻井、采油及油气开发工程的设计、施工、管理以及初步的应用研究和科技开发的基本能力。

矿物加工工程专业主要学习数学、物理、化学、力学、矿物学、选矿学、机械工程、资源综合利用等方面的基本理论和基础知识，受到实验研究、工程设计方法、生产管理、计算机应用等方面的基本训练，具有矿物加工方面的研究、设计与生产管理方面的基本能力。

就业方向

采矿工程专业毕业生可从事煤矿、铁矿、金矿、石膏矿以及铁路等设计和改造管理，也可以从事冶金、有色、化工、核工业、非金属和煤炭六类矿业和水利、铁道、地下、工程和环保部门的生产开发、科学研究和教学工作。在教育部公布的本专科专业就业状况中，211院校石油工程毕业生就业率区间处于A+，就业率≥95%；普通院校就业率区间处于A-，就业率也在90%以上。国家对矿业领域紧缺工程技术人员的需求日益增多，毕业生就业形势良好，大部分学生毕业后可以进入大型工矿企业、事业单位和科研院所工作。油气储运工程毕业生主要在国家与省、市的发展计划部门、交通运输规划与设计部门、油气储运管理部门等从事油气储运工程的规划、勘察设计、施工项目管理和研究、开发等工作。

专业排名

矿业工程专业排名

序号	学校名称	评选结果
1	中国矿业大学	A+
2	中南大学	A+
3	北京科技大学	B+
4	东北大学	B+
5	重庆大学	B+
6	太原理工大学	B
7	山东科技大学	B
8	河南理工大学	B
9	辽宁工程技术大学	B-
10	安徽理工大学	B-
11	武汉理工大学	B-
12	武汉科技大学	C+
13	昆明理工大学	C+
14	西安科技大学	C+
15	江西理工大学	C
16	南华大学	C
17	华北理工大学	C-
18	内蒙古科技大学	C-
19	湖南科技大学	C-

石油与天然气工程专业排名

序号	学校名称	评选结果
1	西南石油大学	A+
2	中国石油大学	A+

序号	学校名称	评选结果
3	东北石油大学	B
4	中国地质大学	B-
5	长江大学	C+
6	西安石油大学	C
7	成都理工大学	C-

十六、纺织类

学科概况

纺织类学科是最古老的工学学科之一，可以说自人类出现以来，就与人类的活动密切相关，是为国民经济建设和发展创造物质和精神财富、为人类生活提供必备物质、反映社会文明水准的重要学科，应用非常广泛。纺织类学科主要包括纺织工程、服装设计与工程2个基本专业和非织造材料与工程、服装设计与工艺教育、丝绸设计与工程3个特设学科。

纺织工程专业培养具备纺织工程方面的知识和能力，能在纺织企业、科研、教学等部门从事纺织品设计开发、纺织工艺设计、纺织生产质量控制、生产技术改造以及具有经营管理初步能力的高级工程技术人才。

服装设计与工程专业培养具备服装设计、服装结构工艺及服装经营管理理论知识和实践能力，能在服装生产和销售企业、服装研究单位、服装行业管理部门及新闻出版机构等从事服装产品开发、市场营销、经营管理、服装理论研究及宣传评论等方面工作的高级专门人才。

非织造材料与工程专业培养具有扎实纺织及材料科学方面基础知识和能力，适应现代新材料迅速发展趋势，能在非织造材料与产品制造领域从事科学研究、技术开发、工艺和装备设计、环境保护、国内外贸易、产品设计、新产品研制、工程应用及营销与管理等工作的社会急需的复合型高级专门人才。

专业发展

纺织工程专业学生主要学习纺织工程方面的基本理论和基本知识，受到纺织品设计、纺织工艺设计等方面的基本训练，具有纺织品生产管理方面的基本能力。服装设计与工程专业学生可以掌握服装市场信息的捕捉能力，服装制板、推板的技术能力，服装工艺流程的设计能力，组织生产的管理能力。纺织工业经过数百年发展，已经逐步和材料科学与工程、自动化等专业深度融合，未来将不断向智能化、绿色化方向发展。

就业方向

纺织工程专业的毕业生一般可以在纺织企业的技术和业务管理部门从事工艺设计、生产管理、产品开发等工作，到经营和外贸等部门从事经营管理和专业外贸等工作，也可以在科研单位、纺织学校从事科研、教学工作。

服装设计与工程专业毕业生就业方向为服装领域的政府管理部门、国内外品牌企业、高等院校、外资机构等，从事成衣款式与版型设计、服装数字化技术开发与应用、品牌策划与商品企划、零售管理与国际贸易、市场营销与管理、生产线组织与工艺管理、质量控制与成品检验、功能防护服装研究与开发等工作。

非织造材料与工程专业毕业生可从事非织造材料与工程领域内的产品开发、工艺设计、设备设计与生产、生产技术管理、经营与贸易和质量检验等工作，也可就业于国内外纺织贸易、外资企业、政府部门、商检与海关、国有及私营企业、科研院所等。

服装设计与工艺教育专业毕业生可从事服装设计与开发、服装生产工艺设计、服装打板、服装推板、服装生产工艺单编写、样衣制作、服装生产管理等工作。

学科排名

序号	学校名称	评选结果
1	天津工业大学	A+
2	东华大学	A+
3	苏州大学	B+
4	江南大学	B

序号	学校名称	评选结果
5	浙江理工大学	B
6	武汉纺织大学	B-
7	西安工程大学	C+
8	青岛大学	C+
9	大连工业大学	C
10	中原工学院	C
11	四川大学	C-

十七、轻工类

学科概况

轻工类专业就是运用现代技术手段和工艺原理对制浆造纸、纺织化学与染整、皮革、文字或电子出版物、产品外包装等产品进行生产管理、质量控制、研究开发，轻工类泛指研究轻工业生产技术及工程的学科，是以生产消费资料为主的加工工业群体的总称。从学科分类角度来看，轻工类学科主要分为轻化工程、包装工程、印刷工程3个基本专业和香料香精技术与工程、化妆品技术与工程2个特设专业。

轻化工程专业培养在染整工程、皮革工程、制浆造纸等轻纺化工领域从事工业生产、工艺设计、科学研究、技术管理和新产品开发的工程技术人才。包装工程专业是视觉传达设计、工业设计、机械设计、食品安全等多学科融合专业，培养具备包装系统设计与管理等方面的能力，能在商品生产与流通部门、包装企业、科研机构、外贸、商检等部门从事包装系统设计、质量检测、技术管理和科学研究的高级工程技术人才。印刷工程专业培养具备图文信息处理及印刷复制工程知识，能在各类印刷企业和科研单位从事：工艺设计、生产实施、组织管理和科学研究的高级工程技术人才。

专业发展

轻化工程专业学生应掌握以多种天然资源及产品为原材料，通过化学、物理和机械方法加工纺织品、皮革、纸张和卷烟等的基本理论和工艺原理，获得实验操作技能、工艺设计、产品性能检测分析、生产技术管理和新产品开发研究的基本训练。包装工程专业主要学习保护产品、方便流通、促进销售的包装基础理论，包装设计原理和方法、包装材料、包装印刷、包装测试、包装艺术设计、包装设计等基本知识。印刷工程专业主要学习彩色图像与文字处理、制版与印刷工艺的基础理论和基本知识，受到图文处理、制版与印刷工艺设计和实践的基本训练，掌握图文信息处理、制版与印刷工艺及设备、材料的选择和印刷适性测试等方面的基本能力。

就业方向

轻工类专业毕业生对口专业主要是轻工业行业。根据新版《轻工行业分类目录》，轻工行业共分为18个大类行业。而根据行业管理实际，将轻工业划分为耐用消费品、快速消费品、文化艺术体育休闲用品和轻工机械装备四大领域，涵盖家电、电池、陶瓷、五金、食品、日化、轻工机械、工艺美术、礼仪休闲用品、文教体育用品等31个行业门类。

学科排名

序号	学校名称	评选结果
1	江南大学	A+
2	华南理工大学	A+
3	天津科技大学	B+
4	陕西科技大学	B+
5	大连工业大学	B
6	南京工业大学	B
7	四川大学	B
8	齐鲁工业大学	B-
9	湖北工业大学	B-
10	南京林业大学	C+
11	武汉大学	C+
12	广西大学	C+
13	北京化工大学	C

序号	学校名称	评选结果
14	华中农业大学	C
15	西安理工大学	C-
16	西北农林科技大学	C-

十八、交通运输类

学科概况

交通运输类专业是研究铁路、公路、水路及航空运输基础设施的布局及修建、载运工具运用工程、交通信息工程及控制、交通运输经营和管理的工程领域，主要培养具备运筹学、管理学、交通运输组织学等方面知识，能在国家及省、市的交通运输管理部门、交通运输企事业单位等从事交通运输组织、指挥、决策，能在交通运输企业从事生产与经营管理的高级技术人才。

交通运输类主要包括交通运输、交通工程、航海技术、轮机工程、飞行技术5个基本专业和交通设备与控制工程、救助与打捞工程、船舶电子电气工程、轨道交通电气与控制、邮轮工程与管理5个特设专业，智慧交通1个增补专业。

交通运输专业主要培养具备运筹学、管理学、交通运输组织学等方面知识，能在国家及省、市的交通运输管理部门、交通运输企事业单位等从事交通运输组织、指挥、决策，能在交通运输企业从事生产与经营管理的高级技术人才。交通工程专业主要培养具备交通工程和系统规划、设计与控制等方面知识，能在国家与省、市的发展计划部门、交通规划与设计部门、交通管理部门等从事交通运输规划、交通工程设计、交通控制系统开发等方面工作的高级工程技术人才。航海技术专业培养具备海洋船舶驾驶、船舶运输管理等方面知识，能在海洋运输各企事业单位从事海洋船舶驾驶和营运管理工作，符合国际和国家海船船员适任标准要求的高级航海技术人才。

目前，全国共有150多所本科高校开设交通运输专业，包括北京交通大学、东南大学、西南交通大学、同济大学、中南大学、长安大学、北京航空航天大学等。根据学校的学科优势和传统不同，各高校对学生的培养也会有不同的方向和侧重，如公路、铁路、物流、航空等。例如，西南交通大学交通运输专业的专业方向为"铁路运输、城市轨道交通"。而东南大学因在培养方向采取"大交通"概念，专业骨干课程就包括运输组织学、运输港站枢纽规划与设计、城市客运交通、运输系统信息与控制、物流学、物流系统规划与设计、汽车构造与原理、汽车运用工程等，学生所学课程范围非常广泛。

专业发展

交通运输专业主要学习运筹学、管理学、交通运输组织学方面的基本理论和基本知识，受到交通运输技术管理、商务管理、信息管理的基本训练，具有运用运输技术设备，合理组织运输生产以获得最佳社会与经济效益的基本能力。交通工程专业主要学习系统工程学、交通工程学方面的基本理论和基本知识，受到识图制图、上机操作、工程测量、工程概预算的基本训练，掌握进行交通基础设施规划、设计与工程项目评价方面的基本能力。航海技术专业主要学习现代海洋船舶驾驶、船舶运输管理的基本理论和基本知识，受到识别和运用各种航图、导航仪器仪表和GMDSS通信方面的基本训练，具有独立指挥和组织船舶航行的初步能力。

就业方向

交通运输专业的就业方向比较集中，主要包括如下方向：

第一，到大型的交通运输企业，比如中国远洋运输集团公司等就业。这是交通运输专业对口的行业，并且入门比较低，工作比较容易上手，待遇也不错，许多交通运输专业的毕业生直接到这些单位工作。

第二，到物流公司就业，比如顺丰、四通一达（申通、圆通、中通、汇通、韵达）等公司。随着电子商务近年来的蓬勃发展，物流行业也迅速壮大，吸收了大量交通运输专业的毕业生，有时还会出现交通运输专业毕业生供不应求的局面。

第三，到交通运输部、地方交通厅（局）、行业协会等单位就业。这些单位一般都是公开招考，职位大多工作稳定，并且社会地位高，很受毕业生的青睐。

第四，到交通运输部下的各研究院、大专院校等就业。有些学历比较高的毕业生到研究院、高校等单位就业，有的从事研究工作，有的从事教学工作，也是很不错的就业方向。

相应的就业岗位有：现场应用工程师、销售经理、司机、管理培训生、销售代表、物流操作员、融资租赁业务经理、储备干部、调度员、物流类管理培训生、客服专员助理、试验检测员等。

专业排名

序号	学校名称	评选结果
1	东南大学	A+
2	西南交通大学	A+
3	北京交通大学	A-
4	北京航空航天大学	A-
5	同济大学	A-
6	大连海事大学	B+
7	哈尔滨工业大学	B+
8	武汉理工大学	B+
9	中南大学	B+
10	长安大学	B+
11	吉林大学	B
12	上海海事大学	B
13	南京航空航天大学	B
14	长沙理工大学	B
15	重庆交通大学	B
16	兰州交通大学	B
17	北京工业大学	B-
18	华东交通大学	B-
19	华南理工大学	B-
20	西北工业大学	B-
21	中国民航大学	C+
22	石家庄铁道大学	C+
23	东北林业大学	C+
24	上海交通大学	C+
25	江苏大学	C+

序号	学校名称	评选结果
26	空军工程大学	C+
27	北京建筑大学	C
28	大连理工大学	C
29	大连交通大学	C
30	湖南大学	C
31	中山大学	C
32	清华大学	C-
33	上海理工大学	C-
34	河海大学	C-
35	南京林业大学	C-
36	昆明理工大学	C-

十九、海洋工程类

学科概况

海洋工程学科主要包括船舶与海洋工程1个基本学科和海洋工程与技术、海洋资源开发技术、海洋机器人3个特色专业。船舶与海洋工程是研究船舶轮机的工作原理的学科，主要学习船舶的构造、航行原理、安全性设计及建造法规和国内、外重要船级社的规范等知识，研究船舶的设计方法及如何保证航行的快速性、良好的操纵性和抗风浪能力等问题，主要培养具备现代船舶与海洋工程设计、研究、建造的基本技能和管理基础知识、计算机编程及应用能力，能在船舶与海洋结构物设计、研究、制造、检验、使用和管理等部门从事技术和管理方面工作的船舶与海洋工程学科高级工程技术人员。其中，海洋资源开发技术专业是为满足国家战略性新兴海洋相关产业发展对高素质人才的迫切需求于2010年设置的专业，依托中国海洋大学相关涉海专业的优势，主要学习开发和利用海洋资源的基本知识和核心技术，以海洋生物资源开发利用为特色。

专业发展

本专业学生主要学习海洋高科技和海洋工程方面的基本理论和基本知识，

受到海洋新技术的基本训练，具有从事海洋调查和海洋科学研究方面的基本能力。从细分领域来看，海洋工程类专业可以进一步细化到船舶工程技术、船舶机械工程技术、船舶电气工程技术、船舶舾装工程技术、船舶涂装工程技术、游艇设计与制造、海洋工程技术、船舶通信与导航、船舶动力工程技术等方向，也可以涉及游艇设计与制造等。随着人工智能的不断普及，海洋工程专业将加快与计算机、自动化的深度融合，朝着数字化、智能化的方向发展，因此对学生的计算机学习会提出更高的要求。

就业方向

船舶与海洋工程专业学生毕业后可签约到船舶与海洋工程设计研究单位、海事局、海关、国内外船级社、船舶公司、船厂、海洋石油单位、高等院校，船舶运输管理、船舶贸易与经营、海上保险和海事仲裁等机构或企事业单位，从事船舶与海洋结构物设计、研究、制造、检验、使用和管理等工作，也可到相近行业和信息产业有关单位就业。海洋资源开发技术专业毕业生可以从事海洋生物技术、海洋资源的综合利用技术和深海资源勘探与开发等工作。

专业排名

序号	学校名称	评选结果
1	哈尔滨工程大学	A+
2	上海交通大学	A+
3	海军工程大学	B+
4	天津大学	B
5	大连海事大学	B
6	武汉理工大学	B-
7	西北工业大学	B-
8	大连理工大学	C+
9	华中科技大学	C+
10	江苏科技大学	C
11	上海海事大学	C-
12	浙江大学	C-

二十、航空航天类

学科概况

航空航天是工程性极强的行业，集中了许多尖端技术，主要可以分为航空航天工程、飞行器设计与工程、飞行器制造工程、飞行器动力工程、飞行器环境与生命保障工程5个基本专业和飞行器质量与可靠性、飞行器适航技术、飞行器控制与信息工程、无人驾驶航空器系统工程4个特设专业，智能飞行器技术1个增补专业。

目前，哈尔滨工业大学、北京航空航天大学、清华大学、西北工业大学等20多所普通高校都开办了航空航天专业，课程涵盖了理、工、文等领域，也有很多高校将材料专业、电子工程专业、自动控制专业和制造专业等专业与航空航天专业进行融合培养。

值得注意的是，很多人认为航空航天院校属于军校或军校系统，其实不是，在20多所开设了航空航天专业的院校中，大部分都隶属于工信部或教育部，而不是军校系统。当然，部分高校招收国防生，报考国防生的考生录取与军队院校同属提前批次录取。此外，也要注意，航空航天专业不只是培养飞行员或航天员，其培养目标主要是航天工程领域的技术与管理人才，因此除了飞行员专业对身高和性别有一定要求外，其他专业并没有这方面的限制。最重要的是要区分航空和航天的概念。航空主要是指民用飞机及飞行器领域，如商业飞机C9的设计制造等。而航天则来自钱学森先生提出的宇航概念，主要指卫星、火箭等领域的设计及制造，如嫦娥号、神舟系列等。

专业发展

航空航天技术的广泛应用影响到政治、经济、军事、科技、文化及通信、气象、能源、探测等领域，成为社会进步的强大动力，需要极大的财力和人力的投入，并且需要很长时间的积累才能形成规模。因此，这是一个对国家计划和国家政策非常敏感的行业，需要国家的直接支持。从国家角度来看，航空航天类专业的设置是为了培养国家战略储备人才，主要培养具备航空航天领域的多学科知识，能运用理论分析、数值模拟和实验研究等手段研究和解决航空航天领域的实际问题，能从事导弹、航天器、飞行器等航空航天器总体、结构和系统设计相关工作的高级工程技术人才。因此该专业对深造要求较高。

就业方向

航空航天专业就业相对较为集中，主要是直接进入航空航天部门的科研院所和工程单位，从事与航空航天工程有关的科研、技术开发、工程设计、测试、制造、使用、维修和教学工作，也可在航空航天科学与技术、力学等相关专业继续深造。

专业排名

序号	学校名称	评选结果
1	北京航空航天大学	A+
2	西北工业大学	A+
3	哈尔滨工业大学	B+
4	南京航空航天大学	B+
5	国防科技大学	B+
6	北京理工大学	B
7	空军工程大学	B
8	清华大学	B-
9	沈阳航空航天大学	B-
10	海军航空工程学院	B-
11	上海交通大学	C+
12	火箭军工程大学	C+
13	南京理工大学	C
14	西安交通大学	C
15	装备学院	C
16	中国民航大学	C-
17	浙江大学	C-

二十一、兵器类

学科概况

兵器类学科是指武器装备类专业、武器类专业中的兵器类的军工专业，属于兵工专业，主要包括武器系统与工程、武器发射工程、探测制导与控制技术、弹药工程与爆炸技术、特种能源技术与工程、装甲车辆工程、信息对抗技术 7 个基本专业和智能无人系统技术 1 个特设专业。

武器系统与工程专业培养具备武器发射系统总体、战斗载荷发射和飞行控制技术以及民用工程技术等方面的基础理论知识和工程实践能力，能在有关科研单位、高等学校、生产企业和管理部门从事系统设计、技术开发、产品制造、实验测试和科技管理方面工作，具有较好的人文社科和管理知识、良好的职业道德素质、身心健康、全面发展的高素质工程科技人才。

武器发射工程专业主要培养火炮设计、火箭弹总体设计与动力装置、火箭炮（发射架）、自动武器、探测制导与控制技术（引信）、弹药与爆炸技术复合型高级工程技术人才。

探测制导与控制技术专业培养具备目标及环境的探测、识别、跟踪、定位、制导与控制、安全与起炸控制以及机电控制和传感检测等方面的基础理论知识和工程实践能力，能在有关科研单位、高等学校、生产企业和管理部门从事系统设计、技术开发、产品研制、实验测试和科技管理等方面工作的高级工程技术人才。

弹药工程与爆炸技术专业培养具备弹药战斗与爆炸技术以及在民用机械工程和工程爆破等方面的基础理论知识和工程实践能力，能在有关科研单位、高等学校、生产企业和管理部门从事系统设计、技术开发、产品制造、实验测试和科技管理方面工作的高级工程技术人才。

特种能源技术与工程专业注重学生的实践能力培养。学生主要学习化学化工、火炸药和火工及烟火技术等特种能源及其能量转换的基本理论和基本知识，并且在系统设计、技术开发、产品研制、性能测试以及工程管理方面接受基本训练，具备系统分析与综合、工程设计与制造、计算机应用、试验检测等方面的基本能力。

装甲车辆工程专业培养具备工程力学、机械设计、机械振动、电工电子、自动控制以及装甲车辆总体、动力传动、行动装置及行驶控制等方面的知识，基础扎实、素质全面、有工程实践能力和创新意识的高素质工程科技人才。

专业发展

兵器类专业一般具有明确的发展方向，但值得注意的是，并不是所有兵器类专业在就业或深造时都必须进入军工单位，随着我国军民融合的不断推进，兵器类专业与测绘技术、计算机技术、材料科学与技术等的融合不断深化，专业发展也可以朝着更加多元的方向推进。

就业方向

兵器类专业就业除了传统的军工单位之外，也可以进入各类普通行业。如，探测制导与控制技术专业学生毕业后，可以到有关科研单位、高等学校、生产企业和管理部门从事系统设计、技术开发、产品研制、实验测试和科技管理等方面的工作。弹药工程与爆炸技术专业毕业生可以在公安、消防、安全等公共管理机构及化工、铁道、水利水电、矿业、建筑工程、兵器工业、高等院校和科研院所等企事业单位从事设计、研发、产品制造、实验测试和科技与安全管理等工作。而信息对抗技术专业的毕业生可以进入IT企业，从事计算机软件开发、信息安全与网络安全等工作。

专业排名

序号	学校名称	评选结果
1	北京理工大学	A+
2	南京理工大学	A+
3	西北工业大学	B
4	空军工程大学	B-
5	火箭军工程大学	B-
6	解放军理工大学	C+
7	装备学院	C
8	中北大学	C-
9	海军工程大学	C-

二十二、核工程类

学科概况

核工程是工程学的一门分支,是原子核物理学的工程应用层面,主要领域有核电、核医学、核子材料学与辐射度量等方面,主要包括核工程与核技术、辐射防护与核安全、工程物理、核化工与核燃料工程4个基本专业,没有特设专业。

核工程与核技术专业主要培养具备工程热物理及核工程技术基础知识,能在各相关领域从事核工程及核技术方面的研究、设计、制造、运行、应用和管理的高级工程技术人才。辐射防护与核安全专业主要培养具有扎实的辐射防护、辐射安全评价、核废料与退役核设施处置、环境保护的基本理论知识和较强的辐射监测和辐射事故应急处理能力的高级应用型技术人才。核化工与核燃料工程专业主要培养适应我国国民经济和国防核科技工业发展需要的,能在核化工与核燃料工程及相近专业领域从事科研、设计、生产、应用和管理等的专门人才。

专业发展

核工程与核技术专业主要学习工程热物理、核工程、核技术的基础理论,受到核工程、核技术方面的实践训练,具有从事核工程、核技术的实验研究、设计建造、运行管理的基本能力。辐射防护与核安全专业要求学生掌握辐射监测、辐射防护、辐射安全评价、核安全评价、辐射污染防治等基本技能和专业知识,具有从事与辐射防护、核设施安全以及环境工程相关的评价、研究、管理工作的能力。特别需要注意的是,核工程并不意味着一定是核武器,核电、核农业、核医疗等也是核工程重要的发展方向。

就业方向

核工程专业毕业生主要服务于国防军工和核电行业及其相关民用产业,还可到科研机构、高等学校、企事业单位及行政单位等工作,也可从事辐射防护方面的科研、教学、环境管理等工作。

学科排名

序号	学校名称	评选结果
1	清华大学	A+
2	中国科学技术大学	A+
3	北京大学	B+
4	哈尔滨工程大学	B+
5	西安交通大学	B+
6	上海交通大学	B
7	南华大学	B-
8	四川大学	B-
9	海军工程大学	C+
10	兰州大学	C+
11	北京师范大学	C
12	东华理工大学	C
13	南京航空航天大学	C-
14	成都理工大学	C-

二十三、农业工程类

学科概况

农业工程属于工程技术和生命科学交叉融合的领域，致力于实现农业与生物复杂系统的高效运行与可持续发展，主要包括农业工程、农业机械化及其自动化、农业电气化、农业建筑环境与能源工程、农业水利工程5个基本专业和土地整治工程、农业智能装备工程2个特设专业。农业工程类专业的学习内容包括农业生产和农村生活服务的综合性工程技术及其原理，它以土壤、肥料、农业气象、育种、栽培、饲养、农业经济等学科为依据，综合应用各种工程技术，为农业生产提供各种工具、设施和能源，以求创造最适于农业生产的环境，改善农业劳动者的工作、生活条件。

专业发展

农业工程类专业主要学习农业水利工程学科的基本理论和基本知识，培养能在农业水利、水电、水保等部门从事水利工程勘测、规划、设计、施工、管理和试验研究以及教学、科研等方面工作的高级工程技术人才。我国大力推进乡村振兴战略，加快农业农村现代化，农业工程专业将不断与城乡规划、农业农村生产生活数字化等新领域交叉融合，对学生的规划设计、计算机等知识要求不断提高。

就业方向

农业工程类专业学生毕业后可到现代农业工程设施与装备部门、农业高新技术企业、科技开发园区、规划设计院所和科研教学单位工作，从事农业工程及相关领域的规划、设计、开发、建设、管理、教学或试验研究等工作，也可到工业部门从事设计、研发、管理与销售工作。在装备生产、经营以及管理部门从事农业装备的性能设计、管理营销和教学科研等方面的工程技术工作。其中比较特殊的是，农业电气化专业的学生毕业后主要在地方电力系统和大型企业供电系统从事有关科研、设计、建设、运行、供电及用电管理等方面的技术工作。

专业排名

序号	学校名称	评选结果
1	中国农业大学	A+
2	浙江大学	A+
3	江苏大学	A-
4	吉林大学	B+
5	东北农业大学	B+
6	华南农业大学	B+
7	西北农林科技大学	B+
8	河海大学	B
9	南京农业大学	B
10	河南农业大学	B

序号	学校名称	评选结果
11	华中农业大学	B
12	内蒙古农业大学	B-
13	沈阳农业大学	B-
14	石河子大学	B-
15	黑龙江八一农垦大学	C+
16	山东理工大学	C+
17	西南大学	C+
18	云南师范大学	C+
19	河北农业大学	C
20	青岛农业大学	C
21	甘肃农业大学	C
22	扬州大学	C
23	华北水利水电大学	C-
24	云南农业大学	C-
25	西安理工大学	C-

二十四、林业工程类

学科概况

林业工程是指以森林资源的高效利用和可持续发展为原则，将各种工程技术应用于森林资源培育、开发利用及林产品加工的活动，主要包括森林工程、木材科学与工程、林产化工3个基本专业和家具设计与工程1个特设专业。

森林工程专业主要学习森林资源经营管理学、工程力学、机械运用学、土木工程学、系统工程学、环境科学等方面的基本理论和基本知识，受到森林工程勘测、设计、施工、森工产品经营管理等方面的基本训练，具有森林工程规划、设计与施工，木材生产管理及产品开发与营销的基本能力。

木材科学与工程专业主要学习木材物理化学、电工与电子技术、机械基础、造型艺术、设计艺术和木材科学与加工技术等方面的基本理论和基本知识，受到制图、木材及其产品性能测试、木材干燥、制材、人造板、木制品与家具设计制造的基本训练，具有木材加工和室内装饰工程的生产技术、工艺流程和设备选型及经营管理的基本能力。

专业发展

林业工程类专业涵盖了林学、森林保护、野生动物与自然保护区管理、木材科学与工程、林产化工、园林、森林工程、农林经济管理和生物技术等，发展方向除了从事工程技术研究与应用，也可以往园林设计、林业经济、新型材料、生物科技等领域延伸。此外，林业大数据、绿色金融业、森林生态环境工程、仿生态林下种植等也是林业工程类专业的重要融合方向。

就业方向

森林工程专业毕业后可在林业、交通、机械等部门的企事业单位、科研院所从事森林工程、道路桥梁的勘测、设计、施工、管理及国际森林工程项目开发管理的高级工程技术人才。木材科学与工程专业毕业生主要在木材及其复合材料设计、加工、利用以及质量控制与检验等领域从事科学研究、工艺设计、产品研发、生产管理和经营等工作。

专业排名

序号	学校名称	评选结果
1	东北林业大学	A+
2	南京林业大学	A+
3	北京林业大学	B
4	福建农林大学	B−
5	中南林业科技大学	B−
6	浙江农林大学	C+
7	西南林业大学	C
8	内蒙古农业大学	C−
9	北华大学	C−

二十五、环境科学与工程类

学科概况

环境科学与工程专业主要包括环境科学与工程、环境工程、环境科学、环境生态工程 4 个基本专业和环保设备工程、资源环境科学、水质科学与技术 3 个特设专业。学科主要研究天气和气候与城市、农村及各个产业，特别是农业生产的相互关系，也研究气候对自然生态系统和各产业部门的影响，研究气候变化的减缓与适应对策，根据大气科学原理和大气探测结果进行针对各产业的专业天气与气候预测、灾害预警、评价和服务，旨在充分利用有利的天气和气候资源，减轻天气气候灾害对农业及其他行业的影响。学生主要学习化学、工程力学、测量学、工程制图、微生物学、水力学、电工学、环境监测、环境工程等基本理论和基本知识，并接受计算机技术及绘图、污染物监测和分析、工程设计、管理及规划方面的基本训练。

专业发展

天气和气候影响着生态环境、经济和社会生活的各个方面，应用气象学专业在社会、经济和生态环境建设中起着重要的保障和支撑作用。随着全球气候变化受到越来越广泛的关注，许多政府决策和咨询机构、企事业与产业部门对应用气象学科人才的需求不断增加，本专业有着广阔的发展前景。从深造的角度来看，可报考环境工程、环境科学、市政工程、环境管理、城市环境与生态工程等专业研究生。

就业方向

环境科学与工程专业毕业生可在环保、化工、冶金、能源、交通、轻工、医药、农业、军工等行业从事环境科学研究与工程设计、技术开发、环境质量管理等方面的工作。

环境工程专业学生毕业后可在政府部门、规划部门、经济管理部门、环保部门、设计单位、工矿企业、科研单位、学校等从事规划、设计、施工、管理、教育和研究开发方面的工作。

环境科学专业毕业生可以从事环境科学研究、环境监测、评价、管理和规划等工作，也可以从事环保产品的开发，或进行环境工程和给水排水工程的规划、设计和管理，还可以考取中央和地方、各工业部委的环境科学研究部门公务员。

环境生态工程专业毕业生主要在各级政府环保部门、规划部门、建设管理部门、设计研究院所、环境工程公司、科研单位、高等院校等从事环境规划、环境管理、环境工程设计、环保产品开发以及教学和环境科学研究等方面的工作。

水质科学与技术专业毕业生可在电力、环境、市政、石油、化工、核工业、冶金、军工、电子、生物、制药、造纸、食品和饮料等行业，高等院校、科研院所、工矿企业、政府机构等单位从事教学、科学研究、规划设计、生产运行、施工监理、经营管理等工作。

专业排名

序号	学校名称	评选结果
1	清华大学	A+
2	哈尔滨工业大学	A+
3	同济大学	A+
4	北京大学	A
5	北京师范大学	A
6	南京大学	A
7	浙江大学	A
8	北京工业大学	A-
9	南开大学	A-
10	天津大学	A-
11	大连理工大学	A-
12	上海交通大学	A-
13	河海大学	A-
14	中国科学技术大学	A-
15	华南理工大学	A-
16	北京科技大学	B+

序号	学校名称	评选结果
17	复旦大学	B+
18	华东理工大学	B+
19	东南大学	B+
20	厦门大学	B+
21	山东大学	B+
22	中国海洋大学	B+
23	武汉大学	B+
24	华中科技大学	B+
25	中国地质大学	B+
26	湖南大学	B+
27	中山大学	B+
28	四川大学	B+
29	重庆大学	B+
30	昆明理工大学	B+
31	西安建筑科技大学	B+
32	北京化工大学	B
33	中国农业大学	B
34	山西大学	B
35	大连海事大学	B
36	吉林大学	B
37	东华大学	B
38	华东师范大学	B
39	上海大学	B
40	南京理工大学	B
41	中国矿业大学	B
42	江苏大学	B
43	浙江工业大学	B
44	武汉理工大学	B
45	桂林理工大学	B

序号	学校名称	评选结果
46	兰州交通大学	B
47	北京航空航天大学	B-
48	北京林业大学	B-
49	华北电力大学	B-
50	太原理工大学	B-
51	上海师范大学	B-
52	江南大学	B-
53	南京信息工程大学	B-
54	南昌大学	B-
55	南昌航空大学	B-
56	河南师范大学	B-
57	中南大学	B-
58	西南科技大学	B-
59	西安交通大学	B-
60	西安理工大学	B-
61	长安大学	B-
62	西北农林科技大学	B-
63	中国石油大学	B-
64	中国人民大学	C+
65	北京建筑大学	C+
66	天津工业大学	C+
67	东北大学	C+
68	南京工业大学	C+
69	南京农业大学	C+
70	苏州科技大学	C+
71	合肥工业大学	C+
72	安徽理工大学	C+
73	济南大学	C+
74	暨南大学	C+

序号	学校名称	评选结果
75	兰州大学	C+
76	重庆工商大学	C+
77	广东工业大学	C+
78	北京交通大学	C
79	北京工商大学	C
80	河北科技大学	C
81	上海理工大学	C
82	常州大学	C
83	南京林业大学	C
84	浙江工商大学	C
85	福州大学	C
86	青岛理工大学	C
87	郑州大学	C
88	武汉纺织大学	C
89	华中农业大学	C
90	湘潭大学	C
91	广西大学	C
92	西南交通大学	C
93	沈阳大学	C
94	天津科技大学	C-
95	内蒙古大学	C-
96	大连交通大学	C-
97	吉林建筑大学	C-
98	燕山大学	C-
99	哈尔滨商业大学	C-
100	上海海洋大学	C-
101	安徽大学	C-
102	福建师范大学	C-
103	青岛科技大学	C-

序号	学校名称	评选结果
104	中南林业科技大学	C-
105	华南农业大学	C-
106	广西师范大学	C-
107	西南大学	C-
108	西北大学	C-
109	陕西科技大学	C-
110	青岛大学	C-
111	广州大学	C-

二十六、生物医学工程类

学科概况

生物医学工程类主要包括生物医学工程 1 个基本专业和假肢矫形工程、临床工程技术、康复工程 3 个特设专业。生物医学工程是综合生命科学、医学和工程学的理论和方法而发展起来的新兴交叉学科，它综合了自然科学和医学的原理和方法，应用光电子技术、微纳米技术、计算机技术、材料技术、人工智能技术等现代工程技术，研发与生命科学和人类健康相关的方法和技术，为人类疾病预防、诊断、监护、治疗、保健、康复及主动健康服务等提供工程技术手段。特别需要注意的是，生物医学工程不归医学类专业管辖，而是不折不扣的工科专业，毕业后授予的不是医学学士，而是工学学士。但是，由于是多学科有机融合的交叉产业，它与生物学、医学这些传统的经典学科有所不同的同时，也有别于纯粹的工程学科。

专业发展

生物医学工程专业的学生将掌握生物医学工程及相关领域扎实的理论基础和专业知识、具有良好的综合能力和创新能力，接受自然科学、工程科学与生物和医学领域的跨学科训练。从专业发展来看，人工器官、高植医疗器械、生物医用材料等改变人类生命轨迹的领域是生物医学未来的热门方向，而且由于学生接受的是理工交叉的教育，可以转到生物科学方向或食品科学、制药科学等其他相关应用专业，深造的方向也较为广泛。总体来说，本专业发展方向较多，读研深造比例较高。

就业方向

生物医学工程专业毕业生能在生物医学工程及相关学科从事科学研究和教学工作，能继续攻读生物医学工程及相关交叉学科的研究生学位，也可以到工程技术、咨询服务或管理等部门从事应用研究、技术开发或管理工作。一般来说，本科生直接从事科研方面工作的可能性不大，部分毕业生转向其他行业，部分毕业生从事相关专业的下游技术工作。

专业排名

序号	学校名称	评选结果
1	东南大学	A+
2	华中科技大学	A+
3	上海交通大学	A
4	清华大学	A-
5	北京航空航天大学	A-
6	浙江大学	A-
7	四川大学	A-
8	北京大学	B+
9	天津大学	B+
10	复旦大学	B+
11	华南理工大学	B+
12	重庆大学	B+
13	电子科技大学	B+
14	西安交通大学	B+
15	北京工业大学	B
16	北京理工大学	B
17	哈尔滨工业大学	B

序号	学校名称	评选结果
18	上海理工大学	B
19	深圳大学	B
20	南方医科大学	B
21	第四军医大学	B
22	首都医科大学	B-
23	大连理工大学	B-
24	东北大学	B-
25	哈尔滨医科大学	B-
26	同济大学	B-
27	中国科学技术大学	B-
28	中山大学	B-
29	暨南大学	B-
30	天津医科大学	C+
31	南京大学	C+
32	温州医科大学	C+
33	山东大学	C+
34	西北工业大学	C+
35	西安电子科技大学	C+
36	太原理工大学	C
37	苏州大学	C
38	厦门大学	C
39	武汉大学	C
40	西南交通大学	C
41	湖南工业大学	C
42	国防科技大学	C
43	北京邮电大学	C-
44	河北工业大学	C-
45	吉林大学	C-
46	长春理工大学	C-

序号	学校名称	评选结果
47	哈尔滨工程大学	C-
48	东华大学	C-
49	南京航空航天大学	C-

二十七、食品科学与工程类

学科概况

食品科学与工程专业是生命科学与工程科学的重要组成部分，也是衔接生命科学与工程科学之间的重要桥梁，主要包括食品科学与工程、食品质量与安全、粮食工程、乳品工程、酿酒工程5个基本专业和葡萄与葡萄酒工程、食品营养与检验教育、烹饪与营养教育、食品安全与检测、食品营养与健康、食用菌科学与工程、白酒酿造工程7个特设专业，主要培养具有化学、生物学、食品工程和食品技术知识，能在食品领域内从事食品生产技术管理、品质控制、产品开发、科学研究、工程设计等方面工作的食品科学与工程学科的高级工程技术人才。

专业发展

本专业主要学习化学、生物学和食品工程学的基本理论和基本知识，受到食品生产技术管理、食品工程设计和科学研究等方面的基本训练，具有食品保藏、加工和资源综合利用方面的基本能力。从专业发展方向来看，食品生物技术、冷链物流技术、食品精深加工技术、新型食品研发等是比较重要的领域。

就业方向

食品科学与工程专业毕业生的就业去向基本在"大食品行业"范围内，主要去向包括到大专院校、科研院所、食品企业及相关行业从事科学研究、技术开发、品质控制、经营管理和市场营销等工作；报考公务员到国家机关、海关、商检、食品安全管理等政机构和事业单位从事行政监管工作。

专业排名

序号	学校名称	评选结果
1	中国农业大学	A+
2	江南大学	A+
3	南昌大学	A
4	南京农业大学	A-
5	浙江大学	A-
6	华中农业大学	A-
7	华南理工大学	A-
8	天津科技大学	B+
9	大连工业大学	B+
10	东北农业大学	B+
11	上海海洋大学	B+
12	江苏大学	B+
13	中国海洋大学	B+
14	华南农业大学	B+
15	西北农林科技大学	B+
16	北京工商大学	B
17	内蒙古农业大学	B
18	沈阳农业大学	B
19	吉林大学	B
20	浙江工商大学	B
21	合肥工业大学	B
22	福建农林大学	B
23	西南大学	B
24	河北农业大学	B-
25	吉林农业大学	B-
26	哈尔滨商业大学	B-
27	上海交通大学	B-
28	南京财经大学	B-

序号	学校名称	评选结果
29	河南工业大学	B-
30	武汉轻工大学	B-
31	广东海洋大学	B-
32	哈尔滨工业大学	C+
33	黑龙江八一农垦大学	C+
34	浙江工业大学	C+
35	集美大学	C+
36	郑州轻工业学院	C+
37	河南农业大学	C+
38	中南林业科技大学	C+
39	暨南大学	C+
40	四川大学	C+
41	渤海大学	C
42	福州大学	C
43	河南科技大学	C
44	海南大学	C
45	西华大学	C
46	四川农业大学	C
47	云南农业大学	C
48	陕西科技大学	C
49	宁波大学	C
50	上海理工大学	C-
51	安徽农业大学	C-
52	青岛农业大学	C-
53	长沙理工大学	C-
54	甘肃农业大学	C-
55	扬州大学	C-

二十八、建筑类

学科概况

建筑类主要包括建筑学、城乡规划、风景园林 3 个基本专业和历史建筑保护工程、人居环境科学与技术、城市设计、智慧建筑 4 个特设专业。主要培养具备建筑设计、城市设计、室内设计、城市规划及设计、园林景观规划及设计等方面的知识，能在设计部门从事设计工作，并具有多种职业适应能力的通用型、复合型高级工程技术人才。

专业发展

建筑类专业发展主要集中在本行业领域内。其中，建筑学专业主要学习建筑设计、城市规划原理、建筑工程技术等方面的基本理论与基本知识，受到建筑设计等方面的基本训练，具有项目策划、建筑设计方案和建筑施工图绘制等方面的基本能力。城乡规划专业主要学习城市规划原理、城市规划设计、城市设计、城市经济学、区域规划等，接受城市规划及设计等专业训练。风景园林专业主要学习景观设计、城市规划、城市设计、景观建筑设计等方面的知识，接受城市设计、风景园林设计等专业训练。随着多源大数据在城市规划设计中的不断应用，城乡规划专业对学生的计算机能力要求会逐渐提高。

就业方向

建筑类专业毕业生就业相当集中，绝大部分都在房地产、建筑设计、城市设计、风景园林设计、城市管理等企业或机构从事规划设计或管理工作。

专业排名

序号	学校名称	评选结果
1	清华大学	A+
2	同济大学	A+
3	天津大学	A-
4	哈尔滨工业大学	A-
5	东南大学	A-

序号	学校名称	评选结果
6	南京大学	B+
7	华中科技大学	B+
8	华南理工大学	B+
9	重庆大学	B+
10	西安建筑科技大学	B+
11	大连理工大学	B
12	沈阳建筑大学	B
13	苏州科技大学	B
14	武汉大学	B
15	湖南大学	B
16	北京建筑大学	B-
17	山东建筑大学	B-
18	深圳大学	B-
19	长安大学	B-
20	安徽建筑大学	B-
21	南京工业大学	C+
22	合肥工业大学	C+
23	四川大学	C+
24	西南交通大学	C+
25	西北大学	C+
26	北京交通大学	C
27	北京工业大学	C
28	中国矿业大学	C
29	福州大学	C
30	天津城建大学	C
31	北京林业大学	C-
32	吉林建筑大学	C-
33	郑州大学	C-
34	武汉理工大学	C-
35	昆明理工大学	C-

二十九、安全科学与工程类

学科概况

安全科学与工程属于综合科学学科，其内容包括安全科学和安全工程以及两者之间的交融三个层次。我国安全科学与工程学科是从新中国诞生之后的劳动保护等学科逐渐发展起来的，主要包括安全工程1个基本专业和应急技术与管理、职业卫生工程2个特设专业。安全工程专业主要培养能从事安全技术及工程、安全科学与研究、安全监察与管理、安全健康环境检测与监测、安全设计与生产、安全教育与培训等方面工作的复合型的高级工程技术人才。

专业发展

本专业主要学习矿山与地下建筑、交通、航空航天、工厂、物业、商厦与地面建筑的灾害防治技术及工程和通风、净化与空气调节、安全监测与监控、安全原理、安全系统工程、安全监察和管理等专业知识和实践。本专业本科生、专科生毕业直接就业相对较多，深造比例较低。

就业方向

安全工程专业毕业生主要集中在"大安全"行业领域。一般来说可以进入大型施工企业，从事施工现场安全管理、现场安全教育、工伤事故处理、安全施工方案编制及审核、施工安全防护用具配备及管理和现场安全档案管理等工作；在大型厂矿、生产型企业从事企业安全管理、安全教育、安全评价、工伤事故处理及职业病防治等工作；在安全评价机构从事专业安全评价、风险评估等工作；也可以进入政府、企事业单位从事政府层面的安全管理工作；或进入大、中专院校从事安全工程或相近专业的教师工作。

专业排名

序号	学校名称	评选结果
1	中国矿业大学	A+
2	中国科学技术大学	A+

序号	学校名称	评选结果
3	河南理工大学	A-
4	中南大学	A-
5	西安科技大学	A-
6	清华大学	B+
7	北京理工大学	B+
8	北京科技大学	B+
9	南京工业大学	B+
10	中国石油大学	B+
11	辽宁工程技术大学	B
12	安徽理工大学	B
13	山东科技大学	B
14	中国地质大学	B
15	重庆大学	B
16	北京交通大学	B-
17	太原理工大学	B-
18	东北大学	B-
19	武汉科技大学	B-
20	武汉理工大学	B-
21	北京化工大学	C+
22	中国民航大学	C+
23	南京理工大学	C+
24	湖南科技大学	C+
25	南华大学	C+
26	华南理工大学	C+
27	中北大学	C
28	大连理工大学	C
29	沈阳航空航天大学	C
30	黑龙江科技大学	C
31	华东理工大学	C

序号	学校名称	评选结果
32	辽宁石油化工大学	C-
33	常州大学	C-
34	青岛科技大学	C-
35	郑州大学	C-
36	昆明理工大学	C-

三十、生物工程类

学科概况

生物工程类是20世纪70年代初开始兴起的一门新兴的综合性应用学科，主要包括生物工程1个基本专业和生物制药、合成生物学2个特设专业。生物工程主要以生物学（特别是其中的分子生物学、微生物学、遗传学、生物化学和细胞学）的理论和技术为基础，结合化工、机械、电子计算机等现代工程技术，充分运用分子生物学的最新成就，自觉地操纵遗传物质，定向地改造生物或其功能，短期内创造出具有超远缘性状的新物种，再通过合适的生物反应器对其进行大规模培养。

专业发展

生物工程专业学生主要学习微生物学、生物化学、化学工程、发酵工程等方面的基本理论和基本知识，受到生物细胞培养与选育、生物技术与工程等方面的基本训练，具备在生物技术与工程领域从事设计、生产、管理和新技术研究、新产品开发的基本能力。生物工程应用范围十分广泛，包括医药、食品、农林、园艺、化工、冶金、采油、发酵罐新技术和新底物的环保等许多方面。生物工程学科特点要求学生具备较高的理论和试验素养，因此选择深造尤其是出国深造的比例较大。

就业方向

生物工程专业毕业生适宜从事医药、食品、环保、商检等部门中生物产品的技术开发、工程设计、生产管理及产品性能检测分析等工作及教学部门的研究与教学工作。

专业排名

在全国第四轮学科评估中,教育部学位与研究生教育发展中心在"工学"目录中没有单独列出生物工程专业的排名。综合来看,浙江工业大学、华东理工大学、北京化工大学、华南理工大学、天津科技大学、中国药科大学、上海交通大学、江南大学、浙江大学、华中农业大学、沈阳药科大学、扬州大学、天津大学、北京理工大学、河南农业大学、聊城大学等院校的学科优势较为明显。

三十一、公安技术类

学科概况

公安技术类主要包括刑事科学技术、消防工程2个基本专业和交通管理工程、安全防范工程、公安视听技术、抢险救援指挥与技术、火灾勘查、网络安全与执法、核生化消防、海警舰艇指挥与技术、数据警务技术9个特设专业,食品药品环境犯罪侦查技术1个增补专业。刑事科学技术专业主要培养具备痕迹检验、文件鉴定、微量物证分析、公安图像技术等方面知识和能力,能在公安、司法等部门从事刑事技术鉴定工作的高级专门人才。消防工程专业主要培养具备消防工程技术和灭火救援等方面的知识和能力,能在公安消防部队和企事业单位从事消防工程技术与管理和灭火救援指挥方面工作的工科高级专门人才。

专业发展

刑事科学技术专业主要学习刑事科学技术方面的基本理论和基础知识,接受技术鉴定方面的基本训练,具有痕迹检验、文件鉴定、微量物证分析、公安图像技术等方面的基本能力。消防工程专业主要学习消防工程、土木工程、安全管理和管理学等方面基本理论和基本知识,受到消防技术标准审核、监督管理和组织指挥等方面机能的基本训练,具有消防监督、队伍管理和灭火救援工作的组织指挥的基本能力。

就业方向

公安技术类专业毕业生主要在公安、司法、消防等部门从事相关工作。

专业排名

在全国第四轮学科评估中，教育部学位与研究生教育发展中心在"工学"目录中没有单独列出公安技术专业的排名。结合国家"双一流"专业建设等来看，中国人民公安大学、中国人民警察大学、湖南警察学院、南京森林警察学院、四川警察学院、中国刑事警察学院、吉林警察学院、广东警官学院、江苏警官学院以及西南政法大学在本专业具有优势。

编号 09　农学

农学，是农业科学领域的传统学科，解决人类的"吃饭穿衣"问题。农学专业代码为 09 开头，根据 2020 年最新版的高等院校本科专业目录，农学专业包括植物生产类（0901）、自然保护与环境生态类（0902）、动物生产类（0903）、动物医学类（0904）、林学类（0905）、水产类（0906）、草学类（0907）七个类别。

农学专业是研究农业发展的自然规律和经济规律的科学学科，因涉及农业环境、作物和畜牧生产、农业工程和农业经济等多种科学而具有综合性，随着农业科技创新速度的不断加快，生物技术和信息技术的飞速发展及其在农业中的广泛应用，农学在保持传统特色的基础上，正焕发着勃勃生机。

一、植物生产类

植物生产类学科是一门系统研究植物生长习性、病虫害防治、植物应用等技术、理论和方法的学科，并不是传统理解上的"面朝黄土背朝天"的种地专业。

学科概况

植物生产类学科代码为 0901，包括六个基本专业：农学（090101）、园艺（090102）、植物保护（090103）、植物科学与技术（090104）、种子科学与工程（090105）、设施农业科学与工程（090106）和八个特设专业：茶学（090107T）、烟草（090108T）、应用生物科学（090109T）、农艺教育（090110T）、园艺教育（090111T）、智慧农业（090112T）、菌物科学与工程（090113T）、农药化肥（090114T）。

农学主要研究作物生产、作物遗传育种、种子生产、经营管理等方面的基本知识和技能，进行农作物的栽培与耕作、农作物转基因育种、种子生产与检验、农产品加工与营销等。

园艺主要研究花卉、果树、蔬菜和观赏树木的品种、生长习性、育种、栽培、繁殖、加工等方面的基本知识和技能，进行植物育种、栽培、繁殖、养护、管理等。

植物保护主要研究农业生物、农业生态、农业有害生物的发生发展规律及其综合治理技术等方面的基本知识和技能，进行植物有害生物的鉴定、监测、控制、治理等。例如：植物杂草的铲除，蝗虫、疫病等农业灾害的预防与治理，农产品农药残留的检测分析等。

植物科学与技术主要研究传统农业生产技术与现代生物技术等方面的基本知识和技能，将传统的农学、园艺、植保与现代生物技术有机结合，进行植物的育种、栽培、保护和新品种研发等。

种子科学与工程主要研究农业生物科学、种子科学等方面的基本知识和技能，进行种子生产、植物育种、种子加工贮藏、种子质量检测、种子营销等。

设施农业科学与工程主要研究农业设施的设计、制造与安装、设施环境调控、传感与测试技术等方面的基本知识和技能，进行现代农业基本设施的设计、建造、环境调控等。

茶学主要研究农业生物科学、食品科学、茶科学、茶文化学等方面的基本知识和技能，包括茶树栽培育种、茶叶生产加工、茶叶审评检验、茶的综合利用和营销、茶文化等，进行茶叶的选种、加工、评级、贸易、茶文化的推广等。

烟草主要研究烟草生产、烟草遗传育种、烟叶质量检测与经营管理等方面的基本知识和技能，进行烟草的栽培选育与生产加工、烟叶的检测、香烟的贸易营销等。

应用生物科学主要研究生物技术在农业生物、昆虫、微生物等方面的应用，在食品、粮油、医药等领域进行生产加工、质量检测和工程设计等。

农艺教育主要研究农业生物科学、作物生产、作物遗传育种、教育学等方面的基本知识和技能，进行农业技术开发或农艺专业的教学等。

园艺教育主要研究园艺作物的生产、栽培、育种、经营、管理和教育学等方面的基本知识和技能，进行观赏植物的培育或园艺专业的教学等。

智慧农业专业是 2020 年教育部新设的本科专业，本专业旨在通过生产领域的智能化、经营领域的差异性以及服务领域的全方位信息服务，推动农业产业链改造升级；实现农业精细化、高效化与绿色化，保障农产品安全、农业竞争力提升和农业可持续发展。

菌物科学与工程专业是 2020 年教育部新设的本科专业，本专业旨在培养具备生物学知识、菌物学理论体系、菌类作物生产加工技能，能在农业领域从事菌物资源及利用工作的复合型高素质人才。

农药化肥专业是 2020 年教育部新设的本科专业，本专业旨在为国家培养更多具有现代化农业生产技能和水平的农药化肥专业人才，服务于农业生产资料行业营销、管理、科学研究与技术推广等领域，为农业生态环境健康、国家粮食安全、农产品质量安全等提供人才支撑和保障。

专业发展与就业方向

本学科专业的录取分数线在同院校内属于较低的，考研难度也相对较低。毕业后可在相关大专院校和科研院所进一步深造，并可面向农业、园艺、园林草学、药用植物等领域深造，未来的就业方向包括在高等院校、科学研究相关部门或单位从事教学与科研，也可以加入社会化企业从事农业技术的推广与开发、农商企业的经营与行政管理等工作。

院校排名

以下为教育部第四轮学科评估结果中的作物学院校排名

评估结果	学校代码及名称	
A+	10019	中国农业大学
	10307	南京农业大学
A-	10335	浙江大学
	10504	华中农业大学

评估结果	学校代码及名称	
B+	10434	山东农业大学
	10537	湖南农业大学
	10626	四川农业大学
	10712	西北农林科技大学
B	10157	沈阳农业大学
	10466	河南农业大学
	10564	华南农业大学
	10635	西南大学
	11117	扬州大学
B-	10086	河北农业大学
	10193	吉林农业大学
	10224	东北农业大学
C+	10113	山西农业大学
	10364	安徽农业大学
	10389	福建农林大学
	10676	云南农业大学
	10733	甘肃农业大学
C	10410	江西农业大学
	10593	广西大学
	10743	青海大学
	10759	石河子大学
C-	10129	内蒙古农业大学
	10223	黑龙江八一农垦大学
	10489	长江大学
	10589	海南大学

以下为教育部第四轮学科评估结果中的园艺学院校排名

评估结果	学校代码及名称	
A+	10335	浙江大学
	10504	华中农业大学

评估结果	学校代码及名称	
A-	10307	南京农业大学
B+	10019	中国农业大学
	10157	沈阳农业大学
	10434	山东农业大学
	10537	湖南农业大学
	10712	西北农林科技大学
B	10248	上海交通大学
	10564	华南农业大学
B-	10086	河北农业大学
	10364	安徽农业大学
	10389	福建农林大学
	10635	西南大学
C+	10020	北京农学院
	10224	东北农业大学
	10626	四川农业大学
	10733	甘肃农业大学
C	10113	山西农业大学
	10589	海南大学
	10759	石河子大学
C-	10466	河南农业大学
	10676	云南农业大学
	10758	新疆农业大学
	11117	扬州大学

其他专业未有相关排名。

小结

本专业培养的并不是农民，而是植物生产的高技术人才，虽然需要下田间地头，但从事的仍然是研究与技术工作。本专业的学习难度相对较低，大量工作需要在实践中摸索和体验，提升学历对未来发展会有帮助，但更重要的是紧跟国家政策导向，随时关注行业最新成果，将科研成果转化为实实在在的农业收获，为中国人民的饭碗安全保驾护航。

本专业的报考分数线不高，如果希望上一所985、211的学校而分数不足的话，本专业是一个可以考虑的选择。

二、自然保护与环境生态类

随着人类世界的工业生产活动导致了严重的水土流失、动植物的生存空间受到严重影响，如何平衡人类的发展需求和自然环境的改善是本学科的宗旨。自然保护与环境生态学科涉及多个领域，是适应农、牧、林、水、土地资源管理等行业生产建设需要，研究资源利用、生态保护与建设的一门学科。

学科概况

自然保护与环境生态类学科代码为0902，包括三个基本专业：农业资源与环境（090201）、野生动物与自然保护区管理（090202）、水土保持与荒漠化防治（090203）和一个特设专业：生物质科学与工程（090204T）。

农业资源与环境主要研究农业资源的管理及利用、农业生态、农业环境保护、农产品检测等方面的基本知识和技能，进行农业资源的规划与利用、农业环境的保护与污染防治等。

野生动物与自然保护区管理主要研究动物科学、动物检疫学、动物遗传育种与繁殖学、自然保护区管理等方面的基本知识和技能，进行野生动物的繁育、驯养、保护、检疫和自然保护区的规划、设计、管理。

水土保持与荒漠化防治主要研究生物学、生态学、森林及草场培育学、环境科学与工程、水利工程等方面的基本知识和技能，包括水土流失和土地荒漠化的基本规律、水土保持和荒漠化防治的规划设计方法和监测评价技术等，在水土保持、农业、水利、环境保护、土地管理等政府机构、企事业单位进行水土保持与荒漠化防治的规划、设计、方案编制、监测等。

生物质科学与工程专业是2019年教育部新设的本科专业，旨在培养具备化学、化工、生物、材料等方面扎实的基础，又具备生物质转化与利用基础知识和工程能力的，具有创新意识和较强科研能力的，具有国际竞争力的交叉复合型人才。

专业发展与就业方向

本学科专业学生毕业后大多可进入体制内，加入农业、土地、环保、农资等部门，从事农业资源管理及利用、农业环境保护的相关工作。其中，野生动物与自然保护区管理专业毕业生还可以进入海关和边境口岸等单位工作。

本专业的市场化就业口径相对狭窄，在能力培养上需要注重学历提升与综合能力。

院校排名

农业资源与环境

评估结果	学校代码及名称	
A+	10307	南京农业大学
	10335	浙江大学
A-	10019	中国农业大学
B+	10504	华中农业大学
	10635	西南大学
	10712	西北农林科技大学
B	10157	沈阳农业大学
	10537	湖南农业大学
	10564	华南农业大学
	10626	四川农业大学
B-	10193	吉林农业大学
	10389	福建农林大学
	10434	山东农业大学
C+	10086	河北农业大学
	10113	山西农业大学
	10224	东北农业大学
	10341	浙江农林大学

评估结果	学校代码及名称	
C	10129	内蒙古农业大学
	10466	河南农业大学
	10676	云南农业大学
C-	10364	安徽农业大学
	10435	青岛农业大学
	11117	扬州大学

植物保护

评估结果	学校代码及名称	
A+	10307	南京农业大学
	10335	浙江大学
A-	10019	中国农业大学
B+	10389	福建农林大学
	10504	华中农业大学
	10657	贵州大学
	10712	西北农林科技大学
B	10434	山东农业大学
	10564	华南农业大学
	10635	西南大学
	10676	云南农业大学
B-	10157	沈阳农业大学
	10193	吉林农业大学
	10537	湖南农业大学
C+	10086	河北农业大学
	10364	安徽农业大学
	11117	扬州大学
C	10224	东北农业大学
	10466	河南农业大学
	10593	广西大学
	10626	四川农业大学

评估结果	学校代码及名称	
C-	10113	山西农业大学
	10183	吉林大学
	10435	青岛农业大学

小结

环境问题可能是困扰当今世纪的最大难题之一，国家将更加重视这类环保问题，国家生态环境建设与经济建设密切结合，国家对专业人才需求日益剧增，为本专业的毕业生提供了机会。本专业的分数要求一般不高，考研难度也不大，如果希望未来进入体制内工作，本专业是可以考虑的。

三、动物生产类

动物生产类专业，也就是大家通常理解的畜牧业，培养具有扎实的动物科学专业基本理论、基础知识与基本技能，能够在动物遗传育种、动物营养与饲料科学、动物生产与管理等相关领域从事教学、科研、行政管理、推广、开发和贸易等工作的高级专业人才。

学科概况

动物生产类学科代码为0903，包括一个基本专业：动物科学（090301）和四个特设专业：蚕学（090302T）、蜂学（090303T）、经济动物学（090304T）、马业科学（090305T）。

动物科学主要研究动物的遗传变异、生长发育、后代繁殖、消化代谢、营养与饲养等方面的基本知识和技能，进行动物的生产与管理、饲料的研发与生产、基因工程的研究等。

蚕学主要研究蚕的种类、形态结构、生活习性、繁殖发育、饲养保护、分布移动等方面的基本知识和技能，进行蚕业的经营管理和蚕资源、蚕丝副产物的综合利用等。

蜂学主要研究蜜蜂饲养与管理、蜜蜂遗传育种、蜂病防治、蜂产品加工、蜂产品贸易等方面的基本知识和技能，在蜂业进行生产管理、技术开发和贸易等。

经济动物学培养了解经济动物生物学特性、繁殖与育种、营养与饲料、饲养管理、产品初加工以及疾病防治等方面知识和技术的人才。例如哺乳类、特禽生产等方面的专业人才。

马业科学培养学生具有良好的科学文化素养，具备马属动物遗传育种与繁殖、营养、医学及马术等方面的基本理论和操作技能，能在马业科学及相关领域从事马属动物育种繁殖、饲养管理、营养调配、马的调教、饲料生产、疾病防治、马用具用品生产、马场设施建造、马术运动与管理、赛事组织与运营等业务与技术工作。

专业发展与就业方向

本学科专业的就业不成问题，中国一直是畜牧业大国，也是畜牧产品消费大国，国内畜牧业的巨头企业很多，对人才的需求也很强烈，本科毕业后就可以从事与动物科学相关的企业管理、行政管理、产品研发与经营等工作，市场化就业途径很通畅。

随着畜牧业的发展要求，对学历要求也日益增高，建议继续攻读深造的主要方向有：动物遗传育种与繁殖、动物细胞工程、动物营养、生物工程等。毕业后可从事动物生物技术及饲料营养等方面的科研、教学和产品研发工作。

院校排名

评估结果	学校代码及名称
A+	10019　中国农业大学
	10504　华中农业大学
A-	10335　浙江大学
	10626　四川农业大学
B+	10307　南京农业大学
	10564　华南农业大学
	10635　西南大学
	10712　西北农林科技大学

评估结果	学校代码及名称	
B	10129	内蒙古农业大学
	10224	东北农业大学
	10410	江西农业大学
	10676	云南农业大学
	11117	扬州大学
B-	10183	吉林大学
	10434	山东农业大学
	10537	湖南农业大学
	10733	甘肃农业大学
C+	10086	河北农业大学
	10113	山西农业大学
	10193	吉林农业大学
	10466	河南农业大学
	10593	广西大学
C	10364	安徽农业大学
	10389	福建农林大学
	10758	新疆农业大学
	10759	石河子大学
C-	10248	上海交通大学
	10435	青岛农业大学
	10656	西南民族大学

小结

畜牧业在我国经济发展中处于十分重要的地位，与之相关的专业毕业生需求量都很大，市场化程度也很高，很多畜牧业公司都能实现资本化运作，对相关人才的需求和待遇也水涨船高，所以选择畜牧业就业不成问题，但畜牧业的工作环境相对艰苦，需要学生有吃苦耐劳的精神。本专业的录取分数一般不高，求学难度不大，有志于从事畜牧行业的学生可放心报考。

四、动物医学类

动物医学类，即我们通常理解的兽医专业，是动物学与医学的交叉学科，该学科还延伸到生物学、水产生物学以及环境保护和空间医学等领域，同生物医学学科结合更加紧密，是近些年的热门专业。

学科概况

动物医学类学科代码为0904，包含两个基本专业：动物医学（090401）、动物药学（090402）和三个特设专业：动植物检疫（090403T）、实验动物学（090404T）、中兽医学（090405T）。

动物医学主要研究动物疾病的发生发展规律、动物疾病的诊断与防治等方面的基本知识和技能，进行畜禽、伴侣动物、医学实验动物及其他观赏动物疾病的防治等。

动物药学主要研究动物药理学、药物化学、药物分析等方面的基本知识和技能，进行动物药品和动物生物制品的研发、制造、分析、检验等。

动植物检疫主要研究化学、病毒学、动植物病理学、动植物检疫等方面的基本知识和技能，在检验检疫、卫生监督、海关、农业等政府机构、企事业单位进行动植物卫生检验、疫病排查诊断、食品安全监督等。

实验动物学培养具有动物科学方面的基本理论、基本知识和基本技能，能在实验动物科学相关的领域从事技术与设计、经营与管理、推广与应用等工作，并具有创新精神和实践能力的复合型科学技术人才。

中兽医学培养具有强烈的社会责任感、深厚的人文底蕴、宽广的国际视野，具有良好的职业道德和敬业精神，掌握扎实的现代动物医学及传统兽医学理论、知识和技能，富有创新创业精神和实践能力的高素质中西兽医结合的复合应用型人才。

专业发展与就业方向

本学科专业未来就业方向很明确，可进入兽医医疗、兽医管理与执法、兽医技术服务、兽医教育与科研的相关政府机构，也可以进入市场化就业，去宠物医院、宠物用品店、宠物繁育公司工作，从事的工作内容包括动物医疗、监督管理、教学科研、产品开发、宠物生态等。

在学历提升方面，建议本专业可以攻取更高学历，相对而言本专业的学习难度比医学生难度低，对从业的帮助更大，学有余力的学生适合深造。

院校排名

评估结果	学校代码及名称	
A+	10019	中国农业大学
	10504	华中农业大学
A-	10564	华南农业大学
	11117	扬州大学
B+	10183	吉林大学
	10224	东北农业大学
	10307	南京农业大学
	10712	西北农林科技大学
B	10193	吉林农业大学
	10335	浙江大学
	10466	河南农业大学
	10626	四川农业大学
B-	10113	山西农业大学
	10434	山东农业大学
	10537	湖南农业大学
	10733	甘肃农业大学
C+	10129	内蒙古农业大学
	10157	沈阳农业大学
	10223	黑龙江八一农垦大学
	10593	广西大学
C	10086	河北农业大学
	10410	江西农业大学
	10435	青岛农业大学
	10635	西南大学

评估结果	学校代码及名称	
C-	10020	北京农学院
	10389	福建农林大学
	10758	新疆农业大学
	10759	石河子大学

小结

在很多人的印象中，学习本专业的毕业去向都是去兽医站当兽医，但实际上越来越多的毕业生都去了大城市从事了宠物行业，随着养宠物的人越来越多，宠物相关产业也越来越发达，本专业的毕业生也越来越受欢迎，就业创业环境也越来越好。如果对医学感兴趣，又对小动物有爱心的话，选择本专业是一个非常好的选择。

本专业的报考难度相对医学来说低很多，但学习难度和实操要求都不低，并不能因为对象是动物而有所轻忽，在整个农学专业里属于比较高难度的，对学历提升的要求也是最高的。

五、林学类

和植物生产类学科不同，林学类专业更专精于对森林培育、林木遗传育种、森林生态、森林经营、森林病虫害防治与检疫、水土保持与防护林建设、野生植物资源开发利用等对自然环境的研究。如果说植物生产是重视单一物种的价值，林学类专业研究的就是整个森林生态的价值。

学科概况

林学类学科代码为0905，包含三个基本专业：林学（090501）、园林（090502）、森林保护（090503）和一个特设专业：经济林（090504T）。

林学主要研究森林的概况、培育、经营、保护、资源合理利用等方面的基本知识和技能，在林业、农业、环保等企事业单位进行森林培育、森林资源保护、森林生态环境建设等。

园林主要研究园林植物的培育与养护、园林的规划与建设、绘图技法、插花艺术等方面的基本知识和技能，进行园林植物的栽培养护、城乡各类园林绿地的规划设计等。

森林保护主要研究生物学、地理学、林学、管理学等方面的基本知识和技能，进行森林资源保护、森林资源调查与管理、森林灾害防治等。

经济林培养从事经济林良种选育、经济林机械与智能化栽培管理、林下资源开发利用、经济林基地规划设计、经济林产品贮藏加工、经济林产品营销等方面工作的高级复合型专业技术人才。

专业发展与就业方向

林学专业毕业生主要面向林业基层单位、国家森林公园、自然保护区、园林公园、园林设计单位就业，从事育苗、造林、森林管护、病虫害综合治理、森林资源调查与管理、城乡绿化、园林绿化景观设计、花卉苗木养护林、经济林保护和创业等工作。

院校排名

评估结果	学校代码及名称	
A+	10022	北京林业大学
	10298	南京林业大学
A-	10712	西北农林科技大学
B+	10225	东北林业大学
	10341	浙江农林大学
	10389	福建农林大学
B	10538	中南林业科技大学
	10626	四川农业大学
	10677	西南林业大学
B-	10086	河北农业大学
	10410	江西农业大学
	10434	山东农业大学

评估结果	学校代码及名称	
C+	10129	内蒙古农业大学
	10201	北华大学
	10564	华南农业大学
C	10364	安徽农业大学
	10466	河南农业大学
	10657	贵州大学
C-	10157	沈阳农业大学
	10504	华中农业大学
	10733	甘肃农业大学

小结

林业是我国经济建设和环境建设的重要组成部分，具有直接和间接的经济价值。要真正实现森林资源可持续性利用，科学技术是关键，而人才则是关键之关键，因此社会对林学领域的科技人才和工程应用人才的需求将会日益增加。我国的林业生产第一线急需科技人才，在解决如何将知识转化为生产力以发展我国的农林经济问题上，林学类专业的毕业生具有可观的用武之地。

本专业的分数要求不高，工作环境相对艰苦，薪资待遇相对一般，如果希望进入较好的工作环境，通过学历提升进入相关科研院所是一个比较好的选择。

六、水产类

水产类专业是从动物科学领域分出来的一类专业，专门研究水产品的养殖状况，即研究水产品的形态、构造、繁殖、医疗等基础理论。水产品不仅包括鱼类养殖、海洋捕捞，随着时代的进步与发展，内涵和外延也在不断扩大，经济价值日益增大。

学科概况

水产类学科代码为0906，包含两个基本专业：水产养殖学（090601）、海洋渔业科学与技术（090602）和两个特设专业：水族科学与技术（090603T）、水生动物医学（090604TK）。

水产养殖学主要研究水产动植物的种类、育种、增养殖以及饲料的营养与生产等方面的基本知识和技能，在水产业进行养殖生产、加工处理、技术开发等。

海洋渔业科学与技术主要研究渔业资源与渔场学、海洋环境学、渔具渔法学、渔业法规与渔政管理等方面的基本知识和技能，进行渔业资源与环境的调查研究、渔具渔法的设计、渔业管理等。

水族科学与技术主要研究水环境科学、水产动物育种学、水族动物生产学、水产动物疾病学等方面的基本知识和技能，进行观赏水族的育种、养殖、病害防治以及水域环境处理等。

水生动物医学主要研究水产动物病原、病理、病害预防与控制等方面的基本知识和技能，涉及微生物学、免疫学、水产动物病理学、药理学等，进行鱼、虾、蟹、海豚等水生动物的疾病诊治、病害防控、防疫检验等。

专业发展与就业方向

对于本专业毕业生来说，大多选择渔业局、渔政局、水产站等政府机构、事业单位，但进入这些单位的门槛较高，学历提升必不可少；选择市场化就业也是一条道路，但需要学生吃苦耐劳，工作环境也相对艰苦。

随着经济全球化的深入和科技的迅速发展，海洋经济的地位日益突出，人才培养方面亟须适时进行改革，该学科的待遇与工作环境会持续改善。

院校排名

评估结果	学校代码及名称	
A+	10264	上海海洋大学
	10423	中国海洋大学
B+	10504	华中农业大学
B	10158	大连海洋大学
	11646	宁波大学
B-	10307	南京农业大学
	10566	广东海洋大学

评估结果	学校代码及名称	
C+	10340	浙江海洋大学
	10390	集美大学
C	10061	天津农学院
	10635	西南大学
C-	10537	湖南农业大学
	10589	海南大学

小结

随着中国经济开发的推进，加之全国海洋渔业资源的限制捕捞，水产养殖业会成为朝阳产业，对技术和人才的需求将越来越多，水产养殖专业毕业生的前景会越来越好，行业发展空间也越来越大，人才需求也越来越大，从每年的人才需求来看，毕业生数量总是满足不了行业人才需求的数量，因此就业前景非常广阔。具有水产经济动植物增养殖技术、营养与饲料和病害防治等方面系统训练的高级科学技术人才，将迅速走红。

本专业的报考难度与求学难度都不高，但工作环境相对艰苦，对从业者的意志力是一种考验，很多选择这门专业的学生都是因为家庭关系或来自沿海省份，如果能从社会解决就业问题，可以选择这个专业。

七、草学类

草学类学科是农学的最后一个分支，也是大家了解不多的一个学科，开设这个专业的高等院校也不多，是一门专门研究草类的学科。

学科概况

草学类学科代码为0907，包含一个基本专业：草业科学（090701）和一个特设专业：草坪科学与工程（090702T）。

草业科学主要研究农业作物科学、农业生态学、草坪学、草地学、环境科学等方面的基本知识和技能，进行牧草养殖、人工草坪建植与护理等。

草坪科学与工程专业是教育部2020年新设的本科专业，培养系统掌握生物科学、生态学、环境科学、园林学和草坪科学基本理论知识的高素质应用型人才。

专业发展与就业方向

草业科学专业学生毕业后可进入草业科学专业教学单位、农林部门做规划与技术研发工作，也可以选择去园林、水土保持、环保、人工草场、体育场等单位，还可以社会化就业去从事各种类型草坪的建植与管理工作，也可以在房地产公司、公共事务建设部门，以及公路绿化部门工作，主要负责小区、公园、广场、街道、公路的隔离带、医院、学校、工厂等公用绿地的草坪建植和规划工作。

总之，草业专业本身是一个非常细分的领域，就业方向也就比较明确，但随着城市环保理念的深入，专业人才缺口也日益增加，需要大量一线的中高技术人才去支撑行业的发展。

院校排名

评估结果	学校代码及名称	
A+	10019	中国农业大学
	10730	兰州大学
B+	10129	内蒙古农业大学
	10712	西北农林科技大学
	10733	甘肃农业大学
B	10626	四川农业大学
	10758	新疆农业大学
B-	10564	华南农业大学
	10743	青海大学
	10749	宁夏大学
C+	10022	北京林业大学
	10224	东北农业大学
	10307	南京农业大学

评估结果	学校代码及名称	
C	10537	湖南农业大学
	10676	云南农业大学
C-	10113	山西农业大学
	10466	河南农业大学
	11117	扬州大学

小结

草业是一个新的经济增长点，中国草业的发展还有大量上升空间。而且，随着人们生活水平的提高，人们对环境的要求也在逐渐提高，草业科学的同学们将来的就业前景是广阔的，所以此专业毕业生就业前景不错，但工作环境和薪资待遇还需要大幅改善，这些方面还需要社会各界力量和从业人员一起努力去改变。

编号 10　医学

医学专业代码为 10 开头，根据 2020 年最新版的高等院校本科专业目录，医学专业包括基础医学类、临床医学类、口腔医学类、公共卫生与预防医学类、中医学类、中西医结合类、药学类、中药学类、法医学类、医学技术类、护理学类十一个类别。医学是一个专业性非常强的专业，与其他专业相比，知识自成体系，跨专业的难度极大，本专业学习难度也不小。即使在医学专业内部，也轻易不要选择跨专业。

医学的就业方向也非常明确，基本都是对口进入相关医学领域，但并不是每一个专业都有资格考"医师从业资格证"，也就是说并不是每一个医学专业毕业生都能成为执业的医生，所以在填报志愿时一定要注意。

在学历提升方面，医学至少需要读到硕士学位，普遍建议读到博士学位；如果有条件，出国深造也是一个好的选择。

一、基础医学类

基础医学属于基础学科，是现代医学的基础。基础医学是研究人的生命和疾病现象的本质及其规律的自然科学。基础医学专业培养具备自然科学、生命科学和医学科学基本理论知识和实验技能，能够在高等医学院校和医学科研机构等部门从事基础医学各学科的教学、科学研究及基础与临床相结合的医学实验研究工作的医学高级专门人才，其所研究的关于人体的健康与疾病的本质及其规律为其他所有应用医学所遵循。

学科概况

目前，高等院校本科专业目录中，基础医学类学科代码为1001，包括一个基本专业：基础医学（100101K）和两个特设专业：生物医学（100102TK）、生物医学科学（100103T）。我国执业医师考试报名资格明确规定，基础医学类的学生无法报考"医师从业资格证"，也就是学习这类专业是无法当医生的，请务必注意！

基础医学专业学生在本科第一个阶段与临床医学学生的培养是一样的。在这一阶段学生主要学习两大类的课程：一类是高等数学、思想道德修养、计算概论、大学英语、体育课等大学必修课程；另一类则是医学生必修的各种化学、医学基础课。化学类有有机化学、无机化学、物理化学、分析化学及相应的实验课等。医学基础课名目繁多，如人体解剖学、组织胚胎学、医学心理学、免疫学、药理学、神经生物学、病理学、病理生理学、寄生虫学、医学遗传学及相关的实验课。

生物医学主要研究生物学与基础医学等方面的基本知识和技能，进行人体健康知识的探寻和完善，从而对人体疾病的预防和诊疗手段实现创新。

生物医学科学主要研究生物学、生命科学、基础医学、遗传学等方面的基本知识和技能，进行肿瘤、糖尿病、遗传疾病、病毒等方面的诊疗与探索。

专业发展与就业方向

基础学科普遍应用不太广泛，冠上"医学"二字，更是使得出路变得狭窄了。需要再次强调的是，基础医学不同于临床医学等，毕业学生不能从事临床相关工作，也就是不能成为医生给病人看病。基础医学主要就业方向有三个：首先是科研单位，从事基础医学相关科学研究；其次是高校，在医学院或生物学院担任老师，讲授基础课，同时一般也要承担相关课题的研究；最后主要就是医药公司，做相关产品的研发销售等。前两类工作比较稳定，不过总体比较枯燥，对学历要求较高，职称的升级与科研成果息息相关，待遇一般；第三个工作压力相对来说较大，但可能会有较高的收入。

院校排名

评估结果	学校代码及名称	
A+	10001	北京大学
	10023	北京协和医学院
A	10246	复旦大学
A-	10248	上海交通大学
	10335	浙江大学
	10558	中山大学
	90030	第二军医大学
B+	10062	天津医科大学
	10285	苏州大学
	10312	南京医科大学
	10422	山东大学
	10487	华中科技大学
	10533	中南大学
	10610	四川大学
	12121	南方医科大学
B	10025	首都医科大学
	10159	中国医科大学
	10161	大连医科大学
	10183	吉林大学
	10247	同济大学
	10486	武汉大学
	10698	西安交通大学
	90032	第四军医大学
B-	10055	南开大学
	10089	河北医科大学
	10226	哈尔滨医科大学
	10304	南通大学
	10459	郑州大学

评估结果	学校代码及名称	
B-	10559	暨南大学
	10631	重庆医科大学
C+	10313	徐州医科大学
	10366	安徽医科大学
	10384	厦门大学
	10403	南昌大学
	10555	南华大学
	10598	广西医科大学
	10660	贵州医科大学
	11065	青岛大学
C	10114	山西医科大学
	10472	新乡医学院
	10560	汕头大学
	10570	广州医科大学
	10678	昆明医科大学
	10752	宁夏医科大学
	10759	石河子大学
C-	10081	华北理工大学
	10160	锦州医科大学
	10299	江苏大学
	10343	温州医科大学
	10367	蚌埠医学院
	10542	湖南师范大学
	10601	桂林医学院
	10760	新疆医科大学

小结

基础医学是医学学科的基础，是一切医学发展的理论之源、实践之本，是最接近于医学本质的学科，探究生命的原理，搭建医疗体系的地基。选择了基础医学就是选择了医学专业的象牙塔，注定要走上科研的道路。再次强调，选择该专业无法从事临床工作，无法成为一名给病人治病的医生，这需要学生和家长务必注意，每年都有"望文生义"的学生误报了本专业，造成终身无法成为医生的遗憾。

二、临床医学类

医学是旨在保护和加强人类健康、预防和治疗疾病的科学体系和实践活动，而临床医学就是医学中侧重实践活动的部分。临床医学类是直接面对疾病、病人，对病人直接实施治疗的科学，也是研究疾病的病因、诊断和预后，提高临床治疗水平，促进人体健康的科学，是想要成为医生的学生选择最多的医学专业。

学科概况

临床医学类属于医学（门类代码10）下属的一级学科，学科代码1002，以下又分为一个基本专业：临床医学（100201K）和六个特设专业：包括麻醉学（100202TK）、医学影像学（100203TK）、眼视光医学（100204TK）、精神医学（100205TK）、放射医学（100206TK）、儿科学（100207TK）。

临床医学需要学习的知识包括自然通识课、基础医学课程群（包括形态学、机能学、病原生物学）、临床能力与人文教育、临床医学课程群（包括儿科学、妇产科学、口腔科学、眼科学、耳鼻咽喉与头颈外科学、皮肤性病学、中医学、神经病学、精神病学、核医学、急诊医学、传染病学、康复医学）、公共卫生课程群（卫生学、流行病学、医学统计学）这五大类课程。知识体系非常庞杂，学习难度不低。

麻醉学主要研究基础医学、临床医学、麻醉学等方面的基本知识和技能，接受麻醉、急救与生命复苏的训练，在医疗卫生单位的麻醉科、急诊科、ICU等进行临床麻醉、急救和复苏、术后监测等。

医学影像学主要研究基础医学、临床医学和现代医学影像学等方面的基本知识和技能，在医疗卫生单位从事医学影像诊断、介入放射学和医学成像技术等方面的工作。要注意和医学影像技术专业区分，如果误报，是无法当医生的。

眼视光医学主要研究现代光学技术和现代眼科学等方面的基本知识和技能，

进行人体视力检测、视力矫正等，从而解决人类视觉障碍的问题，包括近视、远视、散光、弱视、低视力等。要注意和眼视光学专业区分，如果误报，也是无法当医生的。

精神医学主要研究精神疾病的病因、发病机理、临床表现和发展规律以及其预防、诊断、治疗和康复等方面的基本知识和技能，进行常见的心理障碍、精神疾病等病症的诊断与处理。

放射医学主要研究电离辐射对人体的作用、损伤与修复等方面的基本知识和技能，进行放射诊断、放射治疗、放射损伤的修复等。

儿科学主要研究胎儿至青春期儿童的生长发育、疾病预防、疾病诊疗、保健等方面的基本知识和技能，进行儿童健康的保障与小儿疾病的预防、诊治等。

专业发展

临床医学，顾名思义即"亲临病床"之意。所以学习临床医学，必须接触大量实践，而且在学习阶段是全科培养，无论未来从事什么科室的工作都需要全面学习包括内科、外科、妇科、儿科等几乎所有科室的知识，所以学习强度和难度都不低。由于医生从业的特殊性，对学历的要求也极其严苛，本科生几乎无法进入绝大多数医院，硕士生也几乎无法进入一线大城市的三甲医院，所以选择这个专业，意味着你最好读到博士毕业，甚至博士后，才能在工作单位上拥有一定的选择权。

就业方向

临床医学的就业方向非常明确，以进医院工作为主，学校越好、学历越高选择余地越大。随着高等医学教育事业的迅猛发展，医学院校办学条件得到较大改善，招生规模不断扩大，临床医学专业毕业生的数量和质量大大提高，但缺口仍然很大，所以临床医学的毕业生找工作不成问题。本专业的毕业生具有较全面的综合素质、较好的学习能力、较强的处理临床实际问题能力和初步的科研能力。毕业后可以在医疗卫生机构从事临床各科的医疗、预防工作及医学教学和研究工作。

医生的整体社会待遇也日渐提高，但不同科室之间也确实存在差异，需要在就业时予以关注。

院校排名

评估结果	学校代码及名称	
A+	10248	上海交通大学
	10335	浙江大学
A	10023	北京协和医学院
	10246	复旦大学
A-	10001	北京大学
	10025	首都医科大学
	10487	华中科技大学
	10533	中南大学
	10558	中山大学
	10610	四川大学
B+	10159	中国医科大学
	10226	哈尔滨医科大学
	10312	南京医科大学
	10422	山东大学
	10631	重庆医科大学
	90030	第二军医大学
	90032	第四军医大学
B	10062	天津医科大学
	10161	大连医科大学
	10183	吉林大学
	10247	同济大学
	10459	郑州大学
	10486	武汉大学
	10698	西安交通大学
	12121	南方医科大学
B-	10055	南开大学
	10089	河北医科大学
	10114	山西医科大学

评估结果	学校代码及名称	
B-	10285	苏州大学
	10343	温州医科大学
	10366	安徽医科大学
	10403	南昌大学
	10570	广州医科大学
	10678	昆明医科大学
C+	10313	徐州医科大学
	10427	济南大学
	10559	暨南大学
	10560	汕头大学
	10598	广西医科大学
	10730	兰州大学
	10752	宁夏医科大学
	10760	新疆医科大学
	11065	青岛大学
C	10160	锦州医科大学
	10184	延边大学
	10299	江苏大学
	10304	南通大学
	10384	厦门大学
	10472	新乡医学院
	10571	广东医科大学
	10660	贵州医科大学
C-	10075	河北大学
	10132	内蒙古医科大学
	10344	浙江中医药大学
	10367	蚌埠医学院
	10475	河南大学
	10632	西南医科大学

评估结果	学校代码及名称	
C-	10661	遵义医学院
	10743	青海大学
	10759	石河子大学

小结

临床医学类更加接近于普通大众理解的医学专业，毕业之后有资格参加医师执业资格考试，能成为一名光荣的白衣天使，救死扶伤，本专业的发展路径非常清晰和明确。由于临床医学的学习难度、强度、时长在各专业中都排名靠前，所以需要学生有较强的毅力和学习能力。但一旦学业有成步入社会，无论是个人价值还是社会价值都能得到充分发挥，是令人尊敬的职业。

三、口腔医学类

口腔医学类是关于口腔及颌面部疾病的诊断、治疗、预防等方面的科学。口腔医学专业学生主要学习口腔医学的基本理论和基本知识，受到口腔及颌面部疾病的诊断、治疗、预防方面的训练，具有口腔常见病、多发病的诊疗、修复和预防保健的基本能力。

学科概况

口腔医学类仅包括一个基本专业：口腔医学（100301K）。切记要和口腔医学技术专业区分开来，如果误选了后者是不能当医生的。

需要学习的课程包括临床药理学、耳鼻喉科学、口腔解剖生理学、口腔内科学、口腔修复学、病原学、口腔正畸学、牙体牙髓病学、预防口腔医学、口腔分子生物学。

专业发展与就业方向

口腔医学毕业生的职业发展也非常清晰，毕业后从事与医学教育、科研、临床实践相关的工作：医师可在医疗机构或个体诊所中帮病人解决口腔的问题；教师可在医学院校从事口腔医学教学工作；科研工作者可在研究机构研究口腔疾病的发生、发展、预防及治疗；也有部分人选择到牙科医疗器械公司、牙膏公司、牙科材料公司等从事营销工作。

院校排名

评估结果	学校代码及名称	
A+	10001	北京大学
	10610	四川大学
	90032	第四军医大学
B+	10248	上海交通大学
	10312	南京医科大学
	10486	武汉大学
	10558	中山大学
B	10025	首都医科大学
	10159	中国医科大学
	10335	浙江大学
	10422	山东大学
B-	10062	天津医科大学
	10183	吉林大学
	10226	哈尔滨医科大学
	10247	同济大学
C+	10161	大连医科大学
	10598	广西医科大学
	10631	重庆医科大学
	10698	西安交通大学
C	10366	安徽医科大学
	10487	华中科技大学
	10533	中南大学
	10678	昆明医科大学

评估结果	学校代码及名称	
C-	10055	南开大学
	10089	河北医科大学
	10343	温州医科大学
	10730	兰州大学

小结

口腔医学类专业也就是俗称的"牙医"专业，我们都听说过"牙疼不是病，疼起来要人命"，口腔医学确是医学专业的一个重要学科。口腔医学类毕业生的发展前景也非常广阔，除了进大医院的口腔科做医生外，牙科专科门诊也很受市场认可，社会化就业的可能性比其他专业要更有优势。由于口腔治疗及相关的很多服务按照社会化市场标准或医美标准收费，所以牙科大夫的收入相较于其他医生较高。

四、公共卫生与预防医学类

公共卫生的概念是在医学家长期和疾病作斗争的过程中形成的。公共卫生与预防医学类专业是运用医学、工程学和社会科学的各种成就，以改善和保障人群的健康、预防疾病的一门学科。未来医学发展的趋势之一，就是从个体医学发展到群体医学，今天许多医学问题的真正彻底解决，不可能离开群体和群体医学方法。近年来流行传染病的多次暴发，也使得本学科的发展受到高度重视。

学科概况

公共卫生与预防医学类属于医学（门类代码 10）下属的一级学科，学科代码 1004，以下又分为两个基本专业：预防医学（100401K）、食品卫生与营养学（100402）和三个特设专业：妇幼保健医学（100403TK）、卫生监督（100404TK）、全球健康学（100405TK）。

预防医学专业是从医学科学体系中分化出来的，它是研究预防和消灭病害、讲究卫生、增强体质、改善和创造有利于健康的生产环境和生活条件的科学。

预防医学的工作对象包括个体和群体，工作重点是健康和无症状患者，对策与措施更具积极预防作用，更具人群健康效益，研究方法上更注重微观和宏观相结合，研究重点是环境与人群健康之间的关系。

食品卫生与营养学主要研究食物与机体的相互作用，以及食物营养成分在机体里的分布、运输、消化、代谢等方面的基本知识和技能，进行营养指导、食品卫生的监督与检测等。例如：针对不同疾病的临床营养食谱的编写，食品内细菌、霉菌的检测，营业餐馆卫生的监督管理等。

妇幼保健医学主要研究妇幼保健基础医学、临床医学、预防医学等方面的基本知识和技能，进行妇女和儿童的保健管理、计划生育等，其中妇女保健包括婚检、产检、高危孕产妇的监控、生殖健康的宣传等，儿童保健包括了儿童体检、疫苗接种、体弱儿监控、新生儿筛查等。

卫生监督主要研究基础医学、卫生监督执法等方面的基本知识和技能，包括流行病学、病理学、食品卫生、卫生的法规与条例等，在食品行业、各级卫生监督机构进行食品、餐饮的卫生监督和卫生执法等。

全球健康学主要研究全球健康学、全球卫生等方面的基本知识和技能，以适应全球卫生合作和发展的需要，保障国家安全与国民健康，进行全球健康学领域理论研究、政策评估、国际卫生资源整合和疾病控制等。

专业发展与就业方向

公共卫生与预防医学是关系到一国或一个地区人民大众健康的大事，是未来医学的重要发展趋势，所以专业发展非常向好。

公共卫生与预防医学专业就业领域很广，涉及医学和非医学领域的各相关专业。医学领域可从事临床工作（进传染病科室）；从事临床科研工作（进流行病、地方病研究所）；或者从事卫生防疫、卫生宣传普及、卫生事业管理、社会医学研究等相关工作。非医学领域可从事环境保护与监测、海关疫检等。就当前情况来看，高级预防医学处于本科生人才供求基本平衡，研究生以上学历人才需求略有提高的局面。

院校排名

评估结果	学校代码及名称	
A+	10312	南京医科大学
	10487	华中科技大学
A-	10001	北京大学
	10226	哈尔滨医科大学
	10246	复旦大学
B+	10025	首都医科大学
	10558	中山大学
	12121	南方医科大学
	90030	第二军医大学
	90032	第四军医大学
B	10023	北京协和医学院
	10159	中国医科大学
	10335	浙江大学
	10366	安徽医科大学
	10422	山东大学
	10610	四川大学
B-	10062	天津医科大学
	10183	吉林大学
	10248	上海交通大学
	10384	厦门大学
	10533	中南大学
C+	10114	山西医科大学
	10285	苏州大学
	10459	郑州大学
	10486	武汉大学
	10598	广西医科大学
	10698	西安交通大学
C	10081	华北理工大学
	10631	重庆医科大学

评估结果	学校代码及名称	
C	10660	贵州医科大学
	10678	昆明医科大学
	10760	新疆医科大学
C-	10089	河北医科大学
	10247	同济大学
	10570	广州医科大学
	10488	武汉科技大学
	11065	青岛大学

小结

自从 18 世纪欧洲工业革命时期，人类在与疾病的斗争中，发展了传染病流行病学以来，公共卫生与预防医学就不断在进步和改革，发展出了多种多样的子学科和相关产业，包括围产医学、妇幼保健、学校卫生、老年保健等，即使没有罹患病痛，这也是和我们每一个普通人的健康都息息相关的专业。自从 2003 年非典和 2020 年新冠肺炎疫情以来，公共卫生与预防医学类专业在中国备受瞩目，人们对这个专业的理解也逐渐加深，越来越多的人选择了公共卫生与预防医学的道路。中国传统医学中有"不治已病治未病"的理念，所以未来最好的医学不是治好病的医学，而是使人不生病的医学。

五、中医学类

中医是中国传统的医学体系，是独立于西医体系的独属于中华文明的瑰宝。近些年来随着国家对中医知识体系的重视，各地中医院发展迅速，问诊方式也吸收了西医和现代医学的科技成果，使得中医逐渐获得更多人的认可。中医学类不仅仅包括中医学一门，还包括中华民族传统文化精粹和养生理念，吸引了很多国外留学生到中国来学习深造。

学科概况

中医学类学科代码 1005，包括七个基础专业：中医学（100501K）、针灸推拿学（100502K）、藏医学（100503K）、蒙医学（100504K）、维医学（100505K）、壮医学（100506K）、哈医学（100507K）和六个特设专业：傣医学（100508TK）、回医学（100509TK）、中医康复学（100510TK）、中医养生学（100511TK）、中医儿科学（100512TK）、中医骨伤科学（100513TK）。

中医学专业培养具备中医药理论基础、中医学专业知识和专业实践技能，能在各级中医院、中医科研机构及各级综合性医院等从事中医临床医疗工作和科学研究工作的医学高级专门人才。学习课程包括中医基础理论、中医诊断学、中药学、方剂学、内经、金匮要略、伤寒论、温病学、中医各家学说、正常人体解剖学、组织学与胚胎学、生物学、生理学、病理学、病理生理学、医学免疫学与微生物学、药理学、生物化学、中医内科学、中医外科学、中医妇科学、中医儿科学、中医皮肤科学、针灸学、推拿学、诊断学基础、西医内科学、西医外科学等。

针灸推拿学主要研究中医学、中药学和针灸、推拿医疗技术等方面的基本知识和技能，运用针疗、艾灸、推拿等中医技法进行人体的调理、疾病的治疗等。

藏医学主要研究藏药学、藏医诊疗法、藏医临床医疗技术等方面的基本知识和技能，运用藏医的理法方药进行常见病的诊断、治疗等，多见于西藏地区。藏医诊法除望闻问切外，更注重尿诊，常见的藏医疗法有服药治疗、穴位放血、熏蒸治疗、腹部穿刺等。

蒙医学主要研究蒙药学、蒙医诊疗法、蒙医临床医疗技术等方面的基本知识和技能，运用蒙医或蒙西医结合的理法方药进行常见病的诊断、治疗等，多见于内蒙古地区。常见的蒙医疗法有药物疗法、饮食疗法、烧灼疗法、正脑术、灸疗、放血疗法等，以饮食疗法为主，常用的有马奶、牛骨髓、乳酪等。

维医学主要研究维药学、维医诊疗法、维医临床医疗技术等方面的基本知识和技能，运用维医的理法方药进行常见病的诊断、治疗等，多见于新疆地区。常见的维医疗法有药物疗法、饮食疗法、放血疗法、放水蛭疗法等，遵循唯物主义，以纠正气质和体液失调为主，重视主病和并发症的治疗。

壮医学以气为重要理论基础，主要研究壮药学、壮医诊疗法、壮医临床医疗技术等方面的基本知识和技能，运用壮医的理法方药进行常见病的诊断、治疗等，多见于广西地区。壮医诊法除望闻问切外，辅以甲诊、按诊、探病诊法，来观察病人的指甲、肢体和穴位变化等进行深入诊断，常见的疗法有内疗法、药线点灸疗法、药物竹罐疗法、针挑疗法等。

哈医学以阴阳学为理论基础，主要研究哈药学、现代医学、哈萨克医学等方面的基本知识，接受哈医临床操作和辨证施治的基本训练，运用哈医的理法方药进行常见病的诊断、治疗等，多见于阿勒泰地区。常见的哈医疗法有药浴、蒸薰洗疗法、放血疗法、羊油疗法等。

傣医学主要研究傣药学、傣医诊疗法、傣医临床医疗技术等方面的基本知识和技能，运用傣医的理法方药恢复体内四塔（风、水、火、土）的平衡，从而实现疾病的治愈。傣医常见的诊法有望诊、问诊和摸诊，脉诊较为少用，傣医疗法除了内服、外用和两者结合外，独特疗法有睡药、敷药、蒸药、熏药、刺药等。

回医学主要研究回药学、回医诊疗法、回医临床医疗技术等方面的基本知识和技能，以辨质为主，运用回医的理法方药进行常见病的诊断、治疗等，多见于宁夏地区。

中医康复学培养全面发展的中医康复特色的高素质人才，掌握中西医基础理论、康复医学、中医康复学等，具备运用中医康复方法和现代康复技术等处理临床疾病功能障碍的基本能力，能在各类医疗机构从事中医康复学临床、教学和科研工作的中医康复学人才。

中医养生学培养掌握中医学基本理论、知识和技能，与中医养生学相关理论知识和实践技能，同时掌握一定的西医学基本理论、知识和技能，并具有良好的人文关怀精神和自然科学素养的高级中医养生医学人才。

中医儿科学培养具备良好的人文、科学和职业素养，系统的中医学基本理论、基本知识、基本技能和对常见病症尤其是儿科病症进行中医临床诊疗的能力，具有继承与创新精神，能在各类机构工作或进行科研的人才。

中医骨伤科学培养掌握骨伤科的基本知识、基本技能、基本操作，在遇到相关疾病时，可进行中医临床诊疗的人才。

专业发展与就业方向

中医学类专业毕业是可以考"医师从业资格证"的，也就是可以成为医生，但与西医科室相对独立，毕业后一般是进入综合性医院的中医科或专门的中医院、中医诊所。中医学专业也是至少需要读到硕士以上的学位，学习压力还是比较大的，而且毕业后需要去医院轮岗实习，最终才能走上医生岗位。

中医学类内部分支有许多，学习期间彼此也不相容，未来就业路径也基本隔离。少数民族类的学科一般建议少数民族学生报考。

院校排名

评估结果	学校代码及名称	
A+	10026	北京中医药大学
	10268	上海中医药大学
A-	10315	南京中医药大学
B+	10063	天津中医药大学
	10228	黑龙江中医药大学
	10572	广州中医药大学
	10633	成都中医药大学
B	10162	辽宁中医药大学
	10344	浙江中医药大学
	10441	山东中医药大学
	10541	湖南中医药大学
B-	10199	长春中医药大学
	10369	安徽中医药大学
	10393	福建中医药大学
C+	10025	首都医科大学
	10412	江西中医药大学
	10471	河南中医药大学
	10507	湖北中医药大学
	10600	广西中医药大学
C	10662	贵阳中医学院
	10716	陕西中医药大学
	10735	甘肃中医药大学
C-	10384	厦门大学
	10680	云南中医学院
	11432	河北中医学院

小结

医学可分为现代医学（通常说的西医学）和传统医学多种医学体系。不同地区和民族都有相应的一些医学体系。

目前，仍然有许多人对中医学的认知有误差，认为中医诊断仍然是以"望闻问切"为主，但现在的中医学已经是一门现代化的综合性学科，不仅需要学习传统的中医学典籍，也需要掌握西医的医学知识和检测技术来配合诊疗，所以选择中医学的学习难度丝毫不比临床医学小。同时，中医学也是中华民族的传统文化精粹，中医的医疗理念、养生之道已经越来越受到中外各国的认可，也必将是国家重点发展的对象，选择中医学也是对中国传统文化的继承和发扬。

六、中西医结合类

中西医临床医学类主要研究传统中医学理论、西方现代医学技术等方面的基本知识和技能，将中医药与西医技术结合，进行疾病的预防、临床诊断和治疗。

学科概况

中西医结合类学科代码1006，只有一个基本专业：中西医临床医学（100601K）。

1982年，国务院学位委员会将"中西医结合"设置为一级学科，招收中西医结合研究生，促进了中西医结合学科建设；1992年，国家标准《学科分类与代码》又将"中西医结合医学"设置为一门新学科，促进了中西医结合研究，把学科建设作为主要发展方向和历史任务。

中西医临床医学主要课程：医用基础化学、生理学、中医基础理论、免疫学、微生物寄生虫学、医用生物学、药理学、中医诊断学、中药学、人体解剖学、分子生物学、病理学、组织胚胎学、方剂学、传染病学、生物化学、诊断学、病理生理学、精神病学、预防医学、医学统计学、医学影像学、针灸学、中医骨伤科学、中西医结合内科学、中西医结合外科学、中西医结合妇产科学、中西医结合儿科学、中西医结合眼耳鼻喉头颈外科学及中西医结合急症学等。

专业发展与就业方向

由于同时学习并掌握了中西医的知识，本专业的毕业生具备良好的人文、科学和职业素养，较为系统的中西医学基本理论、基本知识、基本技能和对常见病、多发病进行中西医结合临床诊疗的能力，能在医疗卫生领域成为医疗、预防、保健、康复等方面工作的中西医临床医学应用型人才。

该专业学生毕业后，能够掌握中西医学基本理论和基本技能，并有良好的人文素质和社会适应能力，可以从事医药卫生行业的医疗、科研、教学、社区保健、卫生防疫、卫生行政事业管理等工作。并且本专业硕士研究生招生量较大，可继续求学深造。尤其是随着国民经济发展，人民生活水平提高，全面建设小康社会的奋斗目标的确立，本专业毕业生就业前景良好，在广阔的医疗市场中可大有作为。中西医临床医学专业学生毕业后，可报考临床医学各专业、中西医结合专业及中医学专业硕士研究生继续深造，可在各级各类医院、高等医学院校、卫生行政管理部门、有关科研院所从事西医、中西医结合或中医专业医疗、教学、管理、科研等工作。

院校排名

评估结果	学校代码及名称	
A+	10026	北京中医药大学
	10268	上海中医药大学
A-	10246	复旦大学
	10315	南京中医药大学
	10572	广州中医药大学
B+	10063	天津中医药大学
	10161	大连医科大学
	10162	辽宁中医药大学
	10610	四川大学
	12121	南方医科大学
B	10001	北京大学
	10228	黑龙江中医药大学
	10393	福建中医药大学

评估结果	学校代码及名称	
B	10487	华中科技大学
	10633	成都中医药大学
	90030	第二军医大学
B-	10062	天津医科大学
	10089	河北医科大学
	10344	浙江中医药大学
	10541	湖南中医药大学
	90032	第四军医大学
C+	10023	北京协和医学院
	10248	上海交通大学
	10316	中国药科大学
	10369	安徽中医药大学
	10441	山东中医药大学
	10559	暨南大学
C	10025	首都医科大学
	10412	江西中医药大学
	10558	中山大学
	10760	新疆医科大学
	14432	河北中医学院
C-	10507	湖北中医药大学
	10600	广西中医药大学
	10698	西安交通大学
	10716	陕西中医药大学
	11117	扬州大学

小结

中西医临床医学将传统的中医中药知识和方法与西医西药的知识和方法结合起来，中西合璧，在提高临床疗效的基础上，阐明机理进而获得新的医学认识。中西医结合是中华人民共和国成立后政府长期实行的方针。中西医结合是中西医学的交叉领域，也是中国医疗卫生事业的一项工作方针。中西医结合发韧于临床实践，以后逐渐演进为有明确发展目标和独特方法论的学术体系。

对于选择这一专业的学生而言，未来的发展空间很大。

七、药学类

药学是连接健康科学和化学科学的医疗保健行业，它承担着确保药品的安全和有效使用的职责。

药学主要研究药物的来源、炮制、性状、作用、分析、鉴定、调配、生产、保管和寻找（包括合成）新药等，主要任务是不断提供更有效的药物和提高药物质量，保证用药安全，使病患得以以伤害最小、效益最大的方式治疗或治愈疾病。

学科概况

药学类学科代码为1007，包含两个基本专业：药学（100701）、药物制剂（100702）和六个特设专业：临床药学（100703TK）、药事管理（100704T）、药物分析（100705T）、药物化学（100706T）、海洋药学（100707T）、化妆品科学与技术（100708T）。

药学专业主要研究药剂学、药理学、药物化学、药物合成、药物分析等方面的基本知识和技能，进行药品的研发、生产、加工、质检、销售、管理等。

药物制剂主要研究药学、生物药剂学、工业药剂学、药物制剂工程等方面的基本知识和技能，进行药物制剂的研发、生产、分析、质检等。

临床药学主要研究药物在人体内的代谢过程，确定药物达到最高疗效时的用量、浓度等，以实现药物防病治疗的合理性和高效性，进行临床合理用药、临床药物不良反应监测、新药评价及药品再评价、临床药物治疗方案的设计等。

药事管理主要研究药学、法学、管理学、经济学、药事法规等方面的基本知识和技能，了解药事活动的基本规律、药品管理的法律法规等，对药品研制、生产、流通、使用等环节进行管理和监督。

药物分析是运用化学、物理学、生物学以及微生物学的方法和技术，主要研究化学结构已经明确的合成药物或天然药物及其制剂质量等，包括药物成品的化学检验、药物生产过程的质量控制、药物贮存过程的质量考察、临床药物分析、体内药物分析等。

药物化学主要从分子水平上研究药物在体内的作用机理和作用方式，包括药物的化学结构和活性、物理化学性质间的关系、药物与受体的相互作用以及药物在体内吸收、转运、分布的情况和代谢产物等，进行药物成分的化学分析、药物质量的控制、药物效力和毒性的检验等。

海洋药学主要研究海洋药物（以海洋生物和海洋微生物为药源制成的药物）药源的分布、储量、药性、临床应用以及海洋生物活性物质等方面的基本知识和技能，进行海洋药物的研制、生产、质量控制和工艺设计等。

化妆品科学与技术培养面向化妆品行业，具备化学基本知识和基本理论，掌握化妆品、医药、农药、香精香料、颜料染料、电子化学品、化工助剂等精细化学品的专业知识，具有较强创新意识、创新能力和实践能力的人才。

专业发展与就业方向

药学类专业旨在培养具备药学学科基本理论、基本知识和一定的实验技能，能够在药学领域从事药物研究与开发、药物生产、药物质量控制、药物临床应用和监督管理等方面工作的药学专门人才。

本专业毕业生可以进入医院药房工作，但无法成为执业医生，也无法参加医师执业资格考试。本专业有全国统一的执业药师职业资格考试及药学职称考试，考试合格者称为"执业药师"，是从事相关专业工作的必备资格。但也有部分毕业生进入企业从事研发和销售。

如果有志于从事药学研发的相关工作，学历提升必不可少。如果希望从事非研发的岗位，毕业后直接进入社会工作也是一条可选择的路径。

院校排名

评估结果	学校代码及名称	
A+	10023	北京协和医学院
	10316	中国药科大学
A	10001	北京大学
	10163	沈阳药科大学
	10335	浙江大学

评估结果	学校代码及名称	
A-	10246	复旦大学
	10248	上海交通大学
	10422	山东大学
	10558	中山大学
	10610	四川大学
	90030	第二军医大学
B+	10025	首都医科大学
	10226	哈尔滨医科大学
	10251	华东理工大学
	10285	苏州大学
	10423	中国海洋大学
	10486	武汉大学
	10487	华中科技大学
	10533	中南大学
	90032	第四军医大学
B	10055	南开大学
	10062	天津医科大学
	10159	中国医科大学
	10183	吉林大学
	10312	南京医科大学
	10337	浙江工业大学
	10366	安徽医科大学
	10459	郑州大学
	10573	广东药科大学
	10698	西安交通大学
	12121	南方医科大学
B-	10089	河北医科大学
	10162	辽宁中医药大学
	10184	延边大学
	10228	黑龙江中医药大学

评估结果	学校代码及名称	
B-	10315	南京中医药大学
	10343	温州医科大学
	10384	厦门大学
	10559	暨南大学
	10631	重庆医科大学
	10760	新疆医科大学
C+	10063	天津中医药大学
	10161	大连医科大学
	10291	南京工业大学
	10295	江南大学
	10299	江苏大学
	10313	徐州医科大学
	10344	浙江中医药大学
	10541	湖南中医药大学
	10598	广西医科大学
	10660	贵州医科大学
	10730	兰州大学
C	10057	天津科技大学
	10114	山西医科大学
	10403	南昌大学
	10441	山东中医药大学
	10560	汕头大学
	10570	广州医科大学
	10633	成都中医药大学
	10661	遵义医学院
	10678	昆明医科大学
	11066	烟台大学
C-	10010	北京化工大学
	10247	同济大学
	10369	安徽中医药大学

选择篇：高考志愿填报指南 —— 347

评估结果	学校代码及名称	
C-	10427	济南大学
	10472	新乡医学院
	10507	湖北中医药大学
	10572	广州中医药大学
	10613	西南交通大学
	11065	青岛大学
	11079	成都学院

小结

药学专业的学习难度相比之下比临床医学低一些，学历提升压力也略低，但很多毕业生对药学理解有误区，其实药学毕业生不仅可以进入医院、制药厂、研究所工作，也可以从事药品销售代理，甚至化妆品的研究，就业宽度有优势。社会对药学人才的需求正在增加，尤其是人们生活水平提高以后，对养生保健的需求在增大，相关企业对药学人才比较青睐，发展前景整体向好。

八、中药学类

中药学类是研究中药的基本理论和临床应用的学科，是中医药各专业的基础学科之一，也是伴随中医发展起来的中国传统医学体系的重要组成部分。

学科概况

中药学类学科代码为1008，包括两个基本专业：中药学（100801）、中药资源与开发（100802）和四个特设专业：藏药学（100803T）、蒙药学（100804T）、中药制药（100805T）、中草药栽培与鉴定（100806T）。

中药学主要研究中医学、中药学、中药药理学、毒理学、中药研制等方面的基本知识和技能，进行中药鉴定、中药分析、中药炮制、中药制剂制备、中药配药等。

中药资源与开发主要研究中药学、中药资源学等方面的基本知识和技能，进行中药资源的调查分析、中药材的培养生产、中药资源的综合开发利用和保护更新等。

藏药学主要研究藏医学基础、藏药学等方面的基本知识和技能，包括藏药材的辨认、配制、药理分析和临床使用等，进行藏药材的品种鉴定与品质评价、藏药炮制、藏药制剂制备、常见病的诊治与配药、藏药质量的分析鉴定、藏成药的研发生产等。

蒙药学主要研究蒙医学基础、蒙药学等方面的基本知识和技能，包括蒙药材的辨认、配制、药理分析和蒙药制剂的制备原理、方法、生产工艺等，进行蒙药炮制加工、蒙药制剂制备、常见病的诊治与配药、蒙药质量的分析鉴定、蒙成药的研制、药膳的研发等。

中药制药主要研究药理学、药剂学、中药分析和制药工程等方面的基本知识和技能，进行中药材加工、中药新药研发、中药药物制备、中药制剂生产、药品质量评价、药物有效性与安全性评价等。

中草药栽培与鉴定主要研究中草药资源的分布、栽培、采收、加工及鉴定等方面的基本知识和技能，进行中药材栽培、中药制药、中药检验、中药材管理等。

专业发展与就业方向

中药学类专业的就业面广泛，包括中药检验、中药研究、中药新药开发、中药资源的开发与利用等，可选的就业单位包括医药院校、药厂、医院、医药公司等。药学专业学生毕业后可从事一切与药物有关的工作：科研人员——在研究所、药厂的研究部门，从事药物的研发工作；医院药剂师——在医院药剂科，从事制剂、质检、临床药学等工作；药检人员——在药检所从事药物的质量鉴定和制定相应的质量标准；公司职员——在医药贸易公司或制药企业从事药品生产、流通及国内外贸易。

藏药、蒙药专业毕业的学生与中药的就业方向类似，但仅建议相关民族的学生报考。

院校排名

评估结果	学校代码及名称
A+	10228　　黑龙江中医药大学
	10268　　上海中医药大学

评估结果	学校代码及名称	
A-	10063	天津中医药大学
	10315	南京中医药大学
B+	10026	北京中医药大学
	10316	中国药科大学
	10412	江西中医药大学
	10633	成都中医药大学
B	10163	沈阳药科大学
	10344	浙江中医药大学
	10559	暨南大学
	10572	广州中医药大学
B-	10023	北京协和医学院
	10162	辽宁中医药大学
	10199	长春中医药大学
	10369	安徽中医药大学
	10507	湖北中医药大学
C+	10441	山东中医药大学
	10471	河南中医药大学
	90030	第二军医大学
	90032	第四军医大学
C	10343	温州医科大学
	10662	贵阳中医学院
	10716	陕西中医药大学
	10735	甘肃中医药大学
C-	10025	首都医科大学
	10393	福建中医药大学
	10541	湖南中医药大学
	10600	广西中医药大学
	12121	南方医科大学

小结

中药是我们的祖先在长期的医疗实践中积累起来的，是我国古代优秀文化遗产的重要组成部分。据记载，古代有"神农尝百草"的传说。选择中药学的难度并不低于西药学，近些年来很多流行病的治疗中药都发挥了重要作用，而且中国自古讲究"食药不分家"，很多药膳以药入食的发展使得中药学的应用不仅仅停留在医药领域，所以中药学专业是很值得我们重视的一个选择。

九、法医学类

法医学是一门沟通"法学"和"医学"两大学科门类的桥梁学科，这也决定了法医学应该要打破学科壁垒实现跨学科研究。法医是国家司法鉴定人，而不是临床医师，不一定要遵循临床医师的诊疗规范。

学科概况

法医学类学科代码为1009，包括一个基本专业：法医学（100901K）。

法医学主要研究基础医学、临床医学、法学及法医学等方面的基本知识和技能。

本专业学生主要学习医学、法医学和法学三个方面的基本理论和基本知识，接受法医学检验和司法鉴定技能的基本训练，具备运用法医学知识解决涉及法律的医学问题并进行相关科学研究的基本能力。

专业发展与就业方向

法医学专业培养具备医学的基本理论知识和系统的法医学理论知识及基本技能，可在全国各级公安部门、检察院、司法机关、鉴定机构、医院、高等院校及保险公司等从事法医学鉴定、医疗服务、法医学及医学科研、教学、保险服务等工作。

法医学专业学生主要学习基础医学、临床医学、法学及法医学的基本理论和基本知识，受到医学及法医学的基本技能训练，具有法医学检案鉴定的基本能力。法医学专业对学生的逻辑思维、理性思维都有很高的要求，是一门非常注重实操经验的学科，大量知识需要实操练习。因此，本专业对考研的需求并不强烈，本科毕业即可进入相关单位工作。

如果选择法医学专业并希望进入司法机关、鉴定机关工作，需要获得鉴定人资格证书。

院校排名

在全国第四轮学科评估中，未对法医学专业进行评估排名。以下排名结果仅供参考：

评估结果	学校代码及名称	
1	10610	四川大学
2	10698	西安交通大学
3	10558	中山大学
4	10159	中国医科大学
5	10114	山西医科大学
6	10089	河北医科大学
7	10487	华中科技大学
8	10246	复旦大学
9	10285	苏州大学
10	10631	重庆医科大学
11	10533	中南大学
12	10312	南京医科大学
13	10678	昆明医科大学
14	10634	川北医学院

小结

法医学的发展路径很明确，甚至有些单调，由于国家的最新规定，学习本专业是无法参加医师执业资格考试的，所以无法成为医生，这使得法医学毕业方向进一步缩小，但由于我国司法建设的需求对法医学专业毕业生的需求缺口一直存在，所以法医专业的就业是不成问题的，甚至会出现部分地区去临床医学专业招法医的现象。法医学专业对学生的心理素质、身体素质也有一定要求，工作还是比较辛苦的，如果能克服这些，欢迎你成为一名光荣的法医，为正义发声。

十、医学技术类

培养适应国家和社会发展需要的，德智体美全面发展，具有从事医学技术工作所必需的理论知识和实际工作能力的医学技术人才。

学科概况

医学技术类学科代码为1010，本专业包括七个基本专业：医学检验技术（101001）、医学实验技术（101002）、医学影像技术（101003）、眼视光学（101004）、康复治疗学（101005）、口腔医学技术（101006）、卫生检验与检疫（101007）和四个特设专业：听力与言语康复学（101008T）、康复物理治疗（101009T）、康复作业治疗（101010T）、智能医学工程（101011T）。

医学检验技术主要研究基础医学、临床医学、医学检验等方面的基本知识和技能，在各级医院、血站、防疫、检验等部门进行医学检验、卫生检验等。

医学实验技术主要研究基础医学、临床医学、临床生物化学、医学实验技术等方面的基本知识和技能，进行临床医学实验研究、生物制品研发等。

医学影像技术主要研究基础医学、临床医学、医学影像学等方面的基本知识和技能，以影像诊断学和介入医学为手段，进行疾病的诊断、治疗等。

眼视光学主要研究眼科学、眼视光学、现代光学技术等方面的基本知识和技能，进行视力的矫正、眼病的预防、诊断、治疗等。

康复治疗学主要研究基础医学、临床医学、康复治疗学、康复预防与评价等方面的基本知识和技能，进行康复治疗、康复评定、预防保健等。

口腔医学技术主要研究基础医学、口腔医学和口腔医学技术等方面的基本知识和技能，进行口腔修复、口腔矫形、面部整容等。

卫生检验与检疫主要研究预防医学、卫生理化检验及生物学检验等方面的基本知识和技能，在疾病预防控制中心、医院检验科室、检验检疫单位等进行卫生检验检疫等。

听力与言语康复学主要研究临床听力诊断、听力康复、言语康复等方面的基本知识和技能，在各级医疗单位、康复机构、特殊教育机构等进行听觉康复治疗等。

康复物理治疗专业人才培养目标是为了适应经济、社会、文化和科技发展的需要，使培养的人才系统掌握物理治疗学基础理论、医学基本知识及相关自然科学知识，具备对常见疾病和残疾的康复治疗、评定及预防的基本能力，具备较强的人际交流能力和良好的职业道德。

康复作业治疗专业培养的人才，系统掌握作业治疗学基础理论、医学基本知识及相关自然科学知识，具备对常见疾病和残疾的康复治疗、评定及预防的基本能力，具备较强的人际交流能力和良好的职业道德。康复作业治疗专业全面实现中西医结合康复人才培养目标，使培养的人才具备初步的科学研究能力。

智能医学工程是医、理、工高度交叉的学科，其研究内容包括智能药物研发、医疗机器人、智能诊疗、智能影像识别、智能健康数据管理等，旨在建立一个跨学科、多元化的教学和科研平台，促进各学科交叉融合，进而培养出适应时代发展的综合性高素质人才。

专业发展与就业方向

医学技术类专业主要是培养紧密配合临床医生医疗服务工作，掌握特殊医疗技术与医疗技能的高级技师和治疗师，其中包括医学影像技师、呼吸治疗师、康复治疗师、听力师、视光师、营养治疗师等。医学技术类专业的目的是形成适应现代医学发展趋势人才培训规范要求的医学技术教育体系，以培养适应我国国家建设实际需要，具有从事医学技术工作必需的人文科学、理学、基础医学、临床医学、医学技能等方面的基本理论知识和实际工作能力的高级医学技术人才。

院校排名

在全国第四轮学科评估中，未对法医学专业进行评估排名，且医疗技术类专业繁杂，无法从单一排名体现实力。以下仅提供部分优秀院校供参考：

排名	学校名称
1	南京医科大学
2	华中科技大学
3	温州医科大学
4	首都医科大学

排名	学校名称
5	哈尔滨医科大学
6	中山大学
7	中南大学
8	北京大学
9	安徽医科大学
10	重庆医科大学
11	上海交通大学
12	四川大学
13	天津医科大学
14	黑龙江中医药大学
15	福建医科大学
16	浙江中医药大学
17	广州医科大学
18	蚌埠医学院
19	河南中医学院
20	郑州大学

小结

医学技术类专业与其他医学专业名称极为类似，需要再次强调的是医学技术类专业偏重的是技术与理论研究，而非临床实操，所以是无法成为医生的，学生报考的时候务必要注意区分。

学习医学技术类专业可以进入医院、研究所工作，对一线医生的工作有极大的支持作用，也是值得尊重的医务工作者，对医学技术研究有兴趣的同学可以关注本专业学科。

十一、护理学类

护理学类是医学专业的最后一个分支，护理学类着力培养从事临床护理、预防保健、护理管理、护理教学和护理科研的高级专门人才，护理学类专业也就是我们常说的护士专业。

学科概况

护理学类学科代码为 1011，包括一个基本专业：护理学（101101）和一个特设专业：助产学（101102T）。

护理学主要研究基础医学、护理学、预防保健等方面的基本知识和技能，在护理领域内进行临床护理、预防保健、护理管理、护理教学等。

护理学专业培养具备较系统的护理学及相关的医学和人文社会科学知识，具有基本的临床护理能力、初步的教学能力、管理能力、科研能力以及终身学习能力和良好的职业素养，能在各类医疗卫生保健机构从事护理工作的应用型专业人才。

助产学专业培养掌握护理学和助产学的基础理论、基本知识和基本技能，具备良好的职业素质和责任感，在各类医疗卫生保健机构中能够从事临床助产、围产期护理，以及母婴保健工作的高级助产专门人才。

专业发展与就业方向

护理专业对学历要求不高，本科毕业即可从业。护理专业的女性报考比例远大于男性，就业方向也很明确，大部分毕业生进入各级别医院担任护士，少量会选择社会就业，如保健医生、家庭护士等。

院校排名

评估结果	学校代码及名称	
A+	10533	中南大学
	90030	第二军医大学
A-	10023	北京协和医学院
	10025	首都医科大学
	10610	四川大学
B+	10001	北京大学
	10248	上海交通大学
	10312	南京医科大学
	10315	南京中医药大学
	10335	浙江大学
	10422	山东大学

评估结果	学校代码及名称	
B	10062	天津医科大学
	10226	哈尔滨医科大学
	10246	复旦大学
	10487	华中科技大学
	10558	中山大学
	12121	南方医科大学
B-	10159	中国医科大学
	10183	吉林大学
	10486	武汉大学
	10631	重庆医科大学
	10698	西安交通大学
	90032	第四军医大学
C+	10063	天津中医药大学
	10114	山西医科大学
	10285	苏州大学
	10344	浙江中医药大学
	10366	安徽医科大学
	10459	郑州大学
	10598	广西医科大学
C	10081	华北理工大学
	10161	大连医科大学
	10343	温州医科大学
	10570	广州医科大学
	11065	青岛大学
C-	10184	延边大学
	10346	杭州师范大学
	10393	福建中医药大学
	10403	南昌大学
	10633	成都中医药大学
	10760	新疆医科大学

小结

护理事业与护理理论的创始人南丁格尔，不仅用技术，更是用她的善良让护理事业成为一个闪耀着光辉的专业，还是让医院从混乱、脏的境地变成如今窗明几净的头号功臣。我们每个来到人世的人首先见到的都是护士。可以说从事护理学专业不仅需要专业知识，也需要爱心和耐心，所谓白衣天使除了形容医生之外，也是形容护士的。

护理专业的学习难度不大，对医学事业有憧憬的考生可以考虑从事护理专业。

编号 12　管理学

一、管理科学与工程类

学科概况

管理科学与工程类下设细分学科 5 个，分别为管理科学（120101）、信息管理与信息系统（120102）、工程管理（120103）、房地产开发与管理（120104）、工程造价（120105）。另有特设专业：保密管理（120106TK）、邮政管理（120107T）、大数据管理与应用（120108T）、工程审计（120109T）、计算金融（120110T）、应急管理（120111T）。

管理科学是应用运筹学、系统科学、社会科学、信息科学等解决管理问题的一门学科，培养能够从事产业分析、市场研究、管理运作、决策分析和商业数据分析的高级人才；使学生掌握扎实的管理科学与工程的理论，熟练运用数量分析方法与信息管理技术，分析和处理复杂的管理问题，胜任企业管理精细化、国际化和信息化的要求。

该类专业的培养方向为"文理兼修、工管结合、跨界融合"的复合型高级管理人才。学生经过专业知识的学习和专业技能的训练，应掌握先进的高端管理技术，具备较强的逻辑思维能力、战略规划能力、复杂数据分析能力、金融投资分析能力、企业咨询能力、有效沟通能力、科学研究能力、可持续学习能力，具有社会责任感和创新精神。

主干课程：管理运筹学、管理决策模型与方法、管理科学研究方法与仿真、商业数据分析与应用、金融投资管理、运营管理、供应链系统规划与设计、人力资源管理、市场营销学、财务管理、会计学、组织行为学、项目管理、质量管理等。

专业发展及就业方向

毕业生去向主要是考研、留学、就业三种，国内外有很多开设此专业的学校可供学生继续深造。该专业毕业生就业领域广，就业前景好，职业生涯长，发展潜力强，能够胜任技术性较强的高端管理岗位。2021年国家公务员考试中，管理科学与工程类共有1494个职位，招考人数共计3095人。

院校排名

1. 双一流

在教育部2017年6月公布的"双一流"建设学科名单中，共有6所学校进入名单，分别是清华大学、天津大学、浙江大学、合肥工业大学（自定）、西安交通大学和国防科技大学。

2. 国家重点学科

国家重点学科名单

类别	学科代码及名称	学校名称
一级学科	1201 管理科学与工程	清华大学，北京协和医学院—清华大学医学部
		北京航空航天大学
		天津大学
		大连理工大学
		哈尔滨工业大学
		上海交通大学
		浙江大学
		合肥工业大学
		中南大学
		西安交通大学
		国防科学技术大学

国家重点（培育）学科名单

类别	学科代码及名称	学校名称
二级学科	120100 管理科学与工程	复旦大学
		中国科学技术大学
		华中科技大学

3. 学科评估

管理科学与工程共有187所院校参评教育部第四轮学科评估，清华大学、同济大学、国防科技大学评定为A+，北京航空航天大学等6所大学评定为A，北京理工大学等9所高校评定为A-。参评高校评定结果见下表：

评估结果	学校代码及名称	
A+	10003	清华大学
	10247	同济大学
	91002	国防科技大学
A	10006	北京航空航天大学
	10056	天津大学
	10213	哈尔滨工业大学
	10248	上海交通大学
	10335	浙江大学
	10359	合肥工业大学
A-	10007	北京理工大学
	10141	大连理工大学
	10286	东南大学
	10287	南京航空航天大学
	10358	中国科学技术大学
	10533	中南大学
	10561	华南理工大学
	10610	四川大学
	10698	西安交通大学

评估结果	学校代码及名称	
B+	10004	北京交通大学
	10079	华北电力大学
	10145	东北大学
	10173	东北财经大学
	10217	哈尔滨工程大学
	10246	复旦大学
	10251	华东理工大学
	10252	上海理工大学
	10284	南京大学
	10290	中国矿业大学
	10294	河海大学
	10386	福州大学
	10486	武汉大学
	10487	华中科技大学
	10611	重庆大学
	10613	西南交通大学
	10614	电子科技大学
	10699	西北工业大学
	10700	西安理工大学
B	10008	北京科技大学
	10013	北京邮电大学
	10038	首都经济贸易大学
	10055	南开大学
	10060	天津理工大学
	10214	哈尔滨理工大学
	10254	上海海事大学
	10255	东华大学
	10272	上海财经大学
	10280	上海大学

评估结果	学校代码及名称	
B	10288	南京理工大学
	10299	江苏大学
	10384	厦门大学
	10421	江西财经大学
	10422	山东大学
	10497	武汉理工大学
	10532	湖南大学
	10558	中山大学
	11414	中国石油大学
	91024	空军工程大学
B-	10001	北京大学
	10070	天津财经大学
	10078	华北水利水电大学
	10080	河北工业大学
	10151	大连海事大学
	10183	吉林大学
	10216	燕山大学
	10289	江苏科技大学
	10403	南昌大学
	10424	山东科技大学
	10456	山东财经大学
	10491	中国地质大学
	10559	暨南大学
	10618	重庆交通大学
	10701	西安电子科技大学
	10703	西安建筑科技大学
	11845	广东工业大学
C+	10002	中国人民大学
	10010	北京化工大学

评估结果	学校代码及名称	
C+	10030	北京外国语大学
	10034	中央财经大学
	10037	北京物资学院
	10075	河北大学
	10142	沈阳工业大学
	10147	辽宁工程技术大学
	10300	南京信息工程大学
	10336	杭州电子科技大学
	10356	中国计量大学
	10414	江西师范大学
	10445	山东师范大学
	10511	华中师范大学
	10590	深圳大学
	10616	成都理工大学
	10651	西南财经大学
	10674	昆明理工大学
	11065	青岛大学
C	10057	天津科技大学
	10058	天津工业大学
	10108	山西大学
	10291	南京工业大学
	10293	南京邮电大学
	10337	浙江工业大学
	10338	浙江理工大学
	10353	浙江工商大学
	10360	安徽工业大学
	10459	郑州大学
	10488	武汉科技大学
	10495	武汉纺织大学

评估结果	学校代码及名称	
C	10520	中南财经政法大学
	10615	西南石油大学
	10617	重庆邮电大学
	10621	成都信息工程大学
	10689	云南财经大学
	11075	三峡大学
	11232	北京信息科技大学
C-	10011	北京工商大学
	10022	北京林业大学
	10107	石家庄铁道大学
	10125	山西财经大学
	10154	辽宁工业大学
	10191	吉林建筑大学
	10225	东北林业大学
	10240	哈尔滨商业大学
	10327	南京财经大学
	10378	安徽财经大学
	10385	华侨大学
	10427	济南大学
	10430	山东建筑大学
	10466	河南农业大学
	10536	长沙理工大学
	10592	广东财经大学
	10622	四川理工学院
	10704	西安科技大学
	10792	天津城建大学
	11799	重庆工商大学
	11846	广东外语外贸大学

二、工商管理类

学科概况

工商管理类下设细分学科 10 个，分别为工商管理（120201K）、市场营销（120202）、会计学（120203K）、财务管理（120204）、国际商务（120205）、人力资源管理（120206）、审计学（120207）、资产评估（120208）、物业管理（120209）、文化产业管理（120210），其中专业编码中带有字母 K 的工商管理、会计学为国家控制布点专业。

另有特设专业 6 个，分别是劳动关系（120211T）、体育经济与管理（120212T）、财务会计教育（120213T）、市场营销教育（120214T）、零售业管理（120215T）、创业管理（120216T）。其中创业管理为 2020 年新设。

新中国工商管理类专业的办学历史始于 1950 年，目前全国大多经管类及综合类院校均开设有工商管理类专业。该类专业通常旨在培养德智体美全面发展，适应国家经济建设和社会发展需要，掌握现代管理理论和操作技能，专业基础扎实、知识面宽、符合现代市场经济和工商企业经营管理需要，德才兼备、知行合一，富有社会责任感、创新精神、实践能力和终身学习能力的复合型、职业化经营管理人才。

该类专业要求学生应系统、扎实地掌握工商管理专业相关的理论基础，对经济、金融等领域的知识有较广泛的了解，拥有广阔的国际视野的同时对中国发展有深入的理解；获得科学精神与批判性思维，并能够融会贯通，运用所学的知识与技能有效地分析与解决复杂的实际问题；具备独立学习的能力、初步的研究能力以及创新潜力；具有较强的沟通表达能力和跨文化理解力，具备在多元文化背景下的团队协作能力，并胸怀远大，关注他人与社会，具有强烈的责任感与使命感。

该类专业通常包括的主要课程有管理学、微观经济学、宏观经济学、经济与商务统计、会计学、市场营销学、人力资源管理、财务管理、运营管理、企业战略管理、组织行为学、组织设计、零售管理、物流与供应链管理、管理决策模型与方法等。

该专业大类下几个主要细分专业的简介如下：

市场营销

市场营销专业培养目标是具有经济学、管理学的基础理论,具有国内、国际营销管理的专业知识,具有市场营销管理决策和实践的能力,学生将适于在国内公司和跨国公司中从事国内国际市场营销、开发、管理、预测工作。

财务管理

该专业是为金融机构、企事业单位等培养其迫切需求的参与项目投资融资、资本运作、税务筹划、成本控制、风险管理和财富管理等相关战略规划及运作,并为决策提供信息支持的财务管理专门人才。学生通过学习,可以系统掌握财务管理的基础知识、理论、方法和技能,并具备综合管理、决策和创造性解决问题的基本素质与能力,能在与财务管理相关的业务部门多方位开展工作。

要求学生具有精深的财务管理知识、扎实的会计知识和广博的金融学知识,掌握财务预测、财务决策、财务计划、财务控制及财务分析方法,具有较强的信息获取以及分析和解决财务管理工作中实际问题的能力,能够在工商、金融企业、事业单位及政府部门从事财务、金融管理工作。

财务管理专业毕业生能够在各类企事业单位、金融机构和政府机关从事财务、金融等工作,并具有继续深造的专业基础。

会计学

会计信息是现代商业决策的基础。企业外部的投资者和债权人,需要通过会计信息来了解企业的经营状况和盈利能力,以做出投资和贷款决策。企业内部的高层管理者,需要依据会计信息来制订计划和预算、实施控制并进行业绩评价和考核。会计是市场经济中各个组织机构之间相互沟通的"商业语言",不仅极具专业性和技术性,还需要合理的职业判断。该专业的教学目标是培养既掌握国际前沿的会计理论研究方法,通晓全球会计准则和会计制度发展趋势,又熟悉国际、国内经济发展与资本市场运作规律的复合型高端会计研究和实践人才。

专业发展及就业方向

工商管理专业是一个应用性很强的专业,具有较广阔的就业市场。学生毕业后,可在企业从事经营管理工作,也可在政府与事业单位从事行政管理工作，或在教育、科研部门从事教学与科研工作，也能够独立创业，或继续深造，在国内外攻读硕士、硕博连读学位。该专业毕业生适合国家和地方各级经济管理部门、行业管理部门、大中型工商企业、涉外公司等的经营管理工作。2021年国家公务员考试中，工商管理类共有2662个职位，招考人数共计5632人。

院校排名

1. 双一流

在教育部2017年6月公布的"双一流"建设学科名单中，共有4所学校进入名单，分别是北京大学、清华大学、中山大学、西安交通大学。

2. 国家重点学科

国家重点学科名单

类别	学科代码及名称	学校名称
一级学科	1202 工商管理	中国人民大学
		清华大学，北京协和医学院—清华大学医学部
		厦门大学
		中山大学
		西安交通大学
二级学科	120201 会计学	中央财经大学
		东北财经大学
		上海财经大学
		中南财经政法大学
		西南财经大学
	120202 企业管理	北京大学
		南开大学
		南京大学
	120204 技术经济及管理	重庆大学

国家重点（培育）学科名单

类别	学科代码及名称	学校名称
二级学科	120202 企业管理	上海交通大学
	120204 技术经济及管理	天津大学
		大连理工大学
		吉林大学
		河海大学

3. 学科评估

工商管理类共有 240 所院校参评教育部第四轮学科评估，中国人民大学、清华大学、上海交通大学、中山大学评定为 A+，北京大学等 8 所大学评定为 A，北京交通大学等 12 所高校评定为 A-。参评高校评定结果见下表：

评估结果	学校代码及名称	
A+	10002	中国人民大学
	10003	清华大学
	10248	上海交通大学
	10558	中山大学
A	10001	北京大学
	10036	对外经济贸易大学
	10055	南开大学
	10246	复旦大学
	10272	上海财经大学
	10284	南京大学
	10384	厦门大学
	10698	西安交通大学
A-	10004	北京交通大学
	10034	中央财经大学
	10141	大连理工大学
	10173	东北财经大学
	10183	吉林大学
	10335	浙江大学

评估结果	学校代码及名称	
A-	10422	山东大学
	10486	武汉大学
	10487	华中科技大学
	10532	湖南大学
	10610	四川大学
	10651	西南财经大学
B+	10007	北京理工大学
	10038	首都经济贸易大学
	10056	天津大学
	10070	天津财经大学
	10079	华北电力大学
	10125	山西财经大学
	10140	辽宁大学
	10213	哈尔滨工业大学
	10247	同济大学
	10294	河海大学
	10337	浙江工业大学
	10353	浙江工商大学
	10358	中国科学技术大学
	10359	合肥工业大学
	10386	福州大学
	10421	江西财经大学
	10456	山东财经大学
	10520	中南财经政法大学
	10533	中南大学
	10559	暨南大学
	10561	华南理工大学
	10611	重庆大学
	10613	西南交通大学
	10614	电子科技大学

评估结果	学校代码及名称	
B	10006	北京航空航天大学
	10008	北京科技大学
	10011	北京工商大学
	10027	北京师范大学
	10031	北京第二外国语学院
	10080	河北工业大学
	10145	东北大学
	10214	哈尔滨理工大学
	10240	哈尔滨商业大学
	10255	东华大学
	10269	华东师范大学
	10285	苏州大学
	10286	东南大学
	10287	南京航空航天大学
	10327	南京财经大学
	10385	华侨大学
	10423	中国海洋大学
	10536	长沙理工大学
	10589	海南大学
	10673	云南大学
	10689	云南财经大学
	10730	兰州大学
	11287	南京审计大学
	11482	浙江财经大学
B-	10013	北京邮电大学
	10019	中国农业大学
	10139	内蒙古财经大学
	10207	吉林财经大学
	10251	华东理工大学

评估结果	学校代码及名称	
B-	10271	上海外国语大学
	10273	上海对外经贸大学
	10280	上海大学
	10290	中国矿业大学
	10336	杭州电子科技大学
	10345	浙江师范大学
	10378	安徽财经大学
	10475	河南大学
	10484	河南财经政法大学
	10491	中国地质大学
	10497	武汉理工大学
	10590	深圳大学
	10592	广东财经大学
	10699	西北工业大学
	10700	西安理工大学
	10766	新疆财经大学
	11660	重庆理工大学
	11799	重庆工商大学
	11846	广东外语外贸大学
C+	10009	北方工业大学
	10010	北京化工大学
	10037	北京物资学院
	10052	中央民族大学
	10151	大连海事大学
	10217	哈尔滨工程大学
	10288	南京理工大学
	10295	江南大学
	10405	东华理工大学
	10427	济南大学

评估结果	学校代码及名称	
C+	10459	郑州大学
	10500	湖北工业大学
	10512	湖北大学
	10524	中南民族大学
	10593	广西大学
	10635	西南大学
	10671	贵州财经大学
	10759	石河子大学
	10856	上海工程技术大学
	11078	广州大学
	11414	中国石油大学
	11417	北京联合大学
	11560	西安财经学院
	11832	河北经贸大学
C	10022	北京林业大学
	10060	天津理工大学
	10069	天津商业大学
	10078	华北水利水电大学
	10108	山西大学
	10143	沈阳航空航天大学
	10216	燕山大学
	10252	上海理工大学
	10254	上海海事大学
	10289	江苏科技大学
	10291	南京工业大学
	10293	南京邮电大学
	10299	江苏大学
	10307	南京农业大学
	10360	安徽工业大学

评估结果	学校代码及名称	
C	10403	南昌大学
	10488	武汉科技大学
	10504	华中农业大学
	10530	湘潭大学
	10560	汕头大学
	10596	桂林理工大学
	10652	西南政法大学
	10710	长安大学
	11065	青岛大学
	11075	三峡大学
	11117	扬州大学
	11845	广东工业大学
C-	10057	天津科技大学
	10058	天津工业大学
	10075	河北大学
	10077	河北地质大学
	10144	沈阳理工大学
	10146	辽宁科技大学
	10220	东北石油大学
	10300	南京信息工程大学
	10316	中国药科大学
	10389	福建农林大学
	10407	江西理工大学
	10431	齐鲁工业大学
	10460	河南理工大学
	10538	中南林业科技大学
	10554	湖南商学院
	10615	西南石油大学
	10618	重庆交通大学

评估结果	学校代码及名称	
C-	10623	西华大学
	10636	四川师范大学
	10674	昆明理工大学
	10741	兰州财经大学
	11035	沈阳大学
	11535	湖南工业大学

三、农业经济管理类

学科概况

农业经济管理类下设细分学科2个，分别为农林经济管理（120301）、农村区域发展（120302）。

农林经济管理专业需要学习经济学、管理学的理论和方法，并将这些理论和方法应用于农林产业的发展中去。毕业生掌握将现代经济学和管理学应用于农林业发展的能力，掌握必要的分析和解决农林业发展实践问题的专业技能。

农村区域发展是一个交叉学科专业，跨经济学、工商管理、公共管理、社会学、政治学、地理学、城乡规划、生态学与自然资源管理等学科。在课程和教学内容设置上，聚焦在农村经济发展与管理，既考虑区域层面，也考虑产业层面；既考虑经济发展与农商管理，也考虑农村公共管理和地方发展管理。特别是强调与新农村建设、美丽乡村建设等实践紧密结合。

专业发展

除了传统的农业政策、农业经营等方向之外，目前世界的农林经济管理相关专业教育领域正在向食品经济管理、农林业相关的资源环境管理、农林业大型商务企业管理、农产品国际贸易与全球食物体系等方向拓展。无论是在美国、加拿大、欧洲，还是在日本、韩国，大多数的著名高校都开设有农林经济管理的相关专业。例如，在美国开设农林经济管理相关专业的高校有伯克利大学、康奈尔大学、普渡大学等50多所，在日本有东京大学、京都大学、九州大学、北海道大学等10多所。与国际接轨的专业教育特点，可以为选择该专业的考生在完成本科教育后的出国留学深造提供众多的机会，也可为选择该专业的考生在大学期间的国际交流提供很好的条件。

就业方向

农林经济管理就业方向包括政府与农业相关部门，例如农业部、国家林业和草原局、发改委、财政部、商务部、科技部等系统，以及各级政府政研室等都有专设的农林业相关部门。此外也可以选择与农林业密切相关的金融、新闻、电力、水务等大型企业，或从事教学及科研。

农村区域发展专业有多个就业发展方向。一是在各级政府部门制定促进农村区域发展的政策，或从事农村发展的推动工作。二是在社会组织或社会工作机构、国际发展机构、非政府组织从事农村发展战略咨询、发展规划和发展项目设计、实施，支持和帮助农村发展。三是可以选择在农村地区创业、就业，从事农村经济、自然和文化资源的开发。2021年国家公务员考试中，农业经济管理类共有442个职位，招考人数共计835人。

院校排名

1. 国家重点学科

国家重点学科名单

类别	学科代码及名称	学校名称
一级学科	1203 农业经济管理	中国人民大学
		中国农业大学
		南京农业大学
		华中农业大学
		华南农业大学
		西北农林科技大学

国家重点（培育）学科名单

类别	学科代码及名称	学校名称
二级学科	120301 农业经济管理	浙江大学
	120302 林业经济管理	北京林业大学

2. 学科评估

农林经济管理类共有 39 所院校参评教育部第四轮学科评估，南京农业大学、浙江大学评定为 A+，华中农业大学评定为 A-。参评高校评定结果见下表：

评估结果	学校代码及名称	
A+	10307	南京农业大学
	10335	浙江大学
A-	10504	华中农业大学
B+	10002	中国人民大学
	10019	中国农业大学
	10564	华南农业大学
	10712	西北农林科技大学
B	10022	北京林业大学
	10224	东北农业大学
	10225	东北林业大学
	10635	西南大学
B-	10157	沈阳农业大学
	10193	吉林农业大学
	10389	福建农林大学
	10626	四川农业大学
C+	10423	中国海洋大学
	10466	河南农业大学
	10520	中南财经政法大学
	10537	湖南农业大学
C	10020	北京农学院
	10086	河北农业大学
	10129	内蒙古农业大学
	10758	新疆农业大学
C-	10264	上海海洋大学
	10341	浙江农林大学
	10410	江西农业大学
	10759	石河子大学

四、公共管理类

学科概况

公共管理类下设细分学科 5 个，分别为公共事业管理（120401）、行政管理（120402）、劳动与社会保障（120403）、土地资源管理（120404）、城市管理（120405）。另有特设专业 12 个，分别是海关管理（120406TK）、交通管理（120407T）、海事管理（120408T）、公共关系学（120409T）、健康服务与管理（120410T）、海警后勤管理（120411TK）、医疗产品管理（120412T）、医疗保险（120413T）、养老服务管理（120414T），以及 2020 年新设专业海关检验检疫安全（120415TK）、海外安全管理（120416TK）、自然资源登记与管理（120417T）。

专业发展

公共事业管理专业旨在培养具备现代管理理论、方法和技术专门知识并能应用这些知识在公共部门尤其是政府部门从事管理工作的高级人才。公共事业管理的领域众多，传统上包括文化教育、医疗卫生、社会保险、环境保护、城市运营等。因此，公共事业管理专业常常又可以细化为卫生事业管理、城市管理、文化遗产管理等具体专业或专业方向。

公共事业管理专业注重公共管理理论与信息科学技术的结合，突出交叉型知识传授和复合型能力培养，侧重公共信息管理和网络社区管理，满足信息化时代对高素质公共管理人才的全面要求。该专业培养具有扎实公共管理理论基础、较强创新意识和较高信息管理能力，能够在党政机关、企事业单位及各种公共组织中胜任管理和研究工作的专门人才。

主要课程：政治学原理、管理学原理、公共事业管理法律制度、公共经济学、公共事业管理概论、公共政策学、公共组织财务管理、城市公用事业管理理论与实践、非政府组织管理、公共工程项目管理、管理信息系统、电子政务等。

就业方向

公共管理类毕业生受到发展改革、教育、公安、人保、卫生计生、统计、民政、环保、城市规划等众多政府部门的欢迎。2021 年国家公务员考试中，公共管理方向共有 1237 个职位，招考人数共计 2426 人。

院校排名

1. 双一流

在教育部 2017 年 6 月公布的"双一流"建设学科名单中，共有 2 所学校进入名单，分别是中国人民大学和清华大学。

2. 国家重点学科

国家重点学科名单

类别	学科代码及名称	学校名称
二级学科	120401 行政管理	中国人民大学
		中山大学
	120402 社会医学与卫生事业管理	复旦大学
	120403 教育经济与管理	北京大学
		北京师范大学
	120404 社会保障	武汉大学
	120405 土地资源管理	南京农业大学

3. 学科评估

公共管理类共有 143 所院校参评教育部第四轮学科评估，中国人民大学、清华大学评定为 A+，北京大学等 5 所大学评定为 A，北京航空航天大学等 7 所高校评定为 A-。参评高校评定结果见下表：

评估结果	学校代码及名称	
A+	10002	中国人民大学
	10003	清华大学
A	10001	北京大学
	10307	南京农业大学
	10335	浙江大学
	10486	武汉大学
	10558	中山大学

评估结果	学校代码及名称	
A-	10006	北京航空航天大学
	10027	北京师范大学
	10246	复旦大学
	10248	上海交通大学
	10487	华中科技大学
	10610	四川大学
	10698	西安交通大学
B+	10019	中国农业大学
	10055	南开大学
	10056	天津大学
	10145	东北大学
	10183	吉林大学
	10247	同济大学
	10269	华东师范大学
	10284	南京大学
	10384	厦门大学
	10459	郑州大学
	10491	中国地质大学
	10504	华中农业大学
	10520	中南财经政法大学
	10730	兰州大学
B	10034	中央财经大学
	10036	对外经济贸易大学
	10141	大连理工大学
	10173	东北财经大学
	10213	哈尔滨工业大学
	10226	哈尔滨医科大学
	10272	上海财经大学
	10290	中国矿业大学

评估结果	学校代码及名称	
B	10358	中国科学技术大学
	10422	山东大学
	10511	华中师范大学
	10530	湘潭大学
	10533	中南大学
	10614	电子科技大学
	90030	第二军医大学
B-	10052	中央民族大学
	10140	辽宁大学
	10286	东南大学
	10294	河海大学
	10346	杭州师范大学
	10403	南昌大学
	10421	江西财经大学
	10456	山东财经大学
	10532	湖南大学
	10561	华南理工大学
	10593	广西大学
	10611	重庆大学
	10651	西南财经大学
	11482	浙江财经大学
C+	10008	北京科技大学
	10013	北京邮电大学
	10038	首都经济贸易大学
	10212	黑龙江大学
	10251	华东理工大学
	10353	浙江工商大学
	10389	福建农林大学
	10423	中国海洋大学

评估结果	学校代码及名称	
C+	10460	河南理工大学
	10488	武汉科技大学
	10537	湖南农业大学
	10559	暨南大学
	10613	西南交通大学
	10673	云南大学
C	10007	北京理工大学
	10070	天津财经大学
	10075	河北大学
	10079	华北电力大学
	10166	沈阳师范大学
	10217	哈尔滨工程大学
	10252	上海理工大学
	10285	苏州大学
	10386	福州大学
	10410	江西农业大学
	10564	华南农业大学
	10657	贵州大学
	10689	云南财经大学
	10710	长安大学
	11078	广州大学
C-	10023	北京协和医学院
	10151	大连海事大学
	10216	燕山大学
	10224	东北农业大学
	10240	哈尔滨商业大学
	10299	江苏大学
	10315	南京中医药大学
	10366	安徽医科大学

评估结果	学校代码及名称	
C-	10378	安徽财经大学
	10475	河南大学
	10512	湖北大学
	10635	西南大学
	10652	西南政法大学
	10671	贵州财经大学
	10699	西北工业大学
	10758	新疆农业大学

五、图书情报与档案管理类

学科概况

图书情报与档案管理类下设细分学科3个，分别为图书馆学（120501）、档案学（120502）和信息资源管理（120503）。

图书馆学是研究图书馆事业及其相关因素的学科。该专业培养理论基础厚、知识面宽、文献功底深、掌握现代信息管理理论、技术和方法，能够承担各级各类组织机构的资料收集、整理、组织、分析和服务工作的专门人才。

档案学专业以科技档案管理为专业主导方向，重在现代化管理，是一门实践性很强的综合性社会科学。通过系统档案学专业教育，学习者可以获得丰富的管理科学、信息科学、历史科学及该专业的丰富知识和技能。该专业培养理论基础厚、知识面宽、专业能力强、从事档案和行政管理工作的，具备扎实的专业基础理论知识和同信息科学、管理科学相关的理论知识的档案专业专门人才。

信息资源管理专业专注于数字环境下信息的管理，尤其是新类型、大容量数据的管理；更加关注新形势下涌现的新的信息资源管理问题，从经济社会对信息管理工作的规制，到云计算、大数据环境下的数据治理；更加关注信息和业务、信息和其他有形资源的共生互动。该专业培养掌握信息资源管理基本理论，掌握数据资源管理原理与方法技术，能胜任企业、事业单位、机关团体电子数据组织、定位、加工、存储、检索、处置和挖掘应用等工作的高层次应用型人才。

专业发展及就业方向

图书馆学就业方向主要是去往各级各类图书馆从事管理与服务工作，或在图书情报机构和各类企事业单位从事信息管理与服务工作。2021年国家公务员考试中，图书馆学可报考的职位共有508个职位，招考人数共计989人。

档案学专业毕业生的就业市场广阔，不仅包括国家各级各类的组织机构，还有数量众多的公司企业。近年来，国家非常重视档案资源的管理和档案内容信息的开发利用，社会上的高素质档案专业人才非常缺乏。该专业毕业生在国家治理、商务外交、信息服务、档案管理、金融保险、公司经营、人力组织、安全保密、军事国防等各个社会领域均有就业。2021年国家公务员考试中，档案学可报考的职位共有521个，招考人数共计1011人。

信息资源管理的传统就业方向包括党政军机关、工商企业、金融机构、学校、科研院所等单位的信息中心、数据中心，国有大中型企业、跨国公司、电子商务企业等的市场分析与研究部门，国家各级信息化行政管理机构、信息资源开发和咨询服务机构等，也可以选择在互联网公司等新兴行业从事数据分析师、数据架构师、新媒体运营、数据运营等工作。2021年国家公务员考试中，信息资源管理可报考的职位共有513个，招考人数共计995人。

院校排名

1. 国家重点学科

国家重点学科名单

类别	学科代码及名称	学校名称
一级学科	1205 图书馆、情报与档案管理	武汉大学
二级学科	120501 图书馆学	北京大学
	120502 情报学	南京大学
	120503 档案学	中国人民大学

2. 学科评估

图书情报与档案管理共有39所院校参评教育部第四轮学科评估，南京大学、武汉大学评定为 A+，中国人民大学评定为 A-。参评高校评定结果见下表：

评估结果	学校代码及名称	
A+	10284	南京大学
	10486	武汉大学
A-	10002	中国人民大学
B+	10001	北京大学
	10055	南开大学
	10511	华中师范大学
	10558	中山大学
B	10183	吉林大学
	10212	黑龙江大学
	10280	上海大学
	10673	云南大学
	90021	南京政治学院
B-	10269	华东师范大学
	10307	南京农业大学
	10459	郑州大学
C+	10027	北京师范大学
	10288	南京理工大学
	10530	湘潭大学
	10610	四川大学
C	10023	北京协和医学院
	10075	河北大学
	10285	苏州大学
	10394	福建师范大学
C-	10019	中国农业大学
	10065	天津师范大学
	10108	山西大学
	10140	辽宁大学

六、物流管理与工程类

学科概况

物流管理与工程类下设物流管理（120601）、物流工程（120602）两个专业，以及采购管理（120603T）、供应链管理（120604T）两个特设专业。

该专业最早是 1946 年北京交通大学在国内首家设立的材料管理本科专业，为铁路的供应物流培养专业的管理人才，后发展为现在的物流管理与工程学科。北京交通大学先后建成了我国第一个培养物流管理人才的硕士点（1979 年，物资管理工程）和博士点（1996 年，物资流通工程，1997 年并入管理科学与工程一级学科），2009 年获批管理科学与工程博士后流动站，是我国首家具有本、硕、博完整的物流管理人才培养体系的高校。

很多人认为物流就是送快递，其实不然。社会生产生活各方面所涉及的运输、储存、搬运装卸、包装、流通加工、配送、信息处理等，其实均属于物流的范畴。

该专业培养具有社会主义核心价值观，适应社会经济和物流工程领域发展需求，具有扎实的数学、自然科学和工程基础，系统的物流工程专业知识和能力，良好的科学文化素养、创新意识和国际化视野，健全人格和健康身心，较高的社会责任感和职业道德素质，较强的沟通能力、文化包容能力、团队合作和终身学习能力，能够从事专业领域科学研究、规划设计和运营管理的专业技术人才。该专业需要同时学习经济、会计、贸易、管理、法律、信息资源管理、计算机等方面的基本理论和专门知识。

核心课程：管理运筹学、物流工程、物流系统规划与设计、物流经济学、采购管理与库存控制、运输组织学、现代物流信息化技术、供应链管理、物流服务运作管理。

物流管理与工程专业的研究涉及农产品、药品、能源、交通、制造业等行业。为各级政府、企业做的研究与咨询涉及区域物流发展战略、物流园区规划、物流追踪与物流信息化、城市配送与城市物流政策。

专业发展

物流管理与工程专业在国内发展比较成熟，想要在国内继续读研读博，或者出国深造，均有较大的选择范围。国内开设物流相关专业的学校较多，学生可以选择在相关专业中跨专业考研，也可以选择工作之后再就读在职研究生项目。

就业方向

毕业生可到政府的物流管理部门，国内外知名物流企业、大型工业企业、现代制造企业、电子商务企业、大型商贸企业以及新兴技术企业的物流、采购或供应链管理部门工作，也可到规划院、设计院、研究院、银行、证券公司等单位从事物流规划、设计、研究与评估工作。

七、工业工程类

学科概况

工业工程类下设有 1 个基础专业——工业工程（120701）专业和 2 个特设专业——标准化工程（120702T）、质量管理工程（120703T）。

工业工程专业是一门管理科学与工程技术交叉渗透的综合性学科，研究和分析各种复杂系统，优化系统的效率、质量、效益和安全，综合运用来自工程、管理和社会科学方面的知识，发挥交叉学科的优势，探索创新的、优化的解决方案。该专业服务于国家行政管理部门、事业单位、科研院所、工商企业等。

工业工程专业因为具有管理学、工程技术交叉的特点，有的学校将其设置在管理学院下，例如北京航空航天大学；有的学校将其设置在机械工程学院下，例如清华大学。

工业工程专业以系统分析、定量分析、科学决策为学科基础，主要应用领域包括先进制造业、现代服务业、战略与管理咨询、工程管理、互联网与信息技术、政府管理等。工程技术加管理素养的复合优势，以及国际化视野和创新精神的培养，为毕业生提供了广阔的职业发展路径。

在我国由制造业大国向制造业强国的转变过程中，在我国的服务业比重不断提升的过程中，工业工程有着广阔的发展空间，是 21 世纪我国急需的人才培养方向。

主要课程：系统工程、工业工程基础、人因工程、生产与运作管理、设施规划与物流分析、质量管理、先进制造系统、管理研究方法论、工程项目管理、工程合同管理、工程估价等。

专业发展

工业工程专业在国内外多个高校均有设置，硕博点多，学生既可以选择读研深造，也可以选择直接工作。每年也会有一定比例的学生保送就读研究生。

就业方向

工业工程专业毕业生兼有工程与管理的基础，既具有优秀的系统分析和定量分析能力，又具备出色的沟通、合作及组织管理能力，深受高等院校和科研院所、企业、政府部门的青睐。该专业毕业生未来发展主要集中于三个方向：（1）在国内外高等院校及研究所担任教师或研究人员；（2）在国家重点发展的工业企业担任系统工程师、工业工程师、质量工程师等；在信息技术、互联网、物流等现代服务业担任产品经理、算法工程师等；在战略或管理咨询企业担任咨询师等；在金融行业担任金融分析师等；（3）在国家及地方政府担任公共管理者，从事公共管理的科学决策工作。

八、电子商务类

学科概况

电子商务类下设电子商务（120801）一个专业，另有特设专业：电子商务及法律（120802T）和跨境电子商务（120803T）。

该专业是适应网络经济时代和新兴商务模式的发展，融合信息科学、管理学、经济学、统计学等多个学科专业知识的复合型、应用型专业。该专业旨在培养具有扎实的经济学和管理学基础理论，掌握电子商务相关理论与实务，熟练使用互联网信息技术开展商务活动的人才，定位于互联网商务方向创新应用人才培育。该专业紧密结合"互联网+"时代特征，针对人才实际需求安排专业课程教学内容，使学生能够熟练应用信息科学、商务管理的理论与方法，掌握扎实的互联网商务知识和技能。

电子商务专业的研究覆盖面很大，但不同学校的专业设置各有侧重点。除特设专业电子商务及法律主要研究与电子商务相关的民法、物权法、合同法，以及跨境电子商务专业主要研究全球化视角下的跨境商务外，电子商务专业下仍有不同的细分专业方向，例如对外经贸大学的电子商务专业分为互联网金融和国际商务两个方向，北京邮电大学的电子商务专业分为互联网商务和互联网物流两个方向。

需要注意的是，上述北京邮电大学的电子商务专业，在培养计划上比较特殊。前三年在北京邮电大学学习，最后一年在北京工商大学或北京物资学院学习，并由最后一年学习所在学校授予学位。考生在报考之前，应详细查看与学生培养和学位授予相关的招考计划，以免产生误解。

该专业主要课程包括微观经济学、宏观经济学、管理学、会计学、计算机系统概论、程序设计语言、算法与数据结构、互联网商业模式、企业资源规划、数据库原理与应用、电子商务系统分析与设计。

专业发展及就业方向

随着中国电子商务的快速发展，电子商务专业学生的就业前景将越来越好。毕业生可在互联网、金融、IT及传统行业从事相关领域的产品设计、系统研发、数据分析、商务运营等方面的工作，就业面宽，专业适应性强，契合未来社会发展需要，职业发展前景广阔。

九、旅游管理类

学科概况

该专业下设3个细分专业：旅游管理（120901K）、酒店管理（120902）、会展经济与管理（120903）和1个特设专业：旅游管理与服务教育（120904T）。其中旅游管理为国家控制布点专业。

会展经济与管理专业属于管理学学科，会展专业（99J001T）是文学大类下的新闻传播学类（交叉专业），属于文学学科。考生应注意区分。

该专业培养德智体美全面发展，适应21世纪国家特别是首都经济建设和社会发展需要，系统掌握企业经营管理的基本理论和基本方法，具有科学、人文和经济等方面的综合素质，具备管理、经济、法律及旅游管理等方面的知识和能力，有社会责任感、创新精神和实践能力的复合型、应用型人才。学生毕业后，能在旅游企事业单位、旅游行政管理部门、旅游教育科研单位从事中高层管理工作及其他相关工作。

该专业主要课程包括服务管理学、旅游资源学、旅游消费心理学、饭店经营与管理、旅行社经营与管理、餐饮管理、旅游景区规划与设计、国际旅游概况、商务礼仪、中华饮食文化、沟通原理与方法、饭店集团化经营、连锁经营等。

旅游管理专业也重视实践教学和综合能力的培养。以北京工商大学的旅游管理专业为例，大部分专业教师均在旅游企业兼职，同时还聘请旅游企事业单位主要负责人兼任授课教师和定期举办讲座。旅游管理专业在建有专门的实验室的同时，还建有多家实习基地，如北京天伦国际酒店管理集团、中青旅、北京豪柏国际酒店管理集团、小肥羊餐饮连锁公司、北京华天饮食集团等，为学生专业实习、就业提供了更多的机会。天伦国际酒店管理集团还设立了"天伦国际酒店管理培训学校"，并针对该专业学生设立了专项奖学金。

专业发展及就业方向

2009 年，国务院 41 号文件将旅游业提升为"国家战略性产业"。北京市政府计划把北京市建设为"世界城市"，旅游业将迎来一个新的大发展时期。随着旅游业地位的提升，旅游业的发展空间和就业趋势非常好。目前，北京市旅游行业中高级管理人才缺口巨大，该专业毕业生长期处于供不应求状态。

该专业毕业生就业行业逐渐从传统旅游行业（如国际旅行社、高级酒店、航空公司）过渡到新兴旅游行业（如会展公司、网络旅游商）、金融业（如银行）等行业。毕业生就业地点以北京为主，遍布上海、广州、天津等大型城市。就业单位包括国家文化和旅游部、中共中央对外联络部、中国旅行社、中国国际旅行社、中国青年旅行社、国际饭店、天伦王朝饭店、长城饭店、中国国际航空公司、中国民航总局、雀巢公司、联想集团等。

编号 13 艺术学

艺术学专业代码为 13 开头，根据 2020 年最新版的高等院校本科专业目录，艺术学专业包括艺术学理论类、音乐与舞蹈学类、戏剧与影视学类、美术学类和设计学类五个类别。开设艺术学专业的院校中，除了大家耳熟能详的教育部独立设置的艺术本科院校外，很多综合类大学或师范类大学也开设了相关专业。

考生和家长需要注意的是，按照教育部的规定，所有艺术学本科专业均属于艺术类专业，需要额外参加艺术类专业考试。

目前，艺术类专业考试分为省级统考和校考。招生政策的方向是，如果该专业在本省省级统考范围内，那么一般应直接使用统考成绩作为考生的专业考试成绩，省级统考未涵盖的艺术类专业，高校可组织校考。

也就是说，对于选择艺术学类专业的考生，高考的大幕往往在考试前一年秋天就提前拉开了。

一、艺术学理论类

目前，高等院校本科专业目录中，艺术学理论类学科代码为 1301。有艺术史论这一个基本专业，艺术管理和非物质文化遗产保护两个特设专业。其中，非物质文化遗产保护是 2020 年新设立的专业。

学科概况

艺术学理论类专业是研究各类艺术形式所蕴含的理论与实践问题的学科门

类，同具体的艺术表现形式相比，艺术学理论类专业并非"掉书袋"，而是关注各类艺术现象背后的共性问题，如艺术的性质与特点，艺术的发生与发展，艺术的功能和社会作用，艺术在文化中的定位等。目前，国内高校的艺术学理论类专业主要开设有艺术史论（130101）、艺术管理（130102T）和非物质文化遗产保护（130103T）三个专业。

专业发展

艺术学理论类专业虽然名字中带有"理论"二字，但实际所学内容并不局限于理论本身。艺术史论专业更多关注各艺术形式的理论与历史问题，偏重于学术研究，是艺术学与文学、历史学的交叉学科。而艺术管理专业则关注艺术形式发展过程中带来的管理学、传播学问题，并探索解决方案，更多偏重于实务工作方向。如星海音乐学院开设的艺术管理专业，主干课程除了艺术类的专业技能课和艺术鉴赏之外，还包括艺术管理学、艺术传播学、项目策划与运作、艺术社会学与人类学、艺术市场营销、高端战略管理、投融资学与财务管理等交叉学科和跨学科课程。

就业方向

艺术学理论类专业的毕业生视所学专业内容和兴趣，可以选择继续深造或从事专业工作。如学习艺术史论专业的学生，可以根据自身兴趣所向，研究艺术理论问题，或具体艺术门类的学科史，如音乐史、美术史等方向，也可以进入科研机构、各类文化艺术单位、文化产业机构等从事研究与管理。学习艺术管理专业的学生，在继续深造之外，也有较为广泛的就业选择，如各类文化创意产业、传媒机构、各类文艺团体、经纪公司等。

专业排名

教育部第四轮学科评估显示，北京大学和东南大学的艺术学理论类专业获得最高的 A+ 等级，清华大学、中国传媒大学、中国美术学院三所高校获评 A−。这体现出综合类院校相对丰富的交叉学科资源在艺术学理论类专业建设上具备一定的优势。具体专业排名见下表：

评估结果	学校代码及名称	
A+	10001	北京大学
	10286	东南大学
A-	10003	清华大学
	10033	中国传媒大学
	10355	中国美术学院
B+	10027	北京师范大学
	10047	中央美术学院
	10048	中央戏剧学院
	10278	上海音乐学院
	10331	南京艺术学院
B	10279	上海戏剧学院
	10346	杭州师范大学
	10586	广州美术学院
	10610	四川大学
	10729	西安美术学院
B-	10002	中国人民大学
	10050	北京电影学院
	10338	浙江理工大学
	10497	武汉理工大学
	14560	哈尔滨音乐学院
C+	10012	北京服装学院
	10384	厦门大学
	10523	湖北美术学院
	10590	深圳大学
	10607	广西艺术学院
	10655	四川美术学院

评估结果	学校代码及名称	
C	10177	沈阳音乐学院
	10178	鲁迅美术学院
	10255	东华大学
	10394	福建师范大学
C-	10094	河北师范大学
	10285	苏州大学
	10475	河南大学
	10673	云南大学
	10690	云南艺术学院

二、音乐与舞蹈学类

目前高等院校本科专业目录中，音乐与舞蹈学类学科代码为1302。有音乐表演、音乐学、舞蹈表演、舞蹈学等6个基本专业，舞蹈教育、航空服务艺术与管理等6个特设专业。其中，音乐教育专业是2020年新审批单独设立的专业。

学科概况

音乐与舞蹈学类是培养音乐和舞蹈这两种艺术表现形式理论与实践人才的学科门类。开设的各专业涵盖音乐与舞蹈领域的理论研究、表演、教育等各个方向。目前，国内各院校开设的音乐与舞蹈学类的专业主要包括音乐表演（130201）、音乐学（130202）、作曲与作曲技术理论（130203）、舞蹈表演（130204）、舞蹈学（120205）和舞蹈编导（130206）6个基本专业，以及舞蹈教育（130207T）、航空服务艺术与管理（130208TK）、流行音乐（130209T）、音乐治疗（130210T）、流行舞蹈（130211T）和音乐教育（130212T）6个特设专业。其中航空服务艺术与管理是国家控制布点专业。

专业发展

本专业类别中各专业发展方向略有不同，音乐表演、舞蹈表演等专业相对专注于具体器乐或舞种的教学与表演，音乐学、舞蹈学等专业主要关注相关专业的学科历史、理论问题等领域。音乐教育和舞蹈教育则侧重于培养教育领域专门人才。航空服务艺术与管理专业旨在培养民航服务管理领域的高级专门人才，是本门类中相对独立的专业，与其他专业在开设院校、学习内容、就业方向上有着较大差异。

就业方向

音乐与舞蹈学类专业的毕业生根据所学习的专业内容，毕业后可以进入各级各类演出团体从事创编、表演、演出管理等专业相关工作，也可以选择继续深造。选择音乐教育、舞蹈教育等专业的学生，也可进入各级各类院校学校从事教学工作。选择航空服务艺术与管理专业的学生，可进入民航业从事民航服务与管理的相关工作。本专业类别的就业与所学内容联系较为紧密，就业前景也比较明朗。以中央音乐学院披露的数据为例，该校 2017 年应届本科毕业生就业率达到 97.68%，31.11% 的本科毕业生选择继续升学，24.13% 的本科毕业生选择出国。选择就业的毕业生中，大部分选择留在北京从事乐团演出或到地方院团、院校及普教系统相关单位工作。

专业排名

根据教育部第四轮学科评估结果，中央音乐学院和上海音乐学院获得 A+ 的评级，中国音乐学院获得 A 级，北京舞蹈学院等 3 所院校获得 A- 评价。具体评估结果见下表：

评估结果	学校代码及名称	
A+	10045	中央音乐学院
	10278	上海音乐学院
A	10046	中国音乐学院
A-	10051	北京舞蹈学院
	10331	南京艺术学院
	10394	福建师范大学

评估结果	学校代码及名称	
B+	10028	首都师范大学
	10072	天津音乐学院
	10177	沈阳音乐学院
	10200	东北师范大学
	10587	星海音乐学院
	10654	四川音乐学院
	10728	西安音乐学院
B	10033	中国传媒大学
	10052	中央民族大学
	10319	南京师范大学
	10445	山东师范大学
	10542	湖南师范大学
	10607	广西艺术学院
	14560	哈尔滨音乐学院
B-	10209	吉林艺术学院
	10270	上海师范大学
	10345	浙江师范大学
	10384	厦门大学
	10475	河南大学
	10574	华南师范大学
	10690	云南艺术学院
C+	10027	北京师范大学
	10049	中国戏曲学院
	10279	上海戏剧学院
	10370	安徽师范大学
	10414	江西师范大学
	10635	西南大学
	10736	西北师范大学

评估结果	学校代码及名称	
C	10002	中国人民大学
	10094	河北师范大学
	10108	山西大学
	10166	沈阳师范大学
	10446	曲阜师范大学
	10476	河南师范大学
	10511	华中师范大学
	10742	西北民族大学
	11078	广州大学
C-	10165	辽宁师范大学
	10184	延边大学
	10459	郑州大学
	10602	广西师范大学
	10656	西南民族大学
	11065	青岛大学

三、戏剧与影视学类

目前高等院校本科专业目录中，戏剧与影视学类学科代码为1303。有表演、戏剧学等10个基本专业，影视摄影与制作等3个特设专业。

学科概况

戏剧与影视学类专业是培养戏剧与各类影视作品创编、制作、表演和学术理论研究方面专门人才的学科门类，既包括了舞台表演的话剧、各类戏曲等舞台艺术，也包括电影、广播、电视等影视艺术。我国高校在本科层次开设的戏剧与影视学类专业包括表演（130301）、戏剧学（130302）、电影学（130303）、戏剧影视文学（130304）、广播电视编导（130305）、戏剧影视导演（130306）、戏剧影视美术设计（130307）、录音艺术（130308）、播音与主持艺术（130309）

和动画（130310）10 个基本专业，以及影视摄影与制作（130311T）、影视技术（130312T）和戏剧教育（130313T）3 个特设专业。

专业发展

戏剧与影视学类专业是一个专业化程度较高的专业，考生选择本专业学类就读后，基本以从事专业对应工作为主，或继续深造。像戏剧学和电影学，学生除了从事具体表演工作外，还可以在理论研究、文艺评论等方向继续深造发展。

按照专业设置的内容，戏剧与影视学类大致分为以文艺理论研究为主的专业，如戏剧学和电影学；以创编工作为主的专业，如戏剧影视文学、戏剧影视导演等；以表现技术为主的专业，如影视摄影与制作、录音艺术、广播电视编导等；以最终呈现为主的专业，如表演、播音与主持艺术、动画等专业。不同专业学习的内容互有交叉但各具特色，是本专业类别的显著特征。

就业方向

本专业类别主要的就业方向包括戏剧与影视行业的表演工作，采编、创编工作，后期制作等技术性工作，以及撰写评论文案等相关文字工作。除了继续深造外，毕业生往往选择进入各级艺术院团从事对应工作，或选择进入各类文化产业机构从事有关工作，也有相当一部分毕业生选择进入各级院校从事教学工作。

专业排名

与大众普遍认知存在一定差异，第四轮学科评估结果显示，戏剧与影视学类专业中获评 A+ 的院校为北京师范大学和中国传媒大学，中央戏剧学院、北京电影学院和上海戏剧学院这三所知名院校获得 A− 评级，这主要是因为学科评估针对的是学科大类而并非单个专业建设情况，相较于综合性强的大学，三所院校在评估中相对排名落后。具体评估结果见下表：

评估结果	学校代码及名称
A+	10027　北京师范大学
	10033　中国传媒大学

评估结果	学校代码及名称	
A-	10048	中央戏剧学院
	10050	北京电影学院
	10279	上海戏剧学院
B+	10049	中国戏曲学院
	10280	上海大学
	10331	南京艺术学院
	10355	中国美术学院
	10384	厦门大学
B	10118	山西师范大学
	10278	上海音乐学院
	10611	重庆大学
	10635	西南大学
	10690	云南艺术学院
B-	10200	东北师范大学
	10209	吉林艺术学院
	10270	上海师范大学
	10319	南京师范大学
	10394	福建师范大学
C+	10001	北京大学
	10231	哈尔滨师范大学
	10445	山东师范大学
	10636	四川师范大学
	10736	西北师范大学
C	10140	辽宁大学
	10475	河南大学
	10655	四川美术学院
	10681	云南师范大学
	11078	广州大学

评估结果	学校代码及名称	
C-	10165	辽宁师范大学
	10183	吉林大学
	10285	苏州大学
	10590	深圳大学
	11117	扬州大学

四、美术学类

目前高等院校本科专业目录中，美术学类学科代码为1304。有美术学等4个基本专业，书法学、中国画等7个特设专业。其中纤维艺术是2020年新设置的专业。

学科概况

美术学是以各类美术艺术的教学科研、艺术创作与呈现、艺术评论与管理等方向为培养目标的学科门类。与音乐与舞蹈学类、戏剧与影视学类相比，美术学研究的具体艺术形式主要以静态表现为主。目前国内院校开设的美术学专业主要有美术学（130401）、绘画（130402）、雕塑（130403）、摄影（130404）4个基本专业，以及书法学（130405T）、中国画（130406T）、实验艺术（130407TK）、跨媒体艺术（130408TK）、文物保护与修复（130409T）、漫画（130410T）和纤维艺术（130411T）7个特设专业。其中，实验艺术和跨媒体艺术是国家控制布点专业。

专业发展

美术学专业的基本专业涵盖了主要的美术艺术形式的理论与创作研究，特设专业则兼顾了中国传统美术传承与发展和探索的新兴前沿领域。目前，尽管本科阶段不分设具体艺术形式的专业，但大部分院校在招考美术学专业学生的时候还是会按照专业方向设置招生名额和安排教学、科研与创作实践，专业化程度较高和跨专业成本较高是美术学专业的一个突出特点。近年来，伴随着

《我在故宫修文物》等影视作品的走红，文物保护与修复这项工作进入大众视野，美术学专业在培养创作研究人才的同时，也开设了如文物保护与修复这样的交叉学科专业。

就业方向

同大部分艺术类专业类似，美术学类专业的就业主要以从事创作工作为主，相对于其他学科而言，艺术类专业从事自由职业的毕业生人数较多。如中央美术学院2019年的毕业生就业质量报告显示，该校当年805名本科毕业生中，467人的就业形式为自由职业，占比达58.01%。另有接近30%的毕业生选择继续深造。在选择传统就业方式的学生中，选择文化、体育和娱乐业，信息传输、软件和信息技术服务业以及教育业的学生位居前三。

专业排名

第四轮学科评估结果显示，中央美术学院和中国美术学院获得了美术学类的A+评级，南京艺术学院和西安美术学院获得A级，清华大学等5所院校获得A-评级。具体评估结果见下表：

评估结果	学校代码及名称	
A+	10047	中央美术学院
	10355	中国美术学院
A	10331	南京艺术学院
	10729	西安美术学院
A-	10003	清华大学
	10028	首都师范大学
	10280	上海大学
	10319	南京师范大学
	10655	四川美术学院
B+	10050	北京电影学院
	10073	天津美术学院
	10178	鲁迅美术学院

评估结果	学校代码及名称	
B+	10200	东北师范大学
	10408	景德镇陶瓷大学
	10523	湖北美术学院
	10586	广州美术学院
	10607	广西艺术学院
	10610	四川大学
B	10033	中国传媒大学
	10052	中央民族大学
	10231	哈尔滨师范大学
	10270	上海师范大学
	10394	福建师范大学
	10445	山东师范大学
	10542	湖南师范大学
	10635	西南大学
	10690	云南艺术学院
	10762	新疆师范大学
B-	10002	中国人民大学
	10012	北京服装学院
	10209	吉林艺术学院
	10285	苏州大学
	10295	江南大学
	10345	浙江师范大学
	10346	杭州师范大学
	10602	广西师范大学
	10736	西北师范大学
C+	10015	北京印刷学院
	10094	河北师范大学
	10166	沈阳师范大学

评估结果	学校代码及名称	
C+	10511	华中师范大学
	10574	华南师范大学
	10590	深圳大学
	10656	西南民族大学
	10703	西安建筑科技大学
	11078	广州大学
C	10108	山西大学
	10135	内蒙古师范大学
	10255	东华大学
	10370	安徽师范大学
	10384	厦门大学
	10386	福州大学
	10476	河南师范大学
	10611	重庆大学
	10636	四川师范大学
	10637	重庆师范大学
	10908	山东工艺美术学院
C-	10027	北京师范大学
	10075	河北大学
	10118	山西师范大学
	10165	辽宁师范大学
	10299	江苏大学
	10414	江西师范大学
	10475	河南大学
	10673	云南大学

五、设计学类

目前高等院校本科专业目录中，设计学类学科代码为 1305。有艺术设计学等 8 个基本专业，艺术与科技、陶瓷艺术设计等 4 个特设专业。

学科概况

设计学类专业是以培养既有扎实科学技术基础又有艺术创新能力的复合型高级专业人才为目标的学科门类。相较于艺术学类的其他专业，设计学的学科交叉属性更强。目前国内本科阶段开设的设计学类专业主要有艺术设计学（130501）、视觉传达设计（130502）、环境设计（130503）、产品设计（130504）、服装与服饰设计（130505）、公共艺术（130506）、工艺美术（130507）、数字媒体艺术（130508）8 个基本专业，并开设有艺术与科技（130509T）、陶瓷艺术设计（130510TK）、新媒体艺术（130511T）和包装设计（130512T）4 个特设专业。其中，陶瓷艺术设计专业是国家控制布点专业。

专业发展

设计学类专业是以培养具备艺术素养与设计能力的复合型人才为目标，因此在专业设置和课程体系上往往具有大量交叉学科的课程和特点，如服装与服饰设计专业的学生需要具备一定的美术学、设计学、人体工程学和材料科学、纺织学知识，又如环境设计专业的学生在学习过程中还需视专业方向涉及建筑学、园林园艺等相关学科的有关知识，控制布点的陶瓷艺术设计专业在强调学生艺术学能力的同时，也要求学生具备一定的化学与材料科学能力。正因设计学类专业的复合性，设计学类的学生往往有相对较宽的就业方向和发展方向选择。

就业方向

根据所学习的专业方向不同，设计学专业的毕业生一般以从事具体设计工作为主，也可以根据所学方向，结合交叉学科特点，选择在国内继续深造或出国留学。如主要招收设计学类专业考生的清华大学美术学院，该院 2020 年应届本科生中，43.3% 的学生选择继续深造，55.5% 的学生选择就业，且主要的就业形式为灵活就业。又如，开设了陶瓷艺术设计专业这一控制布点专业的景德镇陶瓷大学，2020 年应届本科生中，陶瓷艺术设计专业 14.53% 的毕业生选择升学，82.96% 的学生选择直接就业或自主创业。

专业排名

第四轮专业评估结果显示，清华大学、中国美术学院的设计学类专业获评 A+，中央美术学院、同济大学获评 A，苏州大学等 5 所院校获评 A−，学科特色较为鲜明的北京服装学院、景德镇陶瓷大学等院校获得了 B+ 的评价。具体评估结果见下表：

评估结果	学校代码及名称	
A+	10003	清华大学
	10355	中国美术学院
A	10047	中央美术学院
	10247	同济大学
A−	10285	苏州大学
	10295	江南大学
	10331	南京艺术学院
	10335	浙江大学
	10532	湖南大学
B+	10012	北京服装学院
	10033	中国传媒大学
	10248	上海交通大学
	10255	东华大学
	10408	景德镇陶瓷大学
	10497	武汉理工大学
	10586	广州美术学院
	10655	四川美术学院
	10729	西安美术学院

评估结果	学校代码及名称	
B	10007	北京理工大学
	10178	鲁迅美术学院
	10213	哈尔滨工业大学
	10280	上海大学
	10286	东南大学
	10523	湖北美术学院
	10607	广西艺术学院
	10610	四川大学
	10908	山东工艺美术学院
	11845	广东工业大学
B-	10015	北京印刷学院
	10073	天津美术学院
	10319	南京师范大学
	10337	浙江工业大学
	10338	浙江理工大学
	10487	华中科技大学
	10495	武汉纺织大学
	10500	湖北工业大学
	10699	西北工业大学
C+	10022	北京林业大学
	10152	大连工业大学
	10209	吉林艺术学院
	10288	南京理工大学
	10386	福州大学
	10491	中国地质大学
	10590	深圳大学
	10613	西南交通大学
	10708	陕西科技大学
	11535	湖南工业大学

评估结果	学校代码及名称	
C	10005	北京工业大学
	10028	首都师范大学
	10058	天津工业大学
	10143	沈阳航空航天大学
	10279	上海戏剧学院
	10403	南昌大学
	10542	湖南师范大学
	10690	云南艺术学院
	10709	西安工程大学
C-	10002	中国人民大学
	10004	北京交通大学
	10009	北方工业大学
	10183	吉林大学
	10384	厦门大学
	10431	齐鲁工业大学
	10511	华中师范大学
	10611	重庆大学
	10700	西安理工大学